西洋哲学の基本概念と和語の世界

古田裕清 ［著］

**法律と科学の背後にある
人間観と自然観**

中央経済社

まえがき

　明治以降，日本語には欧州原産の学術用語が大量に翻訳・導入された。日本語は元々こうした用語を持たなかった。翻訳・導入は，ほぼ例外なく，原語の意を汲み取って新たな漢語語彙を考案してあてがう作業となった。ここに記した「原産」「学術」「語彙」「翻訳」「導入」なども皆，その時代に作られた語彙である。こうした語彙は漢籍からの転用，あるいは新造語で，どれも当時は非日常的かつ往々にして難解な語彙だった。それから150年近くが経過し，法律経済や科学技術など実用度が高い語彙は，学校教育や社会実務，マスメディアにも助けられ，かなり日常に定着した。

　欧州由来の学術用語の源泉は大きく見て三つある。ギリシア自然哲学，ローマ法，そしてキリスト教である。この三つが融合して近代欧州の機械論的な自然観を生み出し，これが近現代の科学技術や法の支配の発展につながった。その際，基本的なツールの役割を果たしたのが古代ギリシア以来受け継がれてきた哲学用語である。これらも明治以降，漢語語彙で翻訳され，日本に導入された。しかし，その抽象度の高さと訳語の難解さがゆえ，日本の市民生活に定着せず，学術研究者にさえその意味がいまだに正しく理解されているとは言えない面がある。欧州の哲学用語は大半がプラトンとアリストテレスが生み出したもので，古代ギリシアにあっては日常語だった。そして，現在に至るまで欧米で継承され，やはり日常的に使われ続けている。本書はこうした用語の幾つかについて，その日常性，法律や科学技術との結びつきを射程に入れつつ，来歴をひも解き，正しい理解につなげることを目的とする。

　欧州哲学は偽なるものを排し，真なるもののみを追究する営みである。似たような営みは欧州以外のどの文化圏にも昔から存在する。欧州哲学が他の文化圏における知的営みと違うのは，それが古代ギリシア以来，万学を生み出す母胎となり，同時に日常生活の秩序を研磨する力ともなってきたことだろう。欧州の哲学用語は，法律学から物理学まであらゆる学問ジャンルにおいて，今も探究へと向かう巨視的な枠組み（人間観，世界観）を提供している。日本にも定着した大学という研究教育機関は，ギリシアの伝統を取り入れた中世カトリック圏において，一般教養（自由七科）の学修後に法学部・神学部・医学部へと専攻分けする形態で始まった。一般教養教育を担当した組織は後に哲学部と呼ばれるようになる。ここでは今でいう文系・理系双方にまたがる広範な研究が行われた。欧米では現在も人文・社会・自然科学を網羅する幅広い領域で「哲学博士（Doctor philosophicus）」の称号（英語圏ではph.D.と略される）が学修証明として与えられる。他方，神学・医学・法学は職業（神父・医師・法律家）と結びついた実学で，学術探究の方法論となる哲学の影響下に置かれてきた。

本書が多くの学問領域の専攻者にとって多少とも有益な視点を提供できれば幸いである。

　本書が取り上げる哲学用語は，欧州における日常生活や社会変革の原動力にもなってきた。しかし，難解な漢語で翻訳された途端，これら用語は日本語においてそうした力を失い，一般市民から敬遠される専門用語と化した。これは何を意味するのか。日本語を語る者にとって避けがたい疑問である。本書はこの疑問にも一定の仕方で答えてみたい。

　日本にはアリストテレスやカントなど個々の哲学者について，あるいは古代ギリシアや近世西欧など特定の時代の哲学的動向についての書物は多々ある。しかし，本書のように，西洋哲学を貫いて個々の哲学用語がどう継承されてきたか，そしてそれが科学や法律，更に和語の発想とどう関わるのか，を俯瞰したものはほとんどない。多くの西洋哲学者とその著作に言及するが，本文では著作名を挙げるに留め，文献表は巻末に一括掲載する。また，本書は欧州語の原語を「羅actio（英action）」のようにそのまま表示して話を進めることが多い（ギリシア語はできるだけカタカナに改めた）。actioは「行為」「能動」などと訳し分けられるが，訳し分けるとactioが欧州哲学の歴史を貫いて果たしてきた役割と意味が覆い隠されてしまう。これを暴くのが本書の目的の一つである。ギリシア語彙やラテン語彙への言及が多いが，後者は英語でお馴染みの単語の祖形が多いので，読み進めればすぐに慣れるだろう。ギリシア語彙は文字からすぐに分かるが，ラテン語彙には単語の直前に「羅」，英語は「英」，フランス語は「仏」，ドイツ語は「独」，オランダ語は「蘭」，サンスクリット（ローマ字に翻字した）には「梵」と略記した。動詞は辞書の見出し語形を記す。ギリシア語彙やラテン語彙の日常的意味を長く記した箇所があるが，これは哲学用語の日常性を示すための例示であり，読み飛ばしていただいて構わない。

　2020年8月

著　者

目　次

第7章　可能と現実 ─────────────── 119

第8章　能動と受動 ─────────────── 139

第1章

主観と客観

　「主観的」「客観的」はどんな学問ジャンルでも使われる語。「主観的」は各人の心の中。各人各様で，必ずしも正しいとは限らない。「客観的」は各人の心の外にある世界，あるいは誰の目から見ても成立する真理。「主観」は英語で subject，「客観」は object，どちらも古代ギリシアに遡る伝統的な哲学用語。現在の意味ができるまで，歴史的にかなり大きな変遷を辿ってきた。

西周らの翻訳の試み

　「主観」「客観」は西周が作った訳語。西は森鷗外と同郷，津和野藩の出（医師の家系）。漢籍の素養を基に蘭学にも通じ，幕府に抜擢されて統治に資する学問を広く学ぶべく，1862年にオランダのライデン大学に留学した。現地では国際法や国法学，財政学や統計学などを学び，英語を習得して仏語もかじり，コントの実証主義やミルの功利主義に関心を持った。1865年に帰国後は徳川慶喜と行動を共にし，鳥羽伏見，水戸そして駿府と転々。1870年に才能を見込まれ新政府に出仕，兵部省で軍組織の整備に携わる傍ら私塾を開き，百科全書思想を講義した（タイトルは『百学連環』，これは西が英 encyclopedia に充てた訳語）。後に，儒教と西洋諸学の統一的理解を説いた『百一新論』（74年），ミルの論理学を要約する『致知啓蒙』（74年，「致知」は西が logic に充てた訳語），76年に米国人ヘイヴンの "Mental Philosophy"（1857年）の訳書『心理学』，77年にはミルの『功利主義論』の訳書を『利学』のタイトルで刊行した。

　西はこれらの中で西洋の学術用語を和訳していく。78年に付された『心理学』の訳者序文は，自らが使った訳語を列挙して「知覚，記性，意識，想像等の如きは従来ある所に従うといえども，理性，感性，覚性，悟性等の如き，また致知家の術語，観念，実在，主観，客観，帰納，演繹，総合，分解の如きに至りては，大率新造に係わるを以て，読者或いはその意義を得るを難ずるものあらん」，すなわち「主観」「客観」など，原語の意味を忖度して彼が新造した翻訳語は難解だ，と述べている。

　西の時代，多くの欧米の書物が邦訳された。中江兆民らが原語に充てた翻訳語は大半が忘却されたが，西の翻訳語は後世の日本語にかなり定着した。或る研究によると，

現在も使われる訳語が『百学連環』に337語,『心理学』に56語,『利学』に136語ある[1]。強い影響力の理由は西の訳語選別眼の秀逸さの外,井上哲次郎『哲学字彙』(1881年,東京帝大の英語哲学語彙集)が西の訳語を多く採用したこともある。この語彙集に掲載された多くの和訳語が後世,日本における哲学用語の定番的な和訳表現となっていった。

　欧州語彙に和訳語を対応づける試みは17世紀初頭の『日葡辞書』以来,様々になされてきた。西と同時代の堀達之助『英和対訳袖珍辞書』(1862年)やヘボン『和英語林集成』(1867年)は見出し語が日常語や通商語彙ばかり。ヘボンはsubjectを「こと」「おもむき」「由(よし)」「訳(わけ)」「配下」,objectを「当て」「目当て」「こころざし」と訳す。「主観」「客観」に相当する哲学的意味は翻訳ターゲットになっていない。哲学的意味を日本語で再現するために西は「主観」「客観」を提案した。

　実は,「客観」は西の新造語でない。漢籍に「客としての外見」「客らしい振る舞い」の意で用例がある。「主観」は新造語。江戸期まで存在しなかった。中国では周代以来,主(あるじ)と客が相まみえる状況を「主客」と表現してきた。この文脈はヘイヴンがsubject,objectに言及する文脈と似て非なるもの。彼の原著は,世界と向き合い自らを反省する人間,他者と共に社会生活を営む人間,その人間の心に備わる知性・感情・意志という三側面を,哲学史を踏まえて解説した書[2]。心の内部へと向かう心の能力がsubjective,外的世界へと向かう能力がobjective,と呼ばれた。これを「主客」と翻訳するのは一種の比喩。本家本元のsubjectとobjectがギリシア以来辿った歩みを敷衍したい。

subjectの語源と来歴　ギリシア・ローマ

　subjectの祖語はラテン語(古代ローマ人の母語)subiectum。動詞subicioから派生した。この動詞はsub「下に」とicio「投げつける」の合成語。原意から転じて「眼下に投げつける」という趣旨で「想起させる」,「自分の下に投げつける」という趣旨で「服従させる」,更に「目印の下に投げつける」という趣旨で「項目別に分類する」(弁論家や法学者の用法),「本物の代わりに偽物を相手の眼前に投げつける」

---

(1)　手島邦夫「西周の訳語の定着とその要因」による。
(2)　書名"Mental Philosophy"を西は「心理学」と訳したが,その内容は現代の心理学(19世紀末に確立された新しい学問)とは無関係である。「心理学」も西の新造語。ヘイヴンの原著書名を今風に直訳すると「心の哲学」。心がどう外界を認識し,意思決定するか,その理(ことわり)が解説されている。これを一言で表現すべく,西は「心理学」という語を新造し,書名とした。これが後に,現代の心理学を指す語へと転用された。

という趣旨で「偽物とすりかえる」，などと意味が広がる。多様な文脈で使われる日常語彙だった。subiectum は「（物理的に）下に投げつけられた」が原意，転じて「目の前に投げ出された」「服従させられた」「目で見える所に置かれた」「主題となる（弁論家の文脈）」などの意。ローマ法に alieni iuri subiectum（家長の権利に服従する子）なる表現もあった。

　ローマ人は農耕民で灌漑関連の土木工事や法律に長けていたが，思想的にはギリシア人の後塵を拝した。幾何，物理，医学，論理など当時の先端思想はギリシアから輸入された。この一環で紀元後2世紀，弁論家アプレイウスが subiectum をアリストテレス用語 ὑποκείμενον〔ヒュポケイメノン〕の羅訳語として用いた文献が残る。この訳語対応は後世に至るまで継承された。ヒュポケイメノンはギリシア語でやはり日常語彙。まずはその原義を確認したい。

　この語は動詞 ὑπόκειμαι〔ヒュポケイマイ〕から派生。前置詞 ὑπό〔ヒュポ〕「下に」と κεῖμαι〔ケイマイ〕「横たわる」「置かれている」の合成形で，転じて「身近にある」「（規則などが）設定されている」「前提されている」「考慮されている」「（支配者に）従属している」「担保に取られている」などと意味が広がる日常表現。κεῖμαι は τίθημι〔ティテーミ〕（「置く」「横たえる」）とペアで頻用される（英語の lie・lay ペアに相当）。ὑπό 以外にも様々な前置詞と複合し（英語なら lie back, lie down, lie over などのように），日常表現の幅が広がっていた。ὑπόκειμαι はそうした複合形の一つで，英語なら lie behind あるいは underlie に相当する。ヒュポケイメノンは英語なら lying behind あるいは underlying，つまり「下に置かれ横たわるもの」の意。

　ヒュポケイメノンは subiectum と類義だが同義ではない。ラテン語で同義と言えるのはむしろ suppositum（下に置かれたもの）だろう。逆に，icio をギリシア語にすると βάλλω〔バッロー〕（投げる）となろう。つまり，ヒュポケイメノンを subiectum と訳すのは少々強引。では，アプレイウスはなぜこの羅訳語を選んだのか。これを考える前に，アリストテレスの用語法を確認したい。

　彼はヒュポケイメノンに明確な定義を与えず，多義的に，しかも頻繁に用いた。19世紀のアリストテレス学者ベッカーはこの語の意味を三つに大別する[3]。一つはいわゆる質料形相説における質料，二つ目は第一実体（個物），三つ目は述語に対する主語。三つとも本書後段で敷衍する機会がある。ここでは本章の主題（主客対立）に関わる限りを概観する。

　我々は日々，身の回りの世界と向き合い，この世界を理解し，認識している（たとえば「今日はいい天気だ」「あそこにりんごがある」「この皿は重い」など）。その際，

（3）　彼が編纂したアリストテレス全集第5巻（アリストテレス用語集）による。

我々は主の立場，世界は客の立場，と形容できる。では，我々は世界をどのような論理構造に従って認識しているだろうか。アリストテレスはこう考えた。「あそこにりんごがある」と言うとき，我々は目の前のものにりんごの「かたち（形相）」が宿っているのを把握しているのだ（形相については**第2章参照**）。だが，こうした「かたち」を把握するには，まず世界が我々に与えられねばならない。世界がそもそも存在し，しかる後に我々がこの世界に様々な「かたち」を見出す。「かたち」を宿す（形相にいわば服従する）以前の，「かたち」という観点で世界が構造化される以前の，その下敷きとなる所与が，ヒュポケイメノンと呼ばれる。これはベッカーの第一の意味でのヒュポケイメノン（これが質料である点については**第6章参照**）。我々は「あそこにりんごがある」など，言語を使わないと世界を構造化して理解はできない。こうした構造化に先立つ所与，という抽象的語彙はアリストテレスの時代，存在しなかった。彼は表現に事欠き，苦し紛れの比喩としてヒュポケイメノン（下に横たわるもの，前提されるもの）という手近な語彙に頼った。

　他方，彼は構造化・言語化を指して動詞 κατηγορέω〔カテゴレオー〕を使った。こちらは前置詞 κατά〔カタ〕（英 toward）と動詞 ἀγορεύω〔アゴレウオー〕（アゴラで発言する）の合成形，原意は「アゴラへ向かって発言する」。アゴラとは古代ギリシアの都市国家に必ずあった集会用の中央広場。神々による庇護の下，皆が発言し重要な決定を下す場であった。スパルタでは軍事的な儀式が行われ，直接民主制のアテナイ（現在のアテネ）では民会や陪審裁判が行われた。アテナイでカテゴレオーは特に裁判の文脈で「告発する」「弾劾する」の意で用いられた。アリストテレスは次のように考えた。発言者がアゴラで「ソクラテスは白い」「ソクラテスは皿を持っている」などと述べる際，我々はどういう仕方で言語化・構造化を行っているだろうか。ソクラテスという実体に，白さや皿の所持などが属性として宿る，という仕方で言語化・構造化している，と言えるだろう。構造要素として彼は実体，質，量など十種を識別し，これらを κατηγορία〔カテゴリア〕と呼んだ。この語はカテゴレオーの名詞形，アテナイでは「告発」「弾劾」の意。これをアリストテレスは自身の言わんとすることを表現するため比喩的に転用した。この語は現在，「範疇」と訳される（詳細は**第5章で**）。彼は言いたいことを適切に表現する語に窮すると，手持ちの日常語を比喩的に転用して間に合わせる。これが後世，哲学用語と化して継承されていく。

　ベッカーが指摘する第二の意味（個物）及び第三の意味（主語）は，世界が構造化・言語化された後に関わる。すなわち，言語化された世界の構造要素としてのヒュポケイメノン。アリストテレスは『形而上学』7巻3章で次の旨を述べる。すなわち，目の前のりんごやソクラテスなどは，ヒュポケイメノンの述語とはならず，自らがヒュポケイメノンとなる。この箇所を第一の意味で解すると意味不明。このヒュポケイ

メノンは，言語の側での構造要素，しかも述語に対する主語のこと。これはアリスト
テレスにとって，言語の向こう側にある世界の構造要素，すなわち「かたち」を宿す
個物でもある。彼は言語上の構造要素と，これに対応する世界の側での構造要素を，
区別せずカテゴリアと呼んだ（この区別は後世の産物，第2章以降参照）。そのうち
主語となるのは実体だけ。たとえば，目の前のりんご（「かたち」を宿し，「これ」と
直示される個物）は「これはりんごだ」のように主語となる。また，「りんご」のよ
うな「かたち」も主語となる（「りんごは赤い」のように）。だが，後者は述語にもな
る（「これはりんごだ」のように）のに対して，前者は述語にはならない。主語とな
るが述語にはならない個物は第一実体，個物に宿る「かたち」は第二実体（形相すな
わち普遍，第2章及び第10章参照）と呼ばれる。個物には第二実体を含む十のカテゴ
リア全てが属性として宿り得る（ソクラテスに「人間である」「白い」などの属性が
宿り得る，つまり「ソクラテス」が主語となって「人間である」「白い」など様々な
述語づけがなされ得る）。しかし，個物が他の何かに属性として宿る（述語づけられ
る）ことはない。この意味で，個物（主語）こそがヒュポケイメノン（「かたち」な
どが宿る土台）と呼ばれるに相応しい。

　以上をまとめると，第一の意味は「構造化・言語化以降」に対する「構造化・言語
化以前」。第二・第三の意味は構造化・言語化以降における個物，あるいは主語。ど
の文脈でも，ヒュポケイメノンとは我々（主）が世界（客）を認識する際にその下敷
きとされるもの。アリストテレスは言葉に窮し，三つの文脈全てで比喩的にヒュポケ
イメノンという語を使った。なお，彼にはもう一つ，『霊魂論』における主客対立が
あるのだが，こちらは第9章で取り上げる。

　ここで二つ，疑問が浮かぶ。比喩に頼らず直接的に彼が言いたいことを表現できる
語彙はなかったのか。また，比喩に頼る際，彼はなぜヒュポケイメノンという語を選
んだのか。第一の問いには「なかった」と即答できる。アリストテレスが表現したい
のは当時のギリシア語の表現能力を超える抽象度の高い事柄。自然言語は元来，生活
に密着した具体的な語彙しか持たない。抽象的な事柄は，生活に密着した語彙を転用
して比喩的に表現するしかない。

　第二の疑問には答えるのが難しい。τίθημι・κεῖμαι ペア以外にも ἵστημι〔ヒステー
ミ〕・ἵσταμαι〔ヒスタマイ〕ペア（「立てる」と「立っている」）など，類似の日常語は
幾つかある。自分が言いたい抽象的な事柄を的確に伝えるために，アリストテレスは
できるだけ分かり易い日常語彙を使おうとしたはずである。質料や第一実体が持つ
「暗黙裡に前提される」「下敷きにされる」「従属させられる」という含意を持つのが
たまたま κεῖμαι からの派生語ヒュポケイメノンだった，としか言いようがない。ほ
とんど無意識の選択だったと思われる。

　では，ヒュポケイメノンの羅訳語としてアプレイウスらがsubiectumを選んだのはなぜか。候補は前述のsuppositumなど多々ある。これも，各々の意味を総合的に考慮し，たまたまsubiectumが選ばれた，としか言いようがない。決め手になったのは，両者に共通する「従属」という含意だろう。構造化以前の質料は，形相（かたち）に従属することで構造化される。個物（主語）も普遍（述語）が宿るための従属的土台。このニュアンスを出すにはsubiectumがベスト，と判断されたのだろう。アプレイウスは弁論家であり，自然学には無関心。焦点を当てたのは個物・主語としてのヒュポケイメノンだけだった。

近世以降のsubject

　subiectumにはヒュポケイメノンにない用法，すなわち前述のローマ法的な用法がある。この法的意味が近世に強調され，今日我々が知る「主観」へと脱皮する。発端となったのは英国人ホッブズ。彼は当時設立された英蘭の東インド会社（株式会社）との類比で，社会契約説を唱えた（『リヴァイアサン』）。株主が契約により事業の全権を取締役に委任するのと同様に，人々は弱肉強食の自然状態から脱するために社会契約を通して統治権力を国王に委ねる。これにより支配者（英sovereign）と臣下（subject）が分離する。後者はsubiectumの英語形で「社会契約に従属する人」が原意。支配者は取締役同様，統治を白紙委任されたのであり，何をやっても臣下から非難される理由はない。自然状態より統治状態の方が臣下にとってましなはず。支配者が契約解消されて主権を剥奪されることはない。契約を結んだ以上，臣下は文句を言うな。これが秩序を保つ唯一の方途だ。この主張はマキャベリ『君主論』の影響も受けている。

　ロックもsubjectを同じ意味で使う。しかし，彼によれば，社会契約に服従したからと言ってsubject（臣下）は君主に権力を白紙委任したわけではない。ましてや，恣意的な君主への隷属状態に置かれたわけではない。臣下は確かに君主へと統治権力を委任するが，一定の自然権については決して放棄しない。君主の契約違反が著しければ，抵抗権を行使して革命を起こし君主を解任することも正当化される（『市民政府論』）。取締役が株主の動議で解任可能，というのと類比的である。解任された君主はただの人。新たな君主が任命されたら，自らがsubjectの立場に置かれることになる。ロックが理論的指導者となった名誉革命で，オラニエ公ウィレムがこの条件で英国の王権を委任された。

　この文脈におけるsubject（臣下，契約主体）は，ヒュポケイメノンの訳語としてのsubiectumとどう関わるか。この問題をホッブズらは掘り下げなかった。彼らはア

リストテレスの論理学に無関心で，その自然学にも飽き足らず，当時流行し始めた機械論的自然観に従って独自の教説開拓に没頭した（第2章以降参照）。ホッブズ的なsubjectと，個物（個体）・主語としてのsubiectumとを総合し，近世的な主観へと脱皮させたのはロックより若干年少のドイツ人ライプニッツ。アリストテレスに親しんでいた彼はこう考えた。たとえばカエサルはルビコンを渡り，ガリアを征服し，ブルータスらの刃に倒れた。カエサルには，彼が生涯かけて為した全ての行為，彼に備わった全ての属性，他の人々との関係，これら全てが内属している（いわゆる内属原理）。すなわち，カエサルという個体は，これらの行為・属性・関係の束であり，これらの総体こそが彼を他の個体から識別する，つまりカエサルがカエサルである所以（同一性の基準）である。論理学的に言い換えれば，カエサルという主語には，カエサルに述語づけられる行為・属性・関係の全てが内属する。つまり，カエサルとはこれら述語の束である。subiectumとは，言語的には主語，実在的には個体（主体）。カエサル，ブルータス，そして我々は一人一人，それぞれ異なる物理的身体を持ち，相互に独立した個人である。各々がカプセルの如く外界や他者から閉ざされ，各々の視点から物理的世界を眺めて暮らしている。この世界は，感覚を通してそれぞれのカプセル内部に投影された鏡像のようなもの。逆に他者の目から見れば，我々はその他者のカプセル内に投影された物理的世界に（身体を伴って）出現する事物の一つにすぎないはず。こうして我々は相互に互いを自分の中に映し合って生きている。人間のみならず，サルや石ころなど，この世の全てが同様のsubiectumとして存在している。人間のように明晰判明な世界認識はできずとも，それぞれが各々の仕方で世界を映し出している。我々はカプセルの外へは出られない。カプセルにはそもそも「外」が存在しない。ならば，我々が同じ一つの世界に生きている，皆が同じ一つの世界を映し合っている，となぜ分かるのか。人間相互の円滑なやり取りがなぜ可能となっているのか。それは神の予定調和による（いわゆる弁神論）。晩年，ライプニッツはこうした個物（個体）を「モナド（単子）」と呼んだ（『モナドロジー』）。

　ライプニッツの著述は手短かつ大局的。カントはサルや石ころを度外視し，人間に対象を限ってモナドに備わる認識能力を詳細に分析した。カプセルに閉じ込められた各モナドは如何にして世界を認識できるのか。カントの時代，ニュートンの古典力学は完成済み。こうした知識を可能にしているアプリオリな制約が，カプセルそのもの（すなわち我々の各自）に内在するはずだ。この制約は科学的認識を可能にする基盤，つまり認識の底に横たわる土台（ヒュポケイメノン），という意味でもsubiectum（独Subjekt）と形容できる。その詳細な構造分析を行ったのが『純粋理性批判』。カントのSubjektにはホッブズ的な契約主体，ライプニッツ的な個体・主語（モナド），アリストテレス的な言語化・構造化以前の前提・土台（ヒュポケイメノン）という三

つの含意が混在する。ただし，アリストテレスのヒュポケイメノンは，言語化・構造
化以前の所与世界そのもの（質料）だった。カントにとってのSubjektは言語化・構
造化が可能となるための制約（人間自身に内在），すなわち近世的な主観性。「ヒュポ
ケイメノン」という用語が置かれる文脈が古代ギリシアから近世観念論へと変更され
た結果，指し示される内実も大きく変わっている。

　我々の世界認識（主客対立）は感覚の制約を受けている。これをカントは重視する。
物理学の知識は絶対確実な真理とは言えない。感覚を通して新たな観察データが得ら
れたら，覆される可能性がある。まして，世界そのものや神についての正しい認識，
すなわち物理的事物を超えた形而上的事象の正しい認識は，得られない，と彼は断ず
る。ライプニッツはモナド（物理的世界をカプセル内部から見つめる主体）を身体と
は別次元にある形而上的な点に喩えた。カントはこう考える。形而上的なモナドにつ
いて理論的に正しい認識を得るのは不可能だ。せいぜい「形而上的な点が想定され
る」としか言えない。他方，倫理や法律の文脈では，この想定は極めて重要である。
この文脈における形而上な点とは，尊厳ある人格，すなわち自らの意思で規範に従っ
て行為決定する主体（Subjekt），換言すれば，権利・義務・責任の主体である（『人
倫の形而上学』）。人格を物理的身体とは別の形而上的な次元に理念として想定し，そ
の尊厳が守られる社会を構築することは，現代社会にとっても極めて重要な課題であ
り続けている[4]。この文脈でのSubjektは，ローマ法・ホッブズ的な「法に従う者」
という含意を顕現化させたもの。カントはライプニッツに倣って物理的世界（物の世
界）と形而上世界（人格の世界）の二世界説を提唱し，ローマ法以来の人（persona）
と物（res）の区別を哲学的に基礎づけた。物は道具とされるが，人格は道具とされ
てはならず，絶えず尊重されるべき目的と見なされねばならない。これは今も法律の
大原則となっている。

　カント以降へと話を進める前に，objectの来歴を整理したい。

objectの源流と来歴

　objectの祖形は羅obiectum，動詞obicioから派生。この動詞は前述のicioとob
（面前に向かって，遮るように）の合成形。原意は「誰かを遮るようにその面前へと
投げつける」，転じて「手渡しして押し付ける」「（動物に）餌をやる」「目の前に（注

---

(4)　日本国憲法や世界人権宣言は個人の尊厳を明記するが，これが守られていると
　　　言い難い状況が多々残っていることは国内の格差・差別問題，第三世界の貧困
　　　や難民問題，新型コロナに関連した差別問題などを見ても明らかである。

意を惹くよう）置く」「（危険を）もたらす」「（障害物を使って）妨害する」などと意味が広がる日常語。obiectum の原意は「眼前に投げつけられた」。転じて（価値的な色彩を帯びて）「障害物」「非難」，あるいはやや抽象的に「注意の矛先」「念頭にあるもの」「注意力が向かう先」「目的物」の意も派生した。ローマ法用語ではなかった。

　obiectum は希 ἀντικείμενον〔アンティケイメノン〕の羅訳語にも使われた。後者は前述の κεῖμαι と ἀντί〔アンティ〕（英 over, against）の合成形に由来，原義は「向こう側に置かれているもの」「対置されているもの」。様々な文脈で対立関係にあるものを指す日常語。多義的で，アリストテレスはその意味を関係，反対，欠如，否定・肯定の四つに区別している（『範疇論』10章）。このうち関係という意味で『霊魂論』に次の用例がある（1巻1章，2巻4章）。すなわち，感覚のアンティケイメノンは感覚対象（外的事物），思考のアンティケイメノンは思考されるもの（思考対象），栄養摂取能力のアンティケイメノンは栄養源。ここで彼が考えていたのは，たとえばオリーブの実（外的事物）が我々の感覚に働きかけてその感覚像が作られる，あるいは思考能力に働きかけてオリーブの実についての思考が生まれる，あるいは摂食されて栄養摂取され滋養となる，といったこと。人間の諸能力と外的事物の対置関係を指してアンティケイメノンと呼ばれている。これも日常語を使って哲学的内容を表現した一例。

　他方，キケロは外的事物と我々の関係だけでなく，内的な感覚像と我々の関係をも指して obiectum を使った。彼はストア派のギリシア人クリュシッポス（紀元前3世紀）を引用して「見られたものが我々の眼前を遮るように現れ（visum obiectum），その外見を我々の精神に刻印する」と述べている（『宿命について』43節）。キケロは visum（「見られたもの」）を φαντασία〔パンタシア〕（内的な感覚表象像，第10章参照）の訳語として使う癖があり（たとえば『アカデミカ後書』1巻11章），visum obiectum は内的表象像を指す。キケロは obiectum を多くの場合，「我々の眼前に現れて邪魔してくる障害物」（外的事物）の意で用いるのだが，このように内的表象像を指す用例も混在する。

　中世スコラ哲学になると，obiectum は専らこの内的感覚像を指す語に転化する（外的事物を指す用法は消失）。トマス・アクィナスは『霊魂論』の一節「精神は感覚表象像なしに思考できない」（3巻7章）を注釈して，感覚表象像は精神にとって obiectum である，と述べている。この obiectum はまさに精神に内在するもの。トマスよれば，その向こう側に外的事物（被造物）が人間の感覚能力とは独立に自存する。人間は感覚を通してしか外的事物を把握できない。感覚に縛られた人間には外的事物を完全に認識し尽くすことはできない。独立自存する外的事物のあり方（創造主である神はこれを見通している）と，人間が把握する限りでの被造物のあり方とは，異なる。これはキリスト教特有の考え方。感覚の限界を強調するカント（前段参照）もこ

の流れにある。

　事物のこれら二つのあり方は，トマスの死後，それぞれ realitas formalis と realitas obiectiva と呼ばれるようになる（詳細は**第2章**参照）。後者は外界に独立自存する事物でなく，人間が内的に把握した限りでの事物のあり方（日本では「表象的実在」「志向的実在」と訳される）。これをデカルトが継承し，人間が観念（idea）的に把握した限りでの事物のあり方，と捉え直した。この理解はその後，カントに至るまで継承されていく。彼らは概して観念の向こう側にある外的事物の存在に否定的となった[5]。中でもライプニッツは表象的実在をモナド（人間精神）のカプセル内部に投影された鏡像のあり方と捉えた。物理的運動が発生するのも，物理学の法則が成立するのも，全てこの投影された世界内部での話。他方，鏡像として現出する諸事物を極限まで分析していくと，投影世界を見つめるモナド自身とは異なる無数の形而上的な点（やはりモナド）として概念把握できる。鏡像である物理的世界の言わば背後に，形而上的世界が重ね合わせ状態となっている，とライプニッツは考えた（二世界説）。

　このライプニッツのアイデアを具体的分析で肉付けしていったのがカント。彼にとって Subjekt（主観）は世界の認識を可能としている先験的制約（我々自身に備わる）の総称だった。鏡像世界の realitas obiectiva はこの制約下で可能となる。つまり，鏡像世界の事物は主観から独立に存在する外的事物ではなく，主観に内的なもの。これは端的に Objekt（客観）とも呼ばれる。客観を主観に内在させるこの主客対立図式は超越論（先験）的観念論と称される[6]。デカルトから発してカントで頂点に達し，その後も新カント派やフッサールらに継承された。ヘーゲルの絶対者（後述）やハイデガーの『存在と時間』もこの系譜にある。独語圏では今も根強い考え方である。

　他方，カントは実践哲学（法律）の文脈でも Objekt という語を使う。こちらは実践理性が「云々の仕方で自由を行使したら，云々の結果が生じ，云々の目的が遂げられるだろう」と思慮する際の「結果」や「目的」，すなわち行為の将来的帰結のこと（実践理性の客体）。Subjekt が注意を向ける矛先，という意味でやはり Subjekt に内在する（『実践理性批判』）。

（5）　知識と信仰を分離するプロテスタント的な考え方（**第6章**参照）。ロックは「向こう側」を substratum あるいは subject（向こう側に前提されるもの，の意）と呼んだ。アリストテレスの原義と類似の用法。ただし，substratum や subject の存在は観念論的に疑わしい，とロックは考えた（『人間悟性論』）。

（6）　「超越論的（先験的）」の原語は独 transzendental（羅 transcendo「越える」に由来）。中世スコラで（アリストテレスの言う）範疇の違いを超えて全てに当てはまる「もの（res）」や「一つ（unum）」などの抽象的な言葉を指し用いられ始めた。これをカントが経験に先立って（超えて）我々に備わる諸制約，しかも経験を可能とする諸制約を形容する語句へと転用した。

カント以降の主客対立図式

　カントは理論哲学と実践哲学（法律）を分断し，「複数のSubjektが織りなす共同体」という視点を後者の領域へと割り当てた。ヘーゲルはこの分断を拒否する。彼によれば，認識が可能となる条件を一個人（Subjekt）の能力に求めるのは，独我論的で理不尽。限界がある一個人にそのような能力はない。Objektを認識対象として成立させ，その各人による把握・理解を可能にしているのは，人間の共同体である。主観も幼少時から共同体において他者から承認され，自己意識を植えつけられることにより，初めて成立する。主観と客観を共に成立させる条件となる共同体的な知をヘーゲルは「絶対精神」「絶対者」などと呼ぶ。「絶対」とは厳めしいが，原語は独absolut。祖形は羅absolutum，すなわち「解き放たれた」。つまり，ヘーゲルの「絶対」とは「一個人につきまとう限界や制約を免れた」という意味。我々がそもそも世界について認識を持つことができるのは，我々が一人一人こうした絶対者に参与している限りにおいてだ，と彼は考えた。これは，倫理や法律を含む森羅万象が絶対者に内在する，という体系的観念論へとつながる（その集大成は『大論理学』）。

　カントやヘーゲルの時代，英語圏ではsubject・objectに関する別の語法が定着する。ロックや後期ヒュームは我々が観念の世界に閉じ込められていると主張する一方，外的事物が我々から独立に存在することを実践的には認めた。各人は新たな観念を獲得することで自らの知識を広げていく。外界の認識も我々自身への反省も，知識としては同列である。前者の認識がそのobjectiveな側面，後者の内観的反省がsubjectiveな側面。この用語法を明確に打ち出したのはカントより14歳年上のスコットランド人リード（『人間の知的能力について』）。カントの理論哲学から見れば誤った用語法である。カントは，外的事物が我々から独立に存在すると信ずるのはナイーヴに過ぎると考えた。「外的世界」は実際には我々が認識した限りのもの，Subjektに由来するアプリオリな（先験的な）制約に縛られた鏡像でしかない。この制約解明を目指すカント哲学は，しかしながら，英語圏では受け入れられなかった。後の英語圏ではリードの語法が標準的となる。

　19世紀は科学技術の大発展が始まった時代。社会全体の趨勢として観念論の旗幟が次第に悪くなる。また，経済学や心理学などが哲学から分離し，自立した経験科学のジャンルとして成立する。これらは人間の内的心理状態の反省に加えて外的な行動を観察し，総じて仮説を形成して説明する方法論を採る点で一致しており，概して人間を機械的自然の一部と見なす近世的見方の延長上にある。こうした学術領域では独語圏でもカントの主客対立図式（客観を主観に内在させる）の影響力が低下し，ヘーゲル的な絶対者への関心も薄まる。ヘーゲルの体系から絶対者を抜き去ると，Subjekt

（主観）は感覚的限界を持つ個人，Objekt（客観）は我々の誰もがアクセスできる外的世界の事物，という現代的な理解に近くなる（リードの語法とも近い）。この客観優位・主観劣位のイメージは独語圏でも自然科学者，マルクスなど経済学者，そして法律実務家などの時代精神とマッチした（日本の法律学で使われる「主観的」「客観的」という用語はこの時代のドイツ法学概念）。とりわけマルクスは機械論的な唯物論（第2章参照）を信奉してヘーゲル批判の急先鋒となった。しかし，カントやヘーゲルが流布させたSubjekt・Objektペアはレッテルとして便利で，彼らは以上のようにデフォルメさせて使い続けた。

　こうして，「subjective＝限界ある一個人に関する」「objective＝あらゆる個人にアクセス可能な外界事物に関する」という19世紀中葉的な主客対立図式が語圏を超えて成立，自然・人文・社会科学を問わず汎用されることになる。西周訳『心理学』の原著者ヘイヴンはこの時代の米国人。原著は近世の哲学説を多々紹介し，カントやヘーゲルにも言及するが，その記述はやはりこの図式に沿ったもの（直接的にはリードの語法に従う）。ヘイヴンによれば，感覚には外的対象と関わらない内観というsubjective（主観的）な側面と，外的対象の知覚というobjective（客観的）な側面がある。また，人間各主体のsubjective（主観的）な意思から独立に外界で発生する事象は全てobjective（客観的）である。更に，善悪はsubjective（主観的）でなくobjective（客観的）に存在する（キリスト教徒ならではの考え方）。

　ヘイヴンはrealitas obiectiva（英objective reality）を「内在的なsubjectとは独立に，外界に存在するもの」（いわゆる客観的実在）の意で使った。これはリードが生んだ語法で，スコラからカントに至る前述の語法とは違う（第2章参照，リードの語法は後に汎世界的な標準語法となった）。結果的に，ヘイヴンの主客対立図式はマルクスのそれとほぼ同じ。ヘイヴンのobjective realityは内実的にホッブズ的な機械的自然である。両者の違いは，敬虔なプロテスタントであるヘイヴンがこれを神による被造物と見なすのに対して，無神論者マルクスはこの見方を拒否する点だけ。機械論は無神論と直結すると思われがちだが，宗教的信仰と十分に相容れる。ホッブズにおいてもヘイヴンと同様，機械論と信仰が共存していた。ニュートンも自らの古典力学が神の創造のからくりを最終的に解き明かしたと考えた。アインシュタインも神の存在を信じた。

　英語圏にもロック以来，観念論の系譜が受け継がれたが，上述の通り，独語圏のそれとは大きな違いがある。英語圏の観念論は経験論。感覚を通して機械論的自然についての経験知を蓄積し，常識として拡大させる，という考え方。ラッセルを経て現代英語圏でも根強い（哲学には自然科学と違い「英米系」「ドイツ系」など国境が明確に存在する）。この系譜では，ロックからラッセルの時代まで，経験知の源泉が感覚

印象（感覚与件）だとされていた。だが，感覚与件は各個人の内観でしか確認できず，客観性が担保できない。与件に知識の起点を求める考え方は20世紀半ば以降，方法論的独我論と形容されて（カントも方法論的独我論者の一人になる）次第に捨て去られる。代わっていわゆる社会的分業論が台頭して今に至る。代表的論者は米国人クワイン。彼は感覚与件という概念を拒否し，各個人が受ける感覚刺激（インプット）及びこれに反応する外的行動（アウトプット）に着目する。このインプット・アウトプットなら誰の目からも観察でき，客観的世界（機械論的自然）の一部として明確に特定もできる。クワインはここを起点とする客観的実在（科学者たちの社会的分業によりその真理性を保証される）の一元論を唱える（『ことばと対象』）。この体系は個々人の感覚刺激を通して新たなインプットに絶えず開かれており，これに応じて改変され得る（知識の可謬性）。この立場はobjective な機械的自然の一元論で，リード・ヘイヴン的な主客対立図式における subject の出番はない。むしろ，この意味での subject は侮蔑語となる。クワインは客観優位・主観劣位を徹底させて主観を滅失させた。その立場は主客対立図式の現代における終局態と言えよう（観念や実在についての詳細は第2章で）。

「主観」「客観」再訪

　以上，subject と object の来歴を辿ってきた。この二つの語は当初それぞれ独立に，18世紀末以降はペアとなって，「主観」「客観」という訳語から我々が連想するより広い文脈で用いられてきた。どの用法が正しいか，と問うのはナンセンス。歴史の中で用法が変わってきただけで，より新しい時代の用法がより優れているわけではない。カント的な主客対立図式（観念論的な図式）と，リード・ヘイヴン的な主客対立図式（実在論的な図式）のどちらが正しいか，と問いには答え得ない。相対主義的に響くかもしれないが，哲学的に一貫した立場は複数可能で，相互に自己完結しており，お互いに批判しあっても水掛け論となる。それぞれに一定の合理性があり，後は各自の好みで決めるしかない（第2章参照）。だが，現代の人文・社会・自然科学では，リード・ヘイヴン的な（更に言えばクワイン的な）主客の理解が幅を利かせている。「主観」を個人特有の偏向・限界という侮蔑的意味で使う用法は，元々はヘーゲル・マルクスの伝統から出てきた（法律学はしばしばこの意味で用いる）。

　西周が「主観」「客観」と訳したのは，ヘイヴンによる用例。すなわち，人間が主となり，外的事物が客となって向き合う様子を，傍観者が脇から仔細に観察し，主の側で見えてくる面（すなわち主の能力）が subjective，客の側で見えてくる側面（すなわち客に属する諸特徴）が objective。こうした趣旨で前者が「主観」，後者が「客

観」と訳された(7)。西のオランダ留学時，ヘイヴン的な主客対立図式は諸学に浸透済みだった。留学成果全般を踏まえて考案された訳語だろう。この図式を共有する人文・社会・自然科学全てにおいて，「主観」「客観」は日本で広く流通するに至った。

　他方，カントのSubjekt・Objektを西の意味で「主観」「客観」と訳すのは誤訳である。傍観者的な目線から主客双方を観るという立場をカントは採らないからである。むしろ，客が目の前に現出し存在することが，その客について知ることが，そもそも如何にして可能となるか。その条件・制約を指してカントはSubjektと呼ぶ。これを「主観」と訳すなら，「客は主（あるじ）なしでは存在し得ない。そのような制約としての主が客を観る。これを略して主観という」などと解説を付言しないと，意味不明になる。同様に，カントのObjektを「客観」と訳すなら，「客観とは主の側が観ることにより初めて可能となり，立ち上がってくるもの」と補う必要があろう。西はこのような読み替えや補足を想定しなかったはず。

　しかし，後世の日本でカントのSubjekt・Objektは「主観」「客観」と訳されるようになった。上述の読み替え・補足が実際に行われたのである。こうした読み替え・補足を漢語は容易に許容する。漢字は一つ一つが相互に独立した意味を持つ。漢字二つの組み合わせは全体として決して一意的でなく，組み合わせる人の意図次第で多様な意味を表現できる（ヘイヴン・西的な「主観」「客観」とカント的な「主観」「客観」のように）。漢語二字熟語のこうした変幻自在性は，subject・objectのように歴史の中で意味が少しずつ変わってきた欧州の哲学概念を再現するのに，或る点では都合がよい（欧州語における両語彙の意味変化に対応して自らも意味変化が可能である，という意味で）。だが，別の点では災いする。欧州の哲学概念はギリシア・ローマ時代の日常語を同一語形のまま意味的に陶冶したもの。陶冶はその時々の影響力ある哲学者（アリストテレスやカントら）や時流（たとえば19世紀以降の客観科学隆盛）が主導した。複数の用法が生じて相互に対立しつつ，影響力に応じて継承されて今に至る。他方，漢語は日本への導入以来，非日常的な知識の象徴として「よそ行きの言葉」「たてまえの言葉」と見なされ，本音を語る大和言葉（和語）とは別空間に置かれてきた。初見の一般市民には意味不明ですらある。これに変幻自在性が加わると，一般市民にはますます訳が分からなくなる。これが日本で哲学用語の定着が妨げられる一因である(8)。

（7）　subjective・objectiveに「観る」という含意はない。対象認識や自己反省は視覚のみならず感覚全般を総動員して行われるので，subjective・objectiveの訳語に「観」を充てるのは不正確。他方，視覚は欧州哲学において伝統的に最重視されてきた感覚であり（第2章参照），多くの哲学用語が視覚を指す語彙の比喩的転用で生まれたのも事実である。

　実は，カントのSubjekt・Objektは「主観」「客観」の読み替えや補足では訳しきれない。実践哲学や法律論におけるSubjekt（行為主体）はホッブズのsubject（契約主体）同様，「観る主（あるじ）」と訳せない。それゆえ西の時代以降，「主体」「客体」という別の訳語も現れた。「主体」は漢代に「帝王の体」の意で用いられ，転じて中心となるものや最重要の性質・部分を指した古来の熟語。これがSubjektの訳語に転用されたのは明治後期。「客体」は全くの新造語。ホッブズのsubjectには「臣下」という訳語が充てられた。

　カントのSubjektには「主観」でも「主体」でも座りが悪い面がある。それはアリストテレスのヒュポケイメノン（基底，土台，前提）を近世的な主観性の文脈に置き換えて継承する面である（9）。Objektについても，「Subjektにより初めて可能となる」という含意は「客観」や「客体」で訳出しきれない。明治後期からは「対象」という訳語も充てられたが，この訳語でもカントの意図は十分に汲み取れない。何れにせよ，Subjekt・Objekt（英subject・object）が備える全ての含意を持ち合わせた単一の訳語案出は難しい。少なくとも，文脈次第で異なる訳語を充てた方が誤解を招かない。実際，日本では文脈次第で訳し分ける慣行ができた。他方，欧州では，subject・objectという同一語形がラテン語から現代まで継承されている。なぜ欧州語では同一，日本語では訳し分けるのか。これは何を意味するのか。

　西周のように漢語に頼らず，和語で訳す選択肢もあったのだろう。ゲルマン語では，ゲルマン神話からキリスト教への改宗が進んだ古代末期に，翻訳借用（独Lehnübersetzung）という方針で聖書の翻訳を行った。これはたとえば羅expressio（ex「外へ」とpressio「押す」の合成形）を独Ausdruck（aus「外へ」とdruck「押す」の合成形）と訳すように，ギリシア・ラテン語彙にゲルマン語彙を一対一に対応づけること。その結果，ゲルマン語の日常語彙はギリシア・ローマ的に陶冶され，これがゲルマン人のギリシア・ローマ文化受容に大きく貢献した。明治以降の翻訳もこの方針で行っていれば，日本語の現場は一変していた可能性がある（英expressionを「表現」と訳すのでなく「外へ押す」「押し出す」と訳す，等々）。同じ方針を採れば，Subjektを「下へ投げられた」あるいは手短に「したなげ」，Objektは「目の前

（8）　日本でも，日常的な和語と非日常的な漢語という単純な分断をすることができない程度に，過去千年以上にわたって和漢混交文体の日常化が進んでいる。漢語にもかなり日常的な使用頻度が高いものはある。朱子学（理気説）に由来する「気」はその最たる例だろう。理気説に基づく思想展開は漢語文化圏に広く見られた。だが，総じて漢語の日常への定着度合いは和語より低い。
（9）　実際，現代ドイツには，カントの伝統を踏まえ，Subjektivität（主観性）という語のアリストテレス的な「基底性」という側面を強調しつつ新たな問題提起を試みる人々が少なからず存在する。

を遮り視界を妨げるように投げられた」あるいは「さえぎり」「さまたげ」、などと訳すこともできたはず。こうした語が哲学用語化し日常的に流通するようになっていたら、日本でも哲学が多少は生活に根づいたのかもしれない(10)。しかし、そうはならなかった。西は日本語における漢語の「たてまえ」的な位置づけを保持したまま、漢語を訳語に選んだ。結果的に、哲学用語はたてまえの世界のものとして神棚に祭り上げられ、漢語独特の変幻自在性も手伝って、一般市民を煙に巻く代物と化した。これとは別次元に、生活における本音を漏らす媒体として和語の世界は今も息づいている。

　本章で垣間見たように、欧州の哲学用語は元来、日本語なら和語に相当する日常語である。これが本音を鮮明に表現する用語として研ぎ澄まされ、継承されてきた。これを翻訳借用で和語に再現し、生活で汎用する習慣ができていたら、本音とたてまえの区別自体が破棄され、その後の日本文化は一変していたのかもしれない。実際には、それができないほど日本文化は江戸期までに成熟しきっていた。和語の世界はたてまえ用の漢語語彙にガードされ、欧州起源の哲学用語による浸食を許さない仕方で保守されている。本書全体を通じてその実相を敷衍したい。これは、日本人の日常生活に哲学用語のみならず法律用語などの学術用語が定着しにくいこととも関係する(11)。

哲学と翻訳語

　ヒュポケイメノンやアンティケイメノン、subjectum や objectum はギリシア語・ラテン語の日常語彙だった。哲学用語に転用はされたが、いつでも生活に身近な文脈へ連れ戻すことができた。subject・object も英語では日常語。希・羅語源に立ち返ることも容易。日常用法と哲学的用法は連続的で、分断されていない。ほとんどの哲学用語について同じことが言える。普段の言語生活の延長上に哲学的問いかけが自然に開けてくる。欧州文化圏にたてまえと本音という日本的な重層構造は存在しない。生活上の本音を語る用語を用いて各時代に人々が哲学的問いかけを行い、その積み重ねで現代の法律や自然科学につながる人間観や世界観が培われてきた。哲学とは、広義では、真なる知を希求する営み一般。これはどの文化圏にもある人間の精神的営為。狭義では、古代ギリシア由来の基本概念（本書はその幾つかを主題化する）を使った知の希求活動であり、次の二つの特徴を持つ。一つは、我々各自のその都度の「今」「ここ」「私」において眼前に開けている世界、自然的事物、人間のあり方、森羅万象、

---

(10)　英語で subject は underlying、object は contraposed と日常語で訳せる。
(11)　法律用語については拙著『翻訳語としての日本の法律用語』及び『源流からたどる法令用語の来歴』参照。

その一切に関して，その普遍的・構造的な法則性を日常概念の陶冶により把握し，合理的に説明しようとすること。二つ目は，法則性の真なる認識を目指して試行錯誤を繰り返し，根拠づけられた真理のみを残し，偽と判明したものを容赦なく捨て去ること。この意味での哲学は，欧州における個人の生活や社会全般を理念により導く規範的な営みであり，「理念（理性）信仰」という一種の宗教性を持つ。それは，科学技術や法の支配を支え，政治的変革と生活改善を推進する原動力でもある。古代から現代に至るまで，欧州語の話者たちは生活に密着したレベルからこうした理念追求にコミットし続けてきた。タレスは完全に手探りだったろう。アリストテレスにも手探りの面が多々残る。その後は一定の哲学用語が固定化し，伝統的に受け継がれてきた。哲学的問いかけは欧州語を母国語とする人々がこれら用語を繰り返し使うことで自らの歴史的アイデンティティを確認する作業でもある。

　同様の伝統は日本にない。日本でも昔から幾多の語彙（和語，大和言葉）が受け継がれている。しかし，上述した狭義の哲学は発想として和語の世界に希薄。日常語彙が哲学用語に陶冶される，あるいは翻訳借用で意味変化を被る，といったこともなされなかった。非日常の漢語で欧州の哲学用語を翻訳して理解に供しても，日本に哲学が定着したことにはならない。むしろ，西らの訳語創出は，哲学すること自体を日本の日常に移植するのに失敗した。生活上の本音から湧き上る問いかけの中で生気を保ち続けている原語に難解な漢訳語を充てることで，たてまえの世界（身構えた非日常表現，机上の漢籍の世界，硬直した博物館的な世界）に封じ込めてしまったからである。西以降の日本における西洋哲学の受容は，千五百年に及ぶ漢籍読み下しの伝統に従い，所与の原典解釈という形を取った（今も基本的にそうである）。自前の問題意識で哲学しようとする日本人もいないわけではないが（かつては西田幾多郎や田辺元，昨今は廣松渉や永井均など），一般市民の関心は低いまま。

　哲学（理念信仰）は欧州の土着的な精神活動である，これを和語で再現できたとしても，それが日本に定着する可能性は低い。無理に定着させる必要もない。だが，欧州文化圏が析出させた現代の科学技術や法律を実利的に生活上取り入れている我々にとって，その土台となった欧州哲学の基本概念が彼らの生活からどのように湧き上がり，科学や法律の発展に寄与してきたかを適切に理解することは，我々が科学技術や法律を今後どう使いこなしていくべきかを考える上でも，重要である。本書の目的はその理解を増進させることにある。

第2章

観念と実在

「彼には節約という観念がない」「観念的に過ぎる」など,「観念」には頭の中で考えただけ,というイメージがつきまとう。そもそも「観念」とは何か。

「登場人物は架空で,実在しません」などと言われる。「実在」は「実際に存在する」の意。そもそも「実在」とはどういうことなのだろうか。

「観念」は英 idea,「実在」は英 reality の訳語。このペアに前掲の西周『心理学』訳者序文は「主観」「客観」に先んじて言及している。前者はプラトンに由来,後者は中世スコラ用語。用語法は時代と共に変遷してきた。西は同時代の英語圏で支配的だった用語法に従い,訳語を考案した。

「観念」は漢訳仏典中の語彙。「観」は梵 vipaśyanā(知恵を持って見通す,悟る),「念」は梵 smṛti(心に思う)の漢訳。「観念」は「心静かに真理を見通す」「仏性を見抜く」の謂で,浄土教を大成した善導大師の『観念法門』など随所で使われた。これが日本に伝来,室町期に今も残る「観念しろ」(覚悟しろ,あきらめろ)という日常語法もできた。これを西が idea の訳語に転用した。

「実在」は,実際に存在する,の意で『墨子』にある。これを西が転用した。

プラトンのイデア

idea の元を辿ると古代ギリシア語の ἰδέα〔イデア〕,プラトンのイデアである。この語は動詞 ὁράω〔ホラオー〕(「見る」「眼中に入れる」)のアオリスト不定詞形 ἰδεῖν〔イデイン〕から派生した。「アオリスト」とはギリシア語の動詞アスペクト(相)の一つ。「相」は文法学用語で,動作行為が完了したのか,継続しているのか,反復されているのか,などの違いのこと(英文法だと現在完了か,完了形でないか,などの違い)。時制(現在,過去,未来)とは異なる。古代ギリシア語は動詞に三つの相(未完了,完了,アオリスト)を区別した。アオリストは完了でも未完了でもない動作行為そのものを指す動詞の形[1]。ὁράω は現在形で未完了(「見ている」「見続け

---

(1) 英語にはない。「アオリスト」はギリシア語で「限定されていない」の意。

ている」「見える」「見えている」，英 see に相当）。眼前のりんごを見ている間，私が持つりんごの感覚は完了せず継続する。だが，りんごを見る前と比べると，私はりんごを見てしまった状態（完了）へと転換済み。他方，アオリストは「見える」（未完了）でなく「見てしまった」（完了）でもなく，そもそも見るということ。ἰδέα はその動作行為の対象（見えたもの）。プラトンはアオリスト1人称単数形 εἶδον〔エイドン〕からできた名詞 εἶδος〔エイドス〕も同義で用いる。

　プラトンが ὁράω の名詞形でなくアオリストの名詞形を使ったのはなぜか。彼が好んで持ち出す実例は三角形のイデア。それは，肉眼で見える個別的な三角形（誰かが地面に棒切れで書いた三角形など）でなく，個別的な三角形を肉眼で見ているときにその真相として看取されるべき三角形の本質。すなわち個々の三角形を三角形たらしめている根拠，幾何学で定義される理念的な三角形。未完了由来の名詞を使うと，「話者に肉眼で見えているもの」という含意から，個別的な三角形がイメージされがち。完了・未完了は話者から見て動作行為が完了しているか，継続しているかの違いなので，何れを使っても話者の眼前にある個別的な三角形が含意されがち。つまり，完了や未完了ではプラトンが言いたいことをうまく表現できない。そこで仕方なくアオリストを使い，「真相を看取する」というニュアンスを伝えようとしたらしい。他方，ἰδέα も εἶδος も当時のギリシア語では「見かけ」「かたち」「種類」を意味する日常語。プラトンの真意を誤解なく表現する専門用語として確立されていたわけではない。実際，そのような専門用語はプラトンにとって存在しなかった。聞いたこともない専門用語を勝手に新造して語り始めても，人に理解されない。身近な日常語で伝えるしかない。彼はイデアを指し示すのに ἰδέα や εἶδος 以外にも多様な語彙や言い回しを用い，表現に四苦八苦している[2]。

　個々の三角形と三角形のイデアの違いは，現代の哲学用語で言えば個別と普遍の違い。しかし，「個別」「普遍」という用語はアリストテレスの創作（**第10章参照**）。プラトンの時代にはなかった。実は，個別と普遍は複数形と定冠詞という文法構造に深く関係している。印欧語にもともと複数形はあったが，定冠詞はなかった。その中で，おそらくフェニキア語などセム語系の影響を受けて，初めて定冠詞を持つに至ったのがホメロス時代のギリシア語。「それ」を意味する指示詞が定冠詞に転用され，文法構造として定着した（不定冠詞は数詞「一つ」が転用されたもので，欧州語では比較的遅く中世に登場）。プラトンの時代，定冠詞には特定個体を指示する用法（英語なら the cat で「その特定の猫」）以外に，総称的用法（猫一般）も生まれていた。複数

形と定冠詞を文法的な土台として，プラトンは個別とイデアの対比を顕在化させた。個々の羊でなく羊のイデア（定冠詞付きの羊一般），個々の勇気の実例でなく勇気のイデア（定冠詞付きの勇気一般），などのように，文法構造に沿って個別とイデアの対比が遍く世界に通底する原理として拡張される。この拡張は，冠詞を持たない日本語の話者に馴染みにくい。三角形なら幾何学を知っていれば話は分かる。羊についても生物学的に理解はできる（個々の羊と，種としての羊の違いに相当）。だが勇気そのもの，などと言われてもピンとこないだろう。個別に「彼は勇気がある」と述べることはある。しかし，勇気とは何か，という「そもそも論」は日本の一般市民にはふつう抽象的に過ぎ，問われたら躊躇うはず（辞書編纂者は別だろうが）(3)。だが，プラトンはこの「そもそも論」を押し通し，勇気や徳などの定義を求めた。

　彼の問いかけは古代ギリシアの一般市民の琴線に触れた。日常使っている定冠詞に沿った問いかけだから，一般人の生活感覚でもついていけた。この問いはプラトンのオリジナルではなく，ソクラテスから継承したもの。ソクラテスはこの問いを巷で人々に投げかけ，彼らの答えを吟味し，論駁した。しかし，自ら答えを示すことはなかった。答えられないからである。逆に「勇気とは何か。徳とは何か。誰も答えられないだろう。答えられないということを私は知っている。その分だけ私は他人よりましだ。他人より多少は物事を知っていると言えるのだ」などと開き直って凄んだ（いわゆる「無知の知」）。彼は論争をしかけながら挙句の果てにいつもこうして煙に巻いたので，一般市民からの評判はよくなかった。若者相手にもこうした問答を楽しみ，若者たちが教祖的な魅力を感じて教団もどきの取り巻きを作っていたらしい。最後には若者をかどわかした罪で告発され，裁判の結果，死刑に処せられた。ソクラテス本人は魂の不死を信じており，最期まで問答を楽しみ，淡々と毒杯を仰いで死の途についた（『パイドン』）。プラトンはソクラテスに魅せられた若者の一人で，師の刑死に憤った。煙に巻くのではなく，答えを示さねば市民に信用されない。プラトンはソクラテスの問いに「それはイデアだ」と答えて示した。

　では，イデアとは何か。今度はこれがうまく説明できない。「勇気とは何か」と問われて「勇気のイデアだ」と答えても，実質的に全く前進していない。そこでプラトンは様々な喩え話を持ち出す。人の魂はかつて天上の国で神々と共にイデアを観照して生きていた。それが今は，魂の輪廻転生（これはプラトンがソクラテスと共にピュ

（3）「勇気のイデア（見え）」は自己矛盾的な言い回し。勇気ある行動は見えるが，勇気そのものは目に見えないからである（プラトン自身が指摘する通り）。彼は「イデア」という語のこの自己矛盾性に内心苦しんだはず。古代ギリシアにおける普遍への問いは視覚に導かれていた。欧州哲学がこの視覚限定を脱して自然に関する普遍的構造認識（科学的世界観）へと歩みを進めるのは近世以降。

タゴラス派から借用した世界観）により地上の国で身体に縛りつけられ，個物（目の前の木々やりんごなど）に囲まれて暮らしている。個物はイデア（たとえば木やりんごのイデア）を模してできている。魂は個物を見る度にイデアをおぼろげに思い出す（『パイドン』などの想起説）。個物はイデアに与るがゆえに個物として存在する。イデアは模範であり，個物はその似像である（『パルメニデス』などの範型説）。我々は胸をかきむしるほど強い恋愛感情に囚われることがあるが，その真相は天上の国にあるイデアへの恋い焦がれである（『饗宴』）。地上の国の住人は大部分がこのことを忘却し，個物との関わりの中にまどろんでいる。イデアの記憶を保持する人が率先して人々にイデアのことを語って聞かせ，人々をイデアへと誘わねばならない（『国家』，洞窟の比喩）。プラトン思想は前期から後期へ変遷する部分も多いが，次の点は一貫している。すなわち，我々は地上の国（現実世界）に住みながら同時に天上の国（イデア界）に半分くらい既に首を突っ込んだ状態にある。我々は現実世界にありながらイデア界の住人となるべく，自身を純化せねばならない。宗教狂人のほら話にも聞こえるが，現実世界とイデア界の二世界説は後の欧州哲学の屋台骨として継承される。

　これら喩え話は，個物とイデアがどう関係するか，を敷衍する。では，イデアとは結局，何なのか。プラトンは最後まで答えられない。表現に窮して比喩的にしか語れないのは，第1章のヒュポケイメノンなどと同じ。抽象的な事柄を直示する語彙がプラトン時代のギリシア語には欠けていた。それでも，個別でなく普遍を，偽ではなく真を，森羅万象の真正なる根拠を，という（ほとんど宗教的とも言える）強い希求はその喩え話から十分に伝わってくる。

アリストテレスのエイドス（形相）

　アリストテレスはイデアを師の専門用語，エイドスは自分の哲学用語として使い分けた。個別者を超越したイデアを求めた師と違い，アリストテレスは個別者の細部に関心があった。彼はとりわけ生物の形態や生態（動き変化）を仔細に観察した。たとえば個々の羊は，オス羊によるメス羊の胎内への授精にその始原を持ち，出生の後，成熟した羊のかたち（イデア）を外見に宿すまで成長する。この文脈では，羊のイデアは個々の羊にとっての鋳型や原型のようなもの。それは確かに個々の羊を羊たらしめている根拠に相当するが，個々の羊から離れて天上の国に自存するものではなく，むしろ個々の羊に宿る限りのもの。しかも，それは鋳型にはまるよう個々の羊を導くという意味で，羊の成長や変化の原因でもある。アリストテレスはイデアをこうした文脈で捉え直し，エイドスあるいは μορφῆ〔モルペー〕と呼んだ。後者は「かたち」の意，特に彫刻像について使われた古代ギリシアの日常語彙。プラトンもイデアを指

して使った。

　アリストテレスによれば，自然界における動き変化の原因はエイドスに留まらない。たとえば彫刻家は像の形（エイドス）を頭に思い描き，大理石を彫り込んで像を制作する。大理石が像へと変化するプロセスには，原因が次の四つの文脈で介在する。まず，彫刻家が思い描く像の形が，像の制作を引き起こす原因となる（形相因）。次に，像を彫り込む彫刻師自身が，像の制作の原因である（始原因）。また，原材料となる大理石も，像の制作に必要不可欠な原因である（質料因）。更に制作が目指すべき終着点，すなわち像の完成した姿も，像の制作プロセスを牽引する原因となる（目的因）。四つは相互に異なる仕方で像の制作を導く原因となっている。これとの類比で，遍く自然現象において四つの原因が区別される。羊の成長においては，羊の種（精子）が始原因，羊の形（生物種）が形相因，火・気・水・土の四元素の組み合わせが質料因，生殖能力を持つ成体の羊が目的因となる（『自然学』）。四原因は第6章で詳述し，本章はエイドス（形相）に話を限定する。形相が動き変化の原因である，とは，アリストテレスがプラトンのイデア説を自然学（自然界の動き変化の原因を説明する学）へと換骨奪胎した，ということ。個別三角形とその彼岸にある三角形のイデア，という対立は，個物とその原因（形相），つまり因果関係として捉え直される。後世，ラファエロが描いた「アテナイの学堂」でプラトンが天上を，アリストテレスが地上を指さす姿が有名になった。両者の関心は確かに180度異なる。自然を人為的制作との類比で理解するのは突拍子なく聞こえるが，抽象的語彙を欠く古代人の苦心の産物だと言えよう。

　プラトンは「イデアとは何か」という問いに喩え話で答えたが，アリストテレスは同じ問いに四原因説で答えた。形相は，イデアと同じく，我々の眼前にある様々な個物を可能にする普遍的根拠たる「見え」。そして，イデアと違い，質料に宿り個物を合成する。我々が個物（たとえば或る羊）を見るとき，その「見え」（形相）を我々の魂が把握し，形相が個物（外界の羊）と我々の魂に共有される。魂は形相を感覚から引き離して記憶・想起する能力，想起された形相に依拠して思考する能力，更に形相を宿した個物（前述の建築物など）を自ら作り出す能力も持つ（『霊魂論』，後段第9章参照）。

species（スペキエス）と forma（フォルマ）

　アリストテレスは若きアレクサンドロス大王の家庭教師を務めた。アレクサンドロスは長じてギリシア全土を征服，エジプトから中央アジアにまたがる大王国を築くが，その死後すぐに王国は分裂，ギリシアはやがてローマの支配下に入る。ローマ人はギ

リシア文化に敬意を払った。ギリシア思想は継承され，ローマの知識人にも受容されていく。キケロはその初期の代表者。彼は魂の不死を信じたプラトンや感情克服を目指すストア派に共感し，自らアテナイに赴き学んだ。また政治家・法律家として弁論術に関心が高く，アリストテレスのトピカを研究した。しかし，彼は誇り高きローマ人。灌漑土木技術，軍事そして法律に秀でるローマの方が優れているというスタンスを崩さない。

　プラトンの ἰδέα をキケロは species，forma，あるいは figura と羅訳した。翻字した idea という語形を使う箇所もある。species は動詞 specio（「見ている」「見えている」）の名詞形，「見ていること」「見えているもの」が原意で，「（特定の）外見」「姿かたち」「見世物」「上っ面」「空想物」「言い訳」「（ものが配列された）様子」と意味が広がるラテン語の日常語彙。ローマ法では特定のものを広く指した（個別，種別など）。ラテン語はギリシア語と違いアオリストを持たず，完了と未完了しかない。動詞 specio は未完了形。species には「今見えている特定のもの」という連想が働き，ἰδέα にある「真相を観た」という語感がない。逆に真実性のなさが含意される。これはギリシア語なら別の語（φάντασμα〔パンタスマ〕，第10章参照）に伴う含意。キケロの著作には species の上述した意味がほぼ全て確認できる。つまり，彼は species の多義的用法に ἰδέα の訳語としての用法を新たに付加した。これではプラトンの真意（真相・根拠の看取）が species の多義性の中に埋没し，ラテン語で再現しづらい。

　forma の原意は「かたち」「外見」。体の動きや姿，彫刻や建築など具体的な美しい形を指す語。法的な規定，の意でも使われる。おそらく上述の希 μορφή と同語源。キケロは ἰδέα を forma とも羅訳したが，同時に具体性を含意するラテン語本来の意味でも forma を頻用する。つまり，species について述べたことが forma にも当てはまる。イデアが forma と訳されることで，「看取された根拠・真相」というプラトンの真意は forma にあるラテン語固有の含意（具体性）に埋没し，デフォルメされてしまう。

　figura は動詞 fingo（粘土をこねて形を作る）から派生した名詞，「（具体的な）形」「形作られた粘土像」が原意。転じて法律における形式，弁論における話題の配列なども指した。figura にも species や forma と同じことが言える。キケロは魂の不死という自らの関心に駆られてプラトンを読み，土木や法律好きで具体性を好むローマ人に紹介した。訳語にはラテン語の日常語があえて選ばれた。彼は現代の文献学者や哲学史家がやるようにプラトンの意図を正確にラテン語で再現しようとしたのではない。species などが持つラテン語の含意により ἰδέα の原意が歪むリスクは後に現実化する（後段参照）。

　キケロはアリストテレス用語エイドスも species あるいは forma と訳す。エイドス

は自然学では形相（質料と対立）だが，論理学では「種（類と対立）」と和訳され
る[4]。論理的には，羊は種であり，動物という類に包摂される。キケロはこの類種
関係に興味を示し，たとえば法（ius）という類を実定法（lex）・倫理（mors）・衡平
（aequitas）という三つの種に分類する（『トピカ』7章）。自然学への関心は限定的。
彫刻家が具体的な形を思い浮かべて彫像する様子に彼はしばしば言及するが（『弁論
家について』3巻など），これをアリストテレスのように自然学的観点で分析しはし
ない。総じて，キケロは魂の不死と弁論術に関心を持つローマ人としてギリシア思想
をつまみ食いした。これは非難ではない。彼は自由にものを考えた思想家であり，ギ
リシア文献学者ではない。

　キケロの死後，ローマは地中海岸全域を支配する大帝国へと成長するが，ギリシア
語圏は地中海東部沿岸で思想継承を続けた。紀元後3世紀にはアレクサンドリアで学
びローマで活動したギリシア人プロティノスがプラトンのイデア説をアリストテレス
の質料形相説と融合させ，いわゆる新プラトン主義思想を打ち立てた。これは，至高
の一者（τὸ ἕν〔ト　ヘン〕）である神から質料や形相（イデア）が流れ出し，更に両
者が合成されて万物が存在するに至る，とする説（『エネアデス』）。この神は神秘主
義的な神であり，キリスト教の神ではない。プロティノスはキリスト教徒でなかった。
しかし，急拡大するキリスト教が彼の説に着目，理論武装に利用する。代表格は4世
紀後半に今のアルジェリアで生まれたアウグスティヌス。キケロの訳語を踏襲し，神
が創造したイデア（forma）に何度も言及する。神は一切の始原である。質料も形相
も神から流れ出す如く創造される。形相は神に内在し，これが質料に宿ることで万物
が創造される。旧約聖書の創世記がプロティノス的に解釈される（『告白』『創世記注
解』）。

　聖書によれば，神は自らに似せて人間を創造した。父・子・精霊という神の三つの
位格は，知性・記憶・意志という人間の三つの能力に対応する（『三位一体論』）。プ
ラトン的に形容すると，神が原型（イデア），人間は似像（個物）であることになる。
神は全知全能だが，人間は被造物の一つにすぎず，身体に縛りつけられ感覚の制約下
に置かれており，外界の個物などあらゆる被造物のあり方を完全に見通す（知る）能
力はない。キリスト教は神，人間，人間以外の被造物（外界の個物）という三者を区
別した上で，創造主たる神と被造物との違い，全知全能の神と有限な人間との違い，
そして人間精神の内部と外部（人間精神から見て不可知性をはらむ外界個物）との違

（4）　アリストテレスにとって自然学と論理学は連続的で，種はイコール形相。形相
　　　を分析すると種や類の区別（ポルピュリオスの樹と呼ばれる類種ヒエラルキー
　　　が生じる（第4章，第10章参照）。

いを強調する。これは古代ギリシア思想やキケロになかった視点である。他方，人間は神の似姿（imago Dei）であり，神の能力を一定程度共有もする。限界はあるが外界の個物を一定程度認識できる（すなわち個物のformaを認識できる）のはこの限りにおいてのこと。このような仕方でキリスト教はギリシア思想を吸収し，教義を打ち立てた。その結果，プラトンにおけるイデアと個物の対立はキリスト教的な三重の対立（神と被造物の対立，神と人間の対立，人間精神の内と外の対立）へと複相化される。この三重対立はトマスを経て近現代に至るまで欧州哲学（科学や法律を含む）を陰に陽に束縛することになる（後段参照）。

　ローマ帝国の東西分裂後，教会も東西に分断される。西側カトリック圏はアウグスティヌスを聖人視して継承するが，アリストテレスの大部分を忘却する。他方，7世紀に勃興したイスラム圏ではアリストテレスが盛んに研究され（11世紀ペルシアのイブン・スィーナーや12世紀イベリアのイブン・ルシュドらが著名），これが十字軍を契機にカトリック圏に先端思想として輸入された。これをアウグスティヌスの伝統に混交させた代表者は13世紀のドイツ人アルベルトゥス・マグヌスだろう。彼は『アリストテレス自然学注解』でこう述べている。「formaの呼び名は多様である。それが質料に宿り，これを通して質料が相互に区別される限りでは，formaと称される。個物を存在せしめ，しかも知解可能なにする限りでは，speciesと呼ばれる。個物の定義を含む限りでは，ratio（理性）と呼ばれる。原型から発出する限りでidea, paradigma（模範），imago（像）と呼ばれる。質料が宿す形相は元来，プラトンの言う原型界の中にある。それゆえformaはこの原型界の中にある限りではideaと呼ばれ，これを質料が宿す限りではparadigmaと呼ばれる。formaを質料が宿している状態は，ideaを模倣している限りにおいて，imagoと呼ばれる[5]。」

　アルベルトゥスの時代，カトリック圏は十字軍によりギリシア語圏と直接接触する機会を得た。彼の弟子でイタリア人のトマス・アクィナスは同僚のベルギー人メルベケのウィレムにアリストテレスの原典羅訳を依頼した[6]。メルベケはイデアやエイドスをキケロ同様，formaやspeciesと訳した（ideaという語形も使われた）。トマスはメルベケ訳に依拠してアリストテレス学説を神学構築に活かした。彼は師に倣い用語を微妙に使い分ける。すなわち，formaが質料に宿ることで個物が合成される。個物を人間が認識する際，人間知性はそのformaを共有しspeciesとして把握する。個

（5）　1巻3編17章。原型界（mundus archetypus）とはイデア界のこと。

（6）　ウィレムはベルギーのメルベケ出身で，トマス同様，13世紀に設立されたドミニコ会に所属した。彼はギリシア語に堪能で，十字軍が占領中だったギリシア語圏（正教圏）に布教活動のため派遣され，パリ大学にいたトマスから頼まれて『霊魂論』『自然学』『形而上学』などの原典を入手して羅訳した。

物から離れて神に内在する限りでのforma（species）は個物の範型（exemplar）であり，ideaとも呼ばれる（『真理について』）。個物は範型を写し取った像（imago）である。創造主たる神はあらゆる個物を完全に知解し尽くしている。神に内在するideaを，神の似姿である人間も分有する。人間が個物を感覚認識できるのはこの分有のおかげ（『霊魂論注解』3巻1）。トマスはformaを自然学（質料と対概念），speciesを論理学（類と対概念）や認識論（感覚知覚像）の文脈で使うことが多い。

デカルトの観念

　近世的な「観念」の意でideaを使い出したのはフランス人デカルト。彼にとって観念とは，第一義的に，外界の個物が原因となって人間の心の内にできる感覚像。つまり，心が外的事物と共有するアリストテレス的な形相のこと。これは偽でありえない。羊の観念は外界にいる羊を間違いなく映し出す。だが，我々の感覚には次の点で誤りがつきまとう。太陽は肉眼では小さな円形だが，実際は巨大な恒星である。蜜蠟は低温だと固体，熱すると溶けて液体になる。羊も太陽も蜜蠟も，我々がこれらを目の当たりにしてその都度持つ感覚的な観念（外来観念）は，これらの本当の姿を覆い隠し，我々を欺く。欺かれることなき真なる観念が欲しい。それは感覚像ではなく，合理的かつ明晰判明に把握されたものであるはずだ（いわば第二義的な観念）。『省察』はそうしたideaが獲得可能と主張する。その第一歩がコギト。我々が何を考えても，それがどれほど正しく思えても，悪霊により欺かれている可能性は排除できない。しかし，「欺かれているかも」という疑い自体，私が考えた限りのこと。ここから，「私は考えている（ego cogito）」ということだけは疑いようのない真実だ，と結論できる。ここから，考える主体としての「私」が明晰判明な観念（しかも非外来の，いわば生得的な観念）として浮かび上がる。更に，神の観念，そして合理的に理解された延長の世界（機械論的自然の世界）の観念も，明晰判明であることが演繹されていく（第3章参照）。

　デカルトは近代科学の幕開け期を生きた。アリストテレスや中世スコラのように，形相（「見え」「かたち」であり同時に普遍的真理）を把握することで普遍的知識が獲得される，と考えるのはナイーヴに過ぎる。外的世界の実相は，感覚像を超えた科学的探究なしに判明しない。だが，人間は観念の世界に閉じ込められている。世界の科学的実相も観念により構成するしかない。デカルトはスコラ的な人間精神の内（観念）・外（外界）対立を踏襲しつつ，不可知性がつきまとう「外」から「内」へと目を転じ，「内」に留まって不可知性を払拭した知識の合理的構築を目指した，と言えよう(7)。彼の観念はプラトンのイデアと違い，感覚像（第一義的な観念）と合理的

知識（第二義的な観念）の総称。イデアはプラトンにとって不死なる魂の内にある永遠不滅のものだった。これがアリストテレスとスコラを経て，可死なる魂（個々人の頭）の中にあるデカルトにとっての観念へと，概念的に変質したことになる。だが，我々を欺く感覚像を捨てて，明晰判明な観念のみを救い取ろうとする点で，デカルトは永遠真理を求めるイデア論と動機づけを完全に共有する（ただし喩え話に訴えるのでなく演繹による，第3章参照）。彼が目指したのは第二義的な観念の一元論。

デカルトのideaは，スピノザに代表される欧州大陸と，ロックに代表される英国の系譜に分岐して継受される。二つの系譜には根本的な違いがある。

オランダのユダヤ人スピノザはidea（観念）を心の中の感覚像と捉えるのに反対する（『エチカ』）。観念は誰が考えても同じはずの真理，すなわち機械的自然の真の姿そのもの（デカルトにおける第二義的なidea）。非キリスト教徒の彼は内外対立をそもそも認めず，機械的自然（外的事物）とこれを表現する観念は同一事態の二側面だ，と主張する（後段参照）。ライプニッツは観念が感覚像でなく真理そのもの，というスピノザの見方を共有するが，同時に各モナドの個別性（モナドの複数性）を直視する。キリスト教徒である彼は，デカルト同様に内外対立から出発して「外」の措定を止め（モナドの「外」は存在しない），モナドの内部に徹底的に留まる（やはり観念の一元論）。機械的自然は各自の「内」に鏡像の如く現出する観念の総体。それぞれのモナドに内在する観念が同じ一つの世界を表しているのは，神の思し召しによる（弁神論）。

医師である英国人ロックにとって人体は機械的自然の一部，内外対立は人体の内部と外部の対立。idea（観念）は外的事物が感覚器官を刺激して人体内部に発生する心理的単位（感覚像）。観念の「外」の世界は医師目線で見ると確かに存在する。しかし，観念の世界に閉じ込められた当事者の目線から見れば，「外」の世界には不可知性がつきまとう。デカルトは合理主義でこの不可知論を克服するが，ロックは経験論に徹して不可知論を甘受する。すると「外的事物が因果的原因となって観念が結果する」という認識自体も懐疑に曝され，ロックの観念論は自分自身の基盤を掘り崩しかねない(8)。ここから，ロックの系譜は更に二つに分岐する。一方は，この基盤を徹底して掘り崩したバークリや若きヒューム。全ての知が観念に因る以上，外界どころかそれを知る「私」さえも不可知的なものとなる。突き詰めると，「私」は存在せず，

（7）「内」に留まって「外」の不可知性を免れる，とはやや無謀な企てである。実際には，「内」に留っても知識の可謬性は払拭できない（本章注12参照）。

（8）彼はideaという語をかなりルーズに，phantasm，notion，speciesなどと互換的に用いていると自認している（『人間知性論』1篇1章8）。こうした語法はキケロ的な含意でギリシア語ideaがデフォルメされた断末魔とも言える。

その都度の観念の束にすぎないことになる。常識的には，ここまで懐疑を突き詰める
のはナンセンス。誰しも「私」が存在するかの如く振る舞っている。外界の事物が私
の観念から独立に存在するかの如く振舞っている。この実生活に即した見方を擁護す
るのがもう一つの方向で，老成したヒュームやリードらスコットランド常識学派が代
表者。西が訳したヘイヴンはリードに連なる19世紀の米国人。

　デカルトやロックのideaは独語圏でVorstellungと訳された。デカルトと同様，カ
ントはこの語を感覚像と合理的概念を包摂する広義で，しかもライプニッツ的に（観
念の「外」は存在しない，という意味）で使っている（『純粋理性批判』）。カントは
これと別にIdeeという語形も用いた。こちらは純粋理性概念（理念）。すなわち，個
物の世界に具体的な対応物がなく，その意味で理論的に不可知だが（たとえば神や魂
など），実践的文脈で我々の行動を導く指針となるもの（自由や人格，尊厳や義務な
ど）。プラトンのイデア，アリストテレスの形相（建築家の頭の中の設計図）も，
我々の魂が既に把握済みで，（彫刻家の頭の中にある「かたち」のように）個別的な
ものを生み出す際の模範として機能する限りで，まさに理念である。理念とは，現実
を生み出し，現実を自らの中に包摂する真理そのもの，すなわち絶対者（共同体的な
知）である，とヘーゲルは形容した（『大論理学』3巻3編）。理念は，単に個物を包
摂する普遍（永遠真理）であるのみならず，現実を導き，個物の世界を，我々が生き
る社会を，変革する。プラトン自身，こうしたイデアのこうした実践面を前面に押し
出すこともあった（哲人政治の企図，第6章参照）。ロックが提唱した個人の自由や
property（人身・財産）も理念の一例。これらを権利（価値の所在）として法的に守
る社会の構築努力は，現在も恒常的に世界中で続けられている。理念は放っておいて
実現されるものではない。法律として掲げ，社会的努力を重ねないと，実現できない。
資本主義や自由市場経済も欧米を中心に掲げられた同様の理念である。環境破壊や格
差問題など多くの摩擦を引き起こして修正されつつ，今もその実現が求められ続けて
いる(9)。法律や経済は理念についての学問だと言える。Ideeの英語形はideal，こ
れを西周は「理想」と訳した。

　こうした幅広い使用領域をもつ近世的なideaは，経験科学的な文脈では内観に依
拠する曖昧な概念として次第に敬遠され，廃れていく。19世紀に登場した心理学はこ
れをより厳密な概念で置き換えていった。現代の認知科学における「クオリア」は
ideaの断末魔的な後継概念である（第9章参照）。他方，理念の意では，今も社会科
学の舞台装置的な役割を果たす概念であり続けている。日常生活でも "That's a

----

(9)　この理念は，共産党独裁による最大効果の早期実現という別の理念を優先する
　　大陸中国には，限定的にしか共有されない。

good idea"に類する言い回しは常用されている。

realityの源流と来歴

reality（「実在」）の祖形は羅realitas，中世スコラ哲学者ドゥンス・スコトゥスがres（「もの」）から作った新造語。resは生活上の必要に迫られて相互に区別・知解されるもの一般を指す。動詞形はreor（解する），別の名詞形にratio（理性）がある。民法総則の「人（persona）」と「物（res）」はローマ法以来の対概念。ローマ法でresは訴訟対象となり得る具体的な事物。人間の知解能力の彼岸にあるres，人間知性から独立自存するresは形容矛盾になる。

他方，後発のキリスト教はensという語彙を重視する。これはラテン語のbe動詞sumの現在分詞（英being）。キリスト教では「神が創造し，存在を与えたもの」のこと。あらゆる事物はresとして知解可能な内実を異にするが，ens（被造物）としては同じ。resはアウグスティヌス以降，神に内在するイデア（forma Dei）に従って創造されたens，と捉え直される。神による創造は人間の知解能力と無関係であり，被造物は人間の知解能力とは独立に存在する。

この教義をトマスも継承する。彼はアリストテレスに従い，神が個々の被造物を創造する際の決め手（個体化の原理）は質料だと考えた。すなわち，神は類に種差を加えて種（forma，形相）を創造し，最後に形相が質料を取り込んで個体化が起きる。たとえば類「動物」に種差「理性的」が加わると「人」になり，これに質料が加わるとソクラテスやプラトンになる。

ところが，これにスコトゥス（スコットランド生まれに因んだ名）が反対した。天使の存在がその理由。天使についてスコラ学者たちの見解は一定しないが，基本的に霊的な存在で，人間のように受肉しておらず，質料を欠いた純粋形相とされる。だが，天使は複数存在し（ガブリエル，ラファエル，ミカエル，等々），それぞれが別個の天使として我々に降臨する。明らかに，天使を個体化しているのは質料ではない。では個体化の決め手は何か。ここでスコトゥスはラテン語の指示詞haec（これ）を持ち出す（『オルディナティオ』2巻）。すなわち，天使の共通本性（natura communis，スコトゥスの用語で形相のこと）に「これ」が付け加わると，天使が個体化される（ガブリエルの形相，ラファエルの形相，等々の個体形相ができる）。同様に，人間の共通本性に「これ」が加わるとソクラテスの形相，プラトンの形相などができる。これに質料が付け加わり，生身のソクラテス，生身のプラトンが合成される。つまり，被造物は共通本性，「これ」，質料の三者からなる合成体（天使の場合，質料はない）。共通本性と「これ」は質料と無関係で，被造物（res）の形相に備わる二側面。この

二側面を指してスコトゥスはrealitas（もの性）と呼んだ。つまり，被造物は共通本性と「これ」という二つのrealitasを持つことになる。

　キリスト教義に従うと，この二つのrealitasは人間のratioから独立した被造物（res, ens）の形相的特質であることになる。では，「resはratioにより知解された限りのもの」というラテン語源の発想はキリスト教において消滅したのか。そうではない。キリスト教は人のratioと神のratioを区別する。被造物は前者から独立だが，後者には従属する（神が知解する限りのもの）。人間は神の似姿であり，神ほど完全ではないが，resを一定程度知解できる。これを照射すべく，トマスの時代からペルシア人イブン・スィーナー起源のintentio（志向性）という概念が次のように使われた。人間によるresの認識には限界があるが，どのresを認識しているのかは間違いなく特定されている。この志向対象としてのresがobiectumと形容されるようになる（第1章参照）。15世紀には，人間から独立した外界のresに備わるのはrealitas formalis，人間が志向し知解する限りでのそのresに備わるのはrealitas obiectiva（志向的なもの性），という用語ができた。前者は後者の因果的原因だと理解された。

　この用語法をデカルトが『省察』でそのまま使って神の存在証明を行った（第三省察）。証明は，デカルトの「私はキリスト教徒だ」という信仰告白から始まる。すなわち，私（エゴ）は全能かつ完全なる神の観念を実際に持っている。この全能性や完全性は，神の観念に備わるrealitas obiectivaであるが，有限で不完全なエゴが自力で作ったものではあり得ない。それはエゴの外部に存在する原因（realitas formalisを持つ）が作用した結果であるはずだ。この原因には，やはり全能性や完全性が備わるはず。この原因こそ，神そのもの。だから神は存在する。この証明の流れには次の二つが前提されている。(1)エゴの内部（観念）と外部を貫いて因果関係が支配している，つまり観念は外部（原因）が引き起こした結果である。(2)原因にはrealitas formalisが，結果する観念にはrealitas obiectivaが備わる。実は，この二つの前提自体，『省察』が求める明晰判明さを備えているとは言い難い。同書は因果関係の成立が自然の光に照らして自明だと述べるが，全てを疑うなら証明すべき（後にヒュームがこの証明は不可能と主張した，後段参照）。何れにせよ，realitas obiectivaを備えた観念の一元論は後期スコラからカントに至るまで長く共有された。

　後に，スコットランド常識学派のリードがこの用語（英語ではobjective reality）の語法を大転換させる。彼は「私はロンドンのセント・ポール大聖堂を知っている。大聖堂についてidea（観念）を持っている。だが大聖堂は私から400マイルも離れている」と述べる（『人間の知的能力について』4部）。大聖堂は観念でなく，観念のobject（対象）である。objective realityを持つのは観念でなく，大聖堂そのもの。この新語法は，ロック的な観念の理解（心の内部にある心理的単位）に基づき，

objcctive reality の在処を観念から外的事物へと転換させたもの。しかも，知識は観念でなく言語により獲得される，というホッブズ説（後段参照）の影響下にある。我々は大聖堂を見ていなくても（大聖堂の観念を持たずとも），大聖堂について語ることができる。大聖堂を見たことがない人も，大聖堂についての知識を言葉で共有できる（ラッセルの面識知と記述知の区別を先取り）。観念は各人の心の中だが，言語は皆が使う共通媒体。大聖堂はキリスト教的な内外対立における「外」（不可知性を伴う「向こう側」）ではなく，アリストテレスのように素朴な意味での外的事物（可知的なもの）。この語法は英語圏で次第に普及し，objective の意味はスコラの「表象的（志向的）」から現代の我々が理解する「客観的」へと変化する（第1章参照）。

　リードの時代，独語圏でも realitas obiectiva（独 objektive Realität）の語法を同じ方向へ転化させる動きが現れる。カントの実践哲学である。彼は理論哲学でこの用語をスコラ的に使ったが，実践哲学では道徳律が objektive Realität を持つ，と考えた（『実践理性批判』）。道徳律は個人の心の内部を超えて，あらゆる主体（他者，理念的に想定される人格）に妥当する。この道徳律も絶対者に内在する，と後にヘーゲルが強弁して観念論への巻き戻しを図ったが，長続きはしなかった。ヘーゲルの死後，objektive Realität はリードの意味での外界，無数の個物や個人がひしめく客観的実在と理解されるようになる。この新語法は科学技術の発展と共に広まった唯物論的世界観（マルクスが代表者）とも軌を一にして語圏を超え劇的に広まる。西の訳書の原著者ヘイヴンはこうした時代の英語圏に生きた人。reality をリードの語法に従って idea の外部にある外界，誰もが持つ知識の対象たる外界，という意味で用いている。

　20世紀になると，リード的な objective reality の世界（科学が解明すべき世界）にデカルト的な idea が占める地位はない，とする潮流が特に英語圏で席巻した。象徴的なのはラッセルからクワインへの移行。ラッセル・ホワイトヘッドの『数学原理』は，「命題（proposition）」を基本タームとして論理学及び数学基礎論を構成した。「命題」はアリストテレス以来の用語で，ラッセルによれば我々が頭の中で考える主張内容，文が表現する意味内容のこと。その idea もどきの曖昧さゆえ，米国人クワインは「命題」という言葉そのものに反対した。音声や活字として客観的に確定できる「文（sentence）」で十分，と言うのである。クワインが考える objective reality は，各個人が受ける感覚刺激を通してその真理性が社会的に保証される文の総体によって提示される[10]。クォークなど数理的に構築された科学的実在も，こうした文で記述

---

(10)　この総体をクワインは整形された「量化理論」で示そうとする。量化理論とは文の述語論理的構造を明確化し，文に対応する実在を意味論的解釈によって確定させたもの（クワイン『ことばと対象』，及び本書第7章参照）。

される限りの存在と解される。クワインはリードの常識実在論を科学的に洗練させた。彼にとっての reality は各人が受ける感覚刺激に合わせて改変の余地を永遠に残す一元論体系であり，社会的分業により維持される。この reality は，内実的に，デカルトの観念一元論を社会的共有物へとアレンジしたものと解せる。クワインの reality に対しては英語圏で批判も多いが[11]，こうした争いは近世哲学史という巨視的文脈ではデカルトの遺産上での「コップの中の嵐」に過ぎない。

　なお，res の日本語訳である「もの」は，元来，平穏無風の状態を打ち破って登場する存在一般，周囲の注意を惹く新奇性を備えた存在一般のこと（「ものものしい」という表現が象徴的）。「物」「者」と漢表記されるように，人間・生物・無生物，物体・事態の如何を問わず使われる。res とは意義づけがかなり異なる。なお，res に対応するギリシア語 πρᾶγμα〔プラーグマ〕は動詞 πράττω〔プラットー〕（する，行う）からの派生形，「なされたこと」が原意。英 thing の原意はゲルマン語で「部族の集会」，転じて「集会での議題」，これが更に現在の意味に転じた。仏 chose は羅 causa（原因，第6章参照）が原語，「元にあるもの」の意で中世末期にできた語。「もの」という抽象的な日常語の成り立ちは一筋縄でない。

観念と実在の対立

　以上のように，idea と reality は相互独立に発生し，継受されてきた概念。対立概念となったのはリードの語法が広まった後。イデア（普遍）と個物の対立ならプラトンの時代からあった。プラトンにおけるこの対立はキリスト教的な内外対立と異なり，根拠（イデア）と根拠づけられるもの（個物）との対立。イデアが優位に立った。アリストテレスにおける形相と個物の対立もプラトン同様だが，こちらは個物も重視する。他方，こうした根拠づけはナンセンス，個物を分解して最終単位（原子）に至ればそれでおしまい，とする原子論も古代ギリシアからあった（デモクリトスやエピクロス）。キリスト教義はプラトン的なイデア・個物の対立を神・被造物の対立に読み替え，他方で被造物の世界（外的個物）と人間精神（概念把握）との内外対立を表面化させた。デカルトは内外対立における「外」（向こう側にある外界）から「内」である観念へと目を転じて明晰判明な観念（志向的対象）の一元論を提起，ロックやライプニッツ，カントはこれに従った。ホッブズやガッサンディは観念を拒否して

---

(11)　ナイーヴに措定された「形而上的実在」に等しい，との批判を受けている（科学的実在の歴史的・通時的な可変性に着目し，実在を人間理性に内的な構築物と捉えるパトナムの内的実在論やダメットの反実在論など）。批判勢力は「批判的実在論」と総称されている。

「外」の一元論，しかもエピクロス的な原子論に立った（**第1章で言及したsubject**「臣下」をホッブズはエピクロス的な原子と捉えていた）。原子論者は人間精神を物質へ還元しようとする「唯物論者（matérialiste）」，デカルト系の人々は「観念論者（idéaliste）」，と形容したのはライプニッツ（1702年のベール宛書簡）。ここで初めて「唯物論」「観念論」という対立語が使われた[(12)]。

　他方，realismはリード以降，主に英語圏で広まった用語で，「唯物論」とは異なる。外界は心から独立に存在し，その真相を知ることは可能，とする常識的立場を指す。観念は外界と対立する心的内在へと矮小化されるが，拒否されるわけではない。唯物論と比べると穏健で折衷的な（心と外界の併存を認めるという意味で）立場と言える。ヘイヴンはリードの語法を引き継ぎ，「延長という観念」「原因という観念」「権利という観念」などに肯定的に言及する。

　もっとも，リード・ヘイヴン的な用語法は20世紀前半までのもの。それ以降の英語圏では観念を棄却するクワイン流のrealismが主流となる（クワインへの批判勢力も観念を棄却する点は変わらない）。こうした歴史を踏まえると，「idea（イデア，観念）」や「reality（実在）」は多様に定義可能であり，そのどれかが「正しい」わけではないことが分かる。realismやidealismについても同様。どちらも多くの人々がそれぞれの思いを込めて用いるレッテル。たとえば「批判的実在論（critical realism）」を標榜する立場は20世紀前半の米国人セラーズから最近の英国人バスカーまで内容的に多種多様。また，realismとidealismは使い方次第では必ずしも対立しない。普遍が人間の心から独立に存在すると考える中世スコラの立場をrealism（実念論）と呼ぶが，これは普遍（イデア）が実在すると考えるプラトン的な立場で，普遍が名前に過ぎないとする唯名論（nominalism）などと対立する。法律学における法人実在説も，法人という観念的な存在が実在する，という説。一般的な定義を要約すると，

　idealism（観念論）：個物でなく普遍，外的事物でなく観念を重視する立場。近現代では，我々が生きる世界，科学的に把握される世界を，人間の観念的構成物（観念で理解された限りのもの）と見なす立場。プラトンのイデア論は客観的観念論，ロックは主観的観念論などと形容できるが，近世的な「主観」「客観」を用いた区分けは意味の薄いレッテル貼りだとも言える。

　realism（実在論）：一般に，何かが空想でなく実際に存在するとする立場。特に現

---

(12)　前述した内外対立の「外」に備わる不可知性は，唯物論にも観念論にもつきまとう。どちらの立場でも，経験科学的に解明される「世界の実相」には，感覚の限界に由来する可謬性が必ずついて回る（第1章，第3章，第6章参照）。これはキリスト教的な「外」の不可知性が姿を変えて現れたもの。ギリシア自然哲学はこうしたキリスト教の影響（人間の限界の自覚）により初めて可謬性を深く意識する現代の科学的世界観へと切り替わったと言える。

代では，我々が生き，科学的に把握される世界は，観念から独立に外的実在として存在する，という立場。普遍実在論（プラトンの普遍実在論，実念論，法人実在説），個物実在論（アリストテレスやリードの常識的実在論），普遍・個物とも実在する（科学的実在論など），などの立場が区別できる。

　対比のために，materialism（唯物論）：この世界は物質（羅materia，アリストテレスの質料因）でできており，存在するのは個物だけ，普遍は人間の虚構，という立場（マルクスもこの立場）。オッカムは普遍を人間の構築物だと考えたが普遍に一定の意義を認めており，その点で「唯物論」と形容しづらい。因みに，法人実在説と対立する法人擬制説や法人否認説はこうした唯物論的な立場に依拠するもの。

　我々が生きる世界の内実は，観念論・実在論・唯物論，どの立場に立とうと変わるわけではない。これらは世界をどう哲学的に解釈するか，の違い。世界の具体像を経験科学的に解明する研究者，あるいは法律家から見ると，哲学は言葉遊びをやっているだけのようにも見える。だが，そもそも世界を経験科学的に把握しようとすること自体，そして正義を希求する法の支配を進めようとすること自体，実はプラトンのイデア論に動機づけられた営みである。このことは極めて重要であり，第3章以降で敷衍したい。

「観念」と「実在」　その後

　西はオランダ留学時にコントやミルなど同時代の哲学思想だけでなく，プラトンからカントに至る哲学史にも概略は触れたはず。仏教語の「観念」には「真理を見通す」という意味があるゆえ，プラトンのイデアを含めてideaの訳語とするのに相応しい，と考えたのだろう。昭和になると，ギリシア思想が原典から直接和訳されるようになった。訳者たちは，デカルト以降の近代思想的な含意が強すぎる，という理由で「観念」をプラトンのイデアの訳語から外した。

　現在，我々は「観念」という語をどのように使っているだろうか。江戸期の日常表現「観念しろ（あきらめろ，神妙にしろ）」は今も健在。「浪費家には節約という観念がない」などの言い回しは，仏教語の含意を引き継ぎつつideaの訳語用法が重なったもの。ideaの訳語としての「観念」は日常まず使われない。仮に使われても負のイメージがつきまとう（「固定観念に縛られる」「観念的に過ぎる」）。「観」は見る，「念」は思う。仏教語でなく漢語としての「観念」は「見て思う」という人間の所為一般を指す。これが使われ得る文脈はideaと比べてより広く，辺縁も不明確。こうした曖昧さは訳語としての「観念」が日本語話者の生活中に定着しないことと表裏一体。20世紀のフランス人評論家バルトは『表徴の帝国』で日本人の生活中に意味不明

な記号が無数に浮遊しており（看板やTシャツの英字プリントなど典型），これを皆が意に介さず平気で（むしろ面白がって）暮らしている様子を興味津々に描いた。「観念」もそうした記号の一つとして漂っているかの如くである。

　「実在」についても同じことが言える。この語が日常使われる文脈は「実在の（架空でなく）人物」くらいのもの。これは墨子の用法の域を出ない。それ以外には，realityの翻訳語として狭い閉鎖的業界（大学の哲学科，あるいは「法人実在説」など法律学でも）で使われるのみ。日本人の日常空間はこうした翻訳語彙を必要としていないのだろう。古代ギリシア以来，欧州では日常生活において哲学的問いが開け，問いかけにより日常語が陶冶されてideaやrealityなどの概念が形成されてきた。これら語彙は今も欧米の日常生活で頻用される（英語なら"Really?　That's a good idea."のように）。他方，「観念」「実在」という翻訳語は日本人にとってたてまえの領域に属する神棚の上の語彙であり，日常生活（本音の世界）に響いてこない。外来概念を定着させないこの排他的態度は極めて保守的。では，何が保守されているのか。

　"Really? That's a good idea"を日常語で訳すと「そうなの？それ，いいね」。ここに西洋哲学の基本概念が入り込む余地はない。外来概念の侵入を阻止して保守されているのは，さしあたり，こうした和語による日常世界なのだと言える。アオリストのない和語でἰδέαやεἶδοςに相当する語彙は「見え」くらいのもの。「見え」がἰδέαやεἶδοςのように普遍（イデア）を意味する語に脱皮できるだろうか。ゲルマン語の翻訳借用（前章参照）に倣って「見え」をこのように脱皮させる試みは，明治期の日本ではなされなかった。理由の一つは，当時，「見え」がそのような意味変更を拒絶する程度に豊かな意味の広がりを既に獲得済みだったこと。「見え」は「見栄」「見得」とも表記され，原意は「見かけ」，転じて「見栄え」「人目を気にした不自然な格好（虚勢，見栄を張る）」などと意味が広がる。歌舞伎で「見得を切る」という言い回しもある。「粋（いき）」にも通じる。主体性なく周囲を気にして取り繕う，格好をつける，感性を重んずる，これが人の生きる道だ，という美徳観（現代日本にも顕著な同調圧力や雰囲気に流される生き方）にもつながる。これらの含意を遮断して「見え」をἰδέαやεἶδοςの訳語に転用するのは困難である。「見え」を取り巻く江戸期以来の息遣いは今も深く生活に根を張っている。他方，ἰδέαやεἶδοςの訳語として鋳造された「観念」や「理念」はよそ行き語彙として生活から遊離したまま。

　同じことは他の語彙についても言える。formaに相当する和語は「かた（形，型）」。もともと人工物（屋根などの形，鋳型，神々の作った島の形など）や人の技（武道の型など）について用いられる語。これを写実的な影像を連想させるformaの訳語に転用すると摩擦が大きい。resに相当する「もの」の原意は上述の通りで，これをrealitasの訳語に利用するのも難しい。ゲルマン語によるラテン語の翻訳借用は古代

末期という時代に発生し，両者が同じ印欧語であることも手伝って成功したが，日本語は印欧語と系統が異なり，明治初期には同様の翻訳借用を行うことが不可能なまでに成熟を遂げた後だった。

　日本語に定冠詞や複数形がないことも ιδέα や εἶδος の翻訳導入の困難さを増幅する。上述の通り，プラトンによるイデアへの問いはギリシア語の文法構造と表裏一体の問題提起である。それゆえ，子供でも身近に感じられた。複数形はあるが冠詞を持たないラテン語（古代ローマ）はこの問いの咀嚼に時間を要したが，欧州中西部の印欧語はキリスト教の聖書（元来，古代ギリシア語で編集された）を翻訳する過程で中世には定冠詞を備えるに至る（これを通してラテン語は仏語やイタリア語などへと分岐していった）。こうして，プラトン的な問いが生活レベルで再現可能となった。のみならず，古代ギリシア語になかった不定冠詞も構造化される。普遍と個別というアリストテレス的な区別が文法レベルで根を張り，イデア信仰（理念信仰）に導かれた自然科学や法の支配が一般市民にますます身近になった。他方，冠詞のない日本語や漢語の話者がプラトン的なイデアを生活上で実感するのは難しい（自然科学は実用性がゆえに浸透したが，法の支配は浸透が緩慢）。日本語では「人」も「ソクラテス」も名詞として同列。前者が普遍，後者が個別，という理解は一定の訓練を積まないとできない（大学で教育を受けた人の一部がぼんやりと意識化できる程度ではないか）。「普遍と個別の区別は事物の本性であり，洋の東西を問わず人間なら誰でも理解できるはずだ」に類する文化帝国主義的な発言が欧米人により時折なされるが，これは正しくない。普遍と個別の区別はギリシア・欧州に土着的な世界理解の枠組み。科学や法律など有益な知識の枠組みとして極めて利用価値が高いのは確かだが，唯一無二の真実性を主張できるものではない。身近な和語の世界は今もこの枠組みを寄せつけない仕方で維持されている。その実相と意味を，科学や法律を射程に入れながら，本書全体で探ってみたい。科学や法律の実用性を享受する日本語生活者にとって，このことの意味を理解しておくのは極めて重要だからである。

第3章

帰納と演繹

　ベーコンやロックの英国経験論は帰納を重視した。数学にも帰納法がある。「帰納」とは，個別的な事例から一般的な結論を導くこと。科学における仮説形成もその一例。ふつう，そう理解されている。

　デカルトらの大陸合理論は演繹を重視した。数学の証明問題も演繹の一種。「演繹」とは，所与の前提から結論が必然的に導かれること。前提を認めて結論を否定するのは矛盾と呼ばれる。「演繹」とはふつう，そう理解されている。

　西は『心理学』訳者序文で「主観」「客観」に続き「帰納」「演繹」に言及する。前者は英 induction，後者は deduction の訳語。あらゆる学術に共通する方法論を指す語。原語はもともと日常語で，アリストテレスに由来。日本の日常生活で「帰納」「演繹」と口に出すことはない。

　「帰納」は西の新造語。『心理学』訳出に先立ち，私塾での講義『百学連環』（1870年）でこの訳語を用いた。西が訳出したのは，同時代の英語圏で理解されていた induction。冒頭に記した現代的理解と同じである。西は「おおもとである一般則に帰り，ここに全ての個別事例を納める」という趣旨で訳語を考案した。実は，アリストテレスによる理解はこれと全く違うものだった。

　「演繹」は朱子に用例があり，「意義を敷衍して明らかにする」の意（『中庸章句序』）。「演」は引いて伸ばす，「繹」は糸を引き出す。西が訳した deduction の原意は冒頭に記した通り。こちらはアリストテレス以来，基本的に変わっていない。西は「演」が伸ばす，「繹」は糸を引き出す，との字義を活かして訳語を考案した，と述べており，転用したつもりはなかったらしい。

アリストテレスのエパゴーゲー

　英 induction の祖語は羅 inductio，更に遡ると希 ἐπαγωγή〔エパゴーゲー〕。動詞形は ἐπάγω，前置詞 ἐπί（英 upon）と ἄγω（導く，英 lead に相当）の複合語。「上へ導く」が原意の日常語で，「戦へと軍隊を導く」「犬をけしかけて獲物へと仕向ける」「歩くペースを上げる」「相手を説き伏せて考えを改めさせる」「捕虜を捉えて連行する」

「食料を補給する」など雑多な文脈で用いられる（英語の lead on に類似，ただし意味の広がり方は異なる）。ἄγω は他の前置詞とも結びつき多彩な複合語を作る。たとえば κατά〔カタ〕（下へ，向かって）を前置した κατάγω〔カタゴー〕（「下へ導く」が原意）は「引きずり下ろす」「川を下る」「船から陸地へと降り立つ」「家に帰す」「減らす」など，σύν〔スュン〕（一緒に）を前置した συνάγω〔スュナゴー〕（「共に導く」）は「一緒になる」「くっつける」「結論づける」など，と意味が広がる（ユダヤ教会を意味するシナゴーグはこの語が由来）。ちょうど英語の lead から lead off や lead with などが作られるのと同じ。

　前置詞プラス ἄγω（ἀγωγή）はどれも古代ギリシアの頻用表現。その中で，アリストテレスはエパゴーゲーを次の意味の専門用語に転用した。すなわち，個物についての言明（たとえば「ソクラテスはいつか死ぬ」「プラトンはいつか死ぬ」など）から，普遍的な言明（「人間は皆いつか死ぬ」）への移行である。この移行は今では枚挙的帰納（英 enumerative induction），すなわち個別事例を根拠に普遍的一般的結論を導出するステップ，と解されている。これがなぜ「上へ導く」と表現されたのか。

　枚挙的帰納は推測の域を出ない。「もっと調べると例外が発見され，その結論は間違いだと分かるのではないか」「死なない人間が見つかるかも」といった懐疑をさしはさむ余地がある。だが，アリストテレスの考えたエパゴーゲーは第一義的には推測でない。彼はこの語の第一義的意味と派生的意味を区別する。前者におけるエパゴーゲーはそもそも結論導出ですらない（後者については後段参照）。それはアリストテレスがプラトンと共有するイデア論の文脈にある。人間は身の回りの個別的事物と関わる際，これら事物に宿るイデア（形相）を直観的に把握済みである，と両者は考える。第一義的なエパゴーゲーとは，この文脈における個別的事物からイデア（形相）への視線転換である。

　第2章で述べた通り，プラトンのイデアは個別的な事物をまさにその個別的事物たらしめている根拠。たとえば私の友人である太郎を太郎として成立させているのは，人間のイデア。プラトンは太郎や花子などの個物では満足せず，ひたすらイデアそのものを希求した。アリストテレスは個物に関心を払う。彼にとってイデアは個別的事物から離れて天上界に自存するものではない。むしろ地上で個別的事物に寄り添い，個別的事物と共にある限りのもの（形相と言い換えられた）。だが，彼は形相を個別的事物の根拠と見なす点で師プラトンを継承する。個別的事物に宿る形相を観取する能力が我々には備わる。この文脈で，個別的事物から形相へと目を転じること，これをアリストテレスは師の天上界の比喩に引きずられて「上へ導く（エパゴーゲー）」と呼んだ（『分析論後書』1巻1章，2巻19章など）。

　この目線転換は，既に把握済みの形相に目を凝らすだけなので，推測でありえない。

たとえば私が街中で友人の太郎を見かけて話しかけるとき，太郎が人間であることを私は了解済みのはず。この了解は，我々が日々の生活を送る上での土台をなす。ここに「太郎は人間でなく実はライオンで，話しかけたら襲いかかってきて喰われてしまうかもしれない」といった懐疑が入り込む余地はない。太郎が人間であることを前提せねば我々は彼に話しかけられない[1]。

　「太郎に人間という形相が宿る」とは，現代風に言えば，太郎がホモ・サピエンスという自然種に属するということ。様相論理（**第7章参照**）に親しんだ現代人は「太郎は人間でなくライオンやロボットかもしれない。太郎が人間であることに必然性はない」などと言いたくなるだろう。アリストテレスは違う。形相（自然種），これを包摂する類，自然種を相互に区別する種差，これらは上述の意味で我々の日常を成立させている土台であり，間違いであり得ない。こうした真理（及びその我々による了解・把握）を彼はエピステーメー（$\dot{\epsilon}\pi\iota\sigma\tau\acute{\eta}\mu\eta$）と呼ぶ（『ニコマコス倫理学』6巻3章など）。この語は $\dot{\epsilon}\pi\acute{\iota}$〔エピ〕と動詞 $\ddot{\iota}\sigma\tau\alpha\mu\alpha\iota$〔ヒスタマイ〕（「立つ」）の複合語で，上に昇って立つ，が原意。上から全体を（見間違いなく）見渡す，統括する，と意味が広がる。アリストテレスは，エパゴーゲーで上に登ると見渡せる真なる知識，の意で用いている（つまり「間違ったエピステーメー」は形容矛盾）。このニュアンスは可謬的経験知という含意のある英語の knowledge や science では表現できない（現代欧州語でエピステーメーに匹敵する語彙は独 Erkenntnis くらい）。形相説（イデア論）はこうした「誤りであり得ない知識内容」を（定冠詞に沿って）理念的に措定し，そうした知識内容を少なくとも部分的には獲得済みと見なす思考の枠組みであり，その全面的獲得を希求する目的論と一体である。これがソクラテス，プラトンそしてアリストテレスをソフィストから区別する点であり，後世の欧州に継承される欧州哲学（近現代科学を含む）の核心をなす（デカルトやヘーゲル，ニュートンやアインシュタインもこの枠組み・目的論を共有している）。個物から形相へのエパゴーゲーは最も基本的なエピステーメー。形相説は，感覚と経験に依拠しつつ認識される普遍（形相すなわち原因），定冠詞という文法構造に埋め込まれた普遍（**第2章参照**）への，アリストテレスの全幅の信頼を示している。この点で彼は師と同様のイデア論者である。

　他方，根拠からの結論導出をアリストテレスは $\sigma\upsilon\lambda\lambda o\gamma\iota\sigma\mu\acute{o}\varsigma$（シロギスモス）と呼ぶ。これは $\sigma\acute{\upsilon}\nu$ と $\lambda\acute{o}\gamma o\varsigma$〔ロゴス〕（**第9章参照**）の合成形。「数と数を結びつけ計算する」「文と文を結びつける」「説得的な流れを作る」などと意味が広がる。アリスト

（1）「太郎は人間だ」はウィトゲンシュタインが『確実性について』で「河床」（97節）や「蝶番」（341節）に喩えた命題の一例（**第10章参照**）。

テレスが考えるシロギスモスは最後者，しかも所与の根拠から結論が必然的に出てくる流れ（『分析論前書』1巻1章）。必然的でない結論導出はシロギスモスと呼ばれない。根拠部分にどんな文が置かれるかによりシロギスモスの性質は変わる。根拠部分に間違いであり得ない真理が置かれると，結論部分もエピステーメーの名に値する同様な真理となる。出発点となる真理は他のシロギスモスの結論か，上記のエパゴーゲーによるものしかない。エピステーメーを拡張する方法はエパゴーゲーとシロギスモスだけ（『ニコマコス倫理学』6巻3章）。シロギスモスの中でも根拠部分に二つの文（大前提と小前提）を置いて結論導出する三段論法について『分析論前書』は詳述した(2)。

　真理でない文が根拠部分に置かれるシロギスモスもある。たとえば弁証術や弁論術で使われるものがそれ。弁証術は言明が真理かどうか吟味する技術（ソクラテス的な対話など）。弁論術は説得術（民会での聴衆説得など）。どちらもエピステーメーに関わらない。しかし，エパゴーゲーとシロギスモスは弁証術や弁論術にも共通する方法である（『分析論後書』1巻1章）。アリストテレスがエパゴーゲーを考える第二の文脈（前述の派生的文脈）はこれらの技術。弁証法や弁論術の領域でエパゴーゲーを試みても，形相把握に至る保証はない。たとえば，ペルシアがエジプト征服後にギリシアへ侵攻してきた過去の実例から，「ペルシアがエジプトを打ち負かすと必ずそのあとギリシアに攻めてくる」と一般化しても，ギリシアに侵攻してこないかもしれない（『弁論術』2巻20章）。こうしたエパゴーゲーは言わば「形相もどき」への上昇でしかない。こうしたエパゴーゲーをシロギスモスの根拠部分に置いても，その結論は真理と言えない。間違いであり得ない真理は獲得不能，と割り切るべき局面が我々の生活では大半を占める（法律や経済など社会科学的な分野は特に然り）。

キケロとセクストス

　弁論家・法律家であるキケロはこの派生的文脈におけるエパゴーゲーに関心を示し，inductio と羅訳した。この語は前置詞 in（中へ，内へ）と動詞 duco（導く）の複合形。ラテン語では頻用語で，「軍を決戦の場へと進める」「舞台の中へ役者を出す」「心の中に思い浮かべる」「導入する」「挿入する」「当てはめる」などの用例がある。「上昇」という含意はない。キケロは『トピカ』10章42節で「後見人，組合契約者，

---

(2)　詳細は所雄章『論理学』など教科書類参照。日本では『分析論前書』の内容に即してシロギスモスを「三段論法」と訳すことが多い。我々は三段か否かを問わず必然的結論導出という原典の趣旨を踏まえて原語「シロギスモス」のままとする。

受寄者，受託者（管財人）が信義を果たすべきなら，一般に代理人もそうすべきだ」
という法律文に言及する。幾つかの実例（後見人，受寄者，等々）の類似性に着目し，
別の類似例（代理人）を新たに導き入れる。この導き入れ（一種の結論導出）が
inductioである。すなわち，キケロのinductioはエパゴーゲーでなく，シロギスモス
（結論導出）の文脈にある。法律はローマ法以来，類似の個別事例を同一のルールに
当てはめ，結論導出して問題解決を図る。キケロはプラトン愛好者でイデア的な正義
を信じており，この点で第一義的なエパゴーゲーに実質的にコミットしていたのだが，
彼はアリストテレスのエパゴーゲーを専ら法実務（結論導出）の文脈で捉え，inductio
と誤訳した[3]。この誤解は後世に継承されていく（後述）。

　アリストテレスの第一義的なエパゴーゲーはギリシアでも昔から懐疑的な目で見ら
れた。「太郎は人間でなく実はロボットかもしれない」に類する疑念が昔から投げか
けられた。プラトンが設立した学校アカデメイアでも第7代学頭のアルケシラオス
（紀元前3世紀）がソクラテス的な無知の知を重視し，イデア（形相）の絶対確実な
直観は不可能とする懐疑論に立ったらしい。キケロ時代の学頭ピロンも似た立場だっ
たと伝わる。だが，彼らの著作は失われた。今に残る懐疑論のまとまった最古の文献
は紀元後2〜3世紀のギリシア人医師セクストス・エンペイリコス（アレクサンドリ
ア，ローマ，アテナイを渡り歩いた）が著した『ピュロン主義哲学の概要』。

　書名のピュロンはアリストテレスより数十歳年下，オリンピア近郊出身のギリシア
人。著作はやはり失われた。「懐疑」は英語でskepsis。祖語は希 σκέψις，こちらは
「探究」の意。セクストスが提起するピュロン的懐疑とは次のような主張である。何
事につけ「そうだ」と決めつけるのは早計だ。そうでない可能性もある。だから探究
（σκέψις）を続けよう。たとえば誰かが「ソクラテスが死んだ」と言えば，「実は死ん
でいないかもしれない」と言い返す。同様に，アリストテレスが「ソクラテスが死ん
だ」「プラトンが死んだ」などから「全ての人間はいつか死ぬ」へとエパゴーゲーで
上昇すると，セクストスはこう言い返す。人間は無数に存在し，今後も無数に生まれ
てくる。死なない人間が見つかるかもしれない。だから探究を続けよう。

　セクストスにつけられたあだ名「エンペイリコス」は「経験」（ἐμπειρία〔エンペイ
リア〕）に由来[4]。アリストテレスは経験を重視しつつも，普遍及びこれが示す類種
ヒエラルキー構造をプラトンと共に躊躇なく永遠不変の真理と見なした。セクストス

（3）　この誤訳は責められない。キケロはアリストテレスの全貌を知らなかった。彼
　　　の時代，ローマでちょうどアリストテレスの遺稿整理が進められており，キケ
　　　ロはその現場に立ち入って弁論術関係の遺稿を目にすることができた。しかし，
　　　その限られた閲覧範囲からアリストテレスにおけるエパゴーゲーがイデアへの
　　　上昇であることを法律実務家であるキケロは見抜けなかった。

はアリストテレス以上に経験を重視するゆえに，この構造を真理として承認しない。経験は無限に開かれ，経験次第では全てが覆され得る。セクストスはキケロ同様にエパゴーゲーを結論導出と見なし，同時に「全てのエパゴーゲーは推測に過ぎず，弁証術や弁論術の文脈に留まる」と主張したに等しい。これは詰まるところ，不可知論である。他方，アリストテレスは真理の既知性を是認するイデア論者（プラトンと違い個別を重視するが）。エパゴーゲーは我々の個別的経験の土台・枠組み（形相）への目線転換であり，結論導出ではなく，間違いであり得ない。セクストスとアリストテレス，何れの立場も一定の説得力があり，互いに水掛け論となる。

　ローマ帝国の東西分裂後，西側地域はギリシア語圏との交流が途絶，ギリシア思想の影が薄くなる。東ゴート支配下の6世紀イタリアでボエティウスがアリストテレスの論理学書を羅訳したが，これは例外的な動き。訳書のうち『分析論後書』はやがて失われ，12世紀にヴェネチアのジャコモ(5)が原典から再び羅訳した。二人はエパゴーゲーを一貫してキケロ流にinductioと訳した。トマス・アクィナスは同書を注釈し，「inductioにおいては感覚に現前する個別から普遍が結論づけられる（concluditur）」と述べている（『分析論後書注解』1巻1講）。concluditur（英concluded）という語が示すように，トマスもエパゴーゲーを結論導出と捉えている。今日標準的な帰納の理解そのものだが，これはアリストテレスの誤解である。トマスは形相への上昇を『霊魂論』注釈などで主題化する。人間精神が外的事物を感覚認識する際に，精神は外的事物の形相を直観し，精神と事物に形相が共有される。これが形相への上昇。形相直観はトマス神学の核心部分を成し，懐疑が入り込む余地はない。だが，これをトマスは『分析論』のinductioから切り離す。そして，後者は専ら結論導出の問題とされてしまう。これは，アリストテレスにおいて一体だった質料形相説（自然学）と論理学が，トマスにおいて分断されたことを意味する(6)。

　トマス以降，エパゴーゲーを結論導出の一種と見なすキケロ的な誤解は継承され，論理学は質料形相説から完全に分離する。この分離に大きな役割を果たしたのが14世紀の英国人神学者オッカム。彼は唯名論者。存在するのは個物だけ，形相は人間精神による構築物だ，と考えた。これはアリストテレスの形相に備わっていた必然性，永

（4）　もとは前置詞 ἐν が πεῖρα（試み，危険を冒してやってみること）についた形。そうした試みを繰り返してたとえば医術の技量（エピステーメーに裏付けられたものでなく，単なる経験の技量）が上達，結果的に治療の腕が上がった状態などを指して用いられた。医師セクストスにぴったりのあだ名である。
（5）　十字軍の時代にギリシア語圏に長逗留したと言われるが，詳細は不明。
（6）　トマスはinducoを帰納（結論導出）以外にも「人を愛へと導く」「正しい信仰へ導く」，「神は形相を質料へと導き入れて万物を創造する」など多様な文脈で用いている。この多義性は後のスコラから近代に至るまで変わらない。

遠真理性の否定につながる。近代になると，アリストテレスのエパゴーゲーが目指した形相認識（エピステーメー）は，可謬性がつきまとう経験科学的な一般命題（general proposition）へと変質する。論理学は世界のあり方と無関係な形式論理へと転換し，現代に至る。この変質は論理が形而上学から解放される喜ばしき発展とされるが，アリストテレスから見れば嘆かわしき誤解である。誤解の源泉はエパゴーゲーを結論導出と解したキケロのローマ法的な目線にある（普遍と一般については**第10章参照**）。

エパゴーゲーと懐疑の融合：ベーコン以降

　16世紀半ば，セクストスの『ピュロン主義哲学の概要』が羅訳され，多くの知識人に影響を与えた。フランシス・ベーコンもその一人。彼はスコラ的な形相認識が近代科学の目指す自然認識に全く寄与しないことに辟易，反発した。古代ギリシアでは実験と観察を重視する科学的精神が花開いていたが，中世カトリック世界ではこれが教会の権威を揺るがすものとして抑圧され，13世紀末以降はアリストテレス説に基づくトマス説のドグマ的定着が図られた。しかし近代になると，ティコ・ブラーエの天体観測データを基にケプラーが新たな理論を提案するなど，様子が変わってきた。我々は教会の言うことを鵜呑みにせず，何が真理であるのか探究（懐疑）を続けねばならない。16世紀の宗教改革でカトリックから英国国教会が分離し，その庇護の下，ベーコンはアリストテレスやスコラを自由に批判できた。

　彼はエパゴーゲー（induction）とシロギスモス（syllogism，三段論法）というアリストテレスの二つの方法を対比し，アリストテレスとスコラは後者重視だと非難する。そして，inductionこそ科学的真理を探究する道だ，と主張する。これはアリストテレスの誤解である。アリストテレス本人はベーコン同様，シロギスモスよりエパゴーゲーを重視したからである。エパゴーゲー重視という点でベーコンは近世で最も忠実にアリストテレス精神を継承した人物だろう。しかし，アリストテレスとベーコンが提唱するエパゴーゲーは内容が違う。前者にとってのそれは形相（永遠不変の真理）への単線的かつ一足飛びの上昇だった。後者にとってそれはセクストス・トマス的な帰納（結論導出），しかも自然現象を説明する理論を実験や観察に基づき試行錯誤的に導き出す手続きである。「何が出てくるか分からない，とにかく探究してみよう，実験して理論を作ってみよう」ということ。セクストス的な懐疑精神はまさにこの点で近代科学の精神と合致する。ただし，ベーコンは不可知論に与しない。彼が目指したのは自然を認識し，その認識を技術的に応用し，人間の都合に合わせて自然を改変すること，すなわち自然征服である（これは神が人間に自然支配を委ねたとする聖書の記載と整合的だと彼は考えた）。それに役立つ経験知は実際に得られており，

これを殊更に懐疑に付すのはナンセンスだった。

　ベーコンは本業が法廷弁護士で国会議員（大法官も歴任）。科学の実験も行ったが大した発見はしていない。彼の著作『ノヴム・オルガヌム』は実験精神で新たな知（経験知）へ上昇しようと呼びかけるプロパガンダ。上昇した先にある原理や理論は理念的目標として掲げられだけで，具体的に展開されない。このプロパガンダはアリストテレスのエパゴーゲー構造をうまく利用している。すなわち，上昇構造を維持しつつ，アリストテレスが設定した上昇目標つまり形相を科学的真理（機械的自然の真の姿）と対置して相対化する。そして，「目標へは簡単に到達できない」として後者に軍配を上げ，形相を葬り去る。その上で，上昇目標（科学的真理）を彼岸的理念として定立し続ける。この上昇構造は理念の実現（真理の獲得）へと我々を導き，探究（懐疑）を継続させる二世界説に他ならず，プラトンのイデア論から現代科学に至るまで共通の枠組み。目標到達の困難さは，キリスト教的な内外対立に付随する外界の不可知性（第2章参照）が形を変えて現れたもの。欧州哲学（科学）はこのシンプルな構造を維持しつつ脱皮を繰り返してきた。他方，漢語文化圏では多様な思想が別の漢字で提起され，構造は一枚岩に収斂せず複雑化するばかり。これは個々の漢字が相互に独立した文字媒体であることと軌を一にする。

　ベーコンは欧州で機械式の時計が盛んに制作された時代を生きた。機械仕掛けは古代ギリシアからあったが，カトリック圏では中世末期から精巧な天文時計が作られるようになる（ストラスブールやプラハの時計が有名）。これはベーコンを始め当時の知識人に強い衝撃を与えた。神は自然界を機械仕掛けが動くかの如く創造した，とするアナロジーが巷を席巻した。この「自然イコール機械」という確信ははっきり言って新手のドグマなのだが，当時は梃子や滑車を利用して巨大建築物が次々と建造される時代。ベーコンがこれを懐疑に付すことはなかった（機械論というパラダイムに沿って試行錯誤で理論更新していくべき，と暗黙裡に考えたことになる）。大陸では懐疑をdeductionで抜本克服しようとする思想がデカルト以降，定着する（後述）。懐疑をinductionで取り込んで手懐けたベーコンの思想が影響力を持ったのは主に英語圏。若きヒュームはここに潜む懐疑の帰結を徹底的に引いた（彼もセクストスの訳書を読んだ一人）。彼の『人間本性論』はベーコン的なシロギスモス（reason）とエパゴーゲー（induction）を対立させ，因果関係は前者でなく後者により発見されるものだ，と説く。たとえばりんごが樹から離れると地上に落下する。この判断は経験に基づき我々が習慣的に行うものだが，reasonによるものではない。他方，inductionによると，「以前の経験を踏まえると多分，こうなるだろう」としか言えない。因果関係が必然的に成立する根拠はない。突き詰めると，我々に確実な知識は何もなく，機械論すら信用できない。我々は懐疑の海の中でもがき続けることになる。ヒューム

は後にこうした非常識な懐疑をやめ，実生活ではinductionが信頼できる経験知をもたらすと認めるロック流の立場に転じた。これはリードやハミルトンらスコットランド常識学派に継承される。

　19世紀になるとミルがやはりベーコン的なエパゴーゲー（induction）とシロギスモス（syllogism）を知の方法として大別し，前者優位を提唱した。我々の知は全てinductionにより得られる経験的仮説である。syllogismは仮説から自然現象を説明する理論内の手続き（仮説演繹法），つまりinductionで得られる知の内部のほんの一部を所管するだけ。常識学派のハミルトンと異なり，ミルは常識的な経験知もエパゴーゲーによる仮説であり間違いの可能性を否定できない，と（初期ヒューム的に）考える。実験や観察を続けるとデータ次第で覆され得る，ということである。他方，こうした可謬的思考の中で我々が常套的に使う不動の論理形式が指摘できる。これがsyllogism。この論理形式に従う思考をミルはdeductive methodと総称する（『論理学体系』）。

　西訳『心理学』の原著者ヘイヴンはミルと同時代の米国人。思想的にはミルよりハミルトンに近い常識論者だが，我々の知識体系がinductionにより成立するという認識はミルと共有する。原著は『論理学体系』の用語を随所に含む（inductive method，inductive reasoningなど）。西はオランダで『論理学体系』に接し，1873年にその抄訳『致知啓蒙』を刊行，inductionを「帰納」と訳した。この訳語選択については章末で考える。その前に，西の時代以降のinductionの行く末を略述する。

　20世紀になると帰納概念は細分化され，今では狭義の帰納（枚挙からの一般化）と広義の帰納（アナロジーや仮説形成を含む）が大別されている。フレーゲやラッセル以降の分析哲学の系譜では，確率論を使って帰納の論理を形式化する試みがなされてきた（カルナップら）。すなわち，将来的に個別事例がどのような確率で一般則に従って発生するか，という観点での数理化である。帰納の論理を数理モデルでシミュレーションする試みも活発（決定理論）[7]。こうしたモデルをコンピューターの計算手続きに載せて作られたAIは最近，格段の進歩を遂げており，ディープラーニングという自動的な自己改善機能まで備えるようになってきた（IBMのワトソンなど）。

　ただし，こうした数理工学的アプローチの意義と限界は的確に認識しておく必要がある。工学的アプローチにできるのは，帰納プロセスを観察してそこに一定の数学的構造を読み取り，この構造に基づく自動機械を作成して工学的に再現すること（AIを作ること）。他方，再現される帰納プロセスそのものは，さしあたり生身の我々各自の「今」「ここ」「私」（アリストテレスのエパゴーゲーはまさにこれを足場に我々

（7）　決定理論の初学者は，鎌田雄一郎『ゲーム理論入門の入門』などを参照。

の各自が行うべき普遍へのジャンプだった）に委ねられたまま。AI はあくまでモデルにすぎず，生身の人間を置き換えることは今のところできない。他方，技術発達が今後進むと，病気治療などの文脈で人間の脳の一部あるいは全部を工学的製品で置き換える可能性，あるいは人間各自の自己意識を完全に情報化して可死的な身体から機械的な情報空間へと移し変える可能性も生じてくるだろう。一部の科学者が恐れるような「進化した AI が自律的に行動して人間を攻撃し絶滅に追い込む」シナリオも現実味を帯び得る。こうした技術の許容範囲について（人間の尊厳との関わりで）倫理や法律面での議論や対応が必要になる。

　「帰納」とは何か。アリストテレスのエパゴーゲーか，キケロの類推か，トマスの帰納か，英国経験論の仮説形成か。確率論的に捉えられるべきものなのか。どれが正しい，という問題ではない。それぞれ相互独立した「帰納」の定義となっている。全体を見ると，アリストテレスが披瀝したエパゴーゲー構造は，結論導出という文脈に移し替えられながら，科学的真理の追究を支える枠組みとして継承されてきたことが分かる[8]。こうした構造を日常語の反省を通して析出させ，継承し，人類を席巻する科学的世界観の屋台骨へと涵養する。これが欧州文化圏の強み。漢語文化圏に同様な所産は生み出せなかった。

　帰納と法律学について付言しておきたい。キケロに関連して上述した通り，法律は総じて紛争解決のために必要な限りで定められるもの。この点で，永遠真理への上昇であるエパゴーゲーとは方向性が異なる。しかし，法律はギリシア・ローマで正義の女神に喩えられ，理念化もされてきた。この意味で法律は地に足をつけつつも，現実を導くべき理念的正義を見据え続ける[9]。また，法の適用は類似の個別事例をルール（要件）に当てはめて結論を導く操作だが，これは類推（アナロジー）であり，枚挙的帰納（科学における帰納）とは異なる。しかし，ただ「似ている」などという弱々しい理由で法律を適用したら，「恣意的に適用するな」とのそしりを免れられず，誰も法律を誰も信用しなくなってしまう。当てはめの基準はできる限り厳格であらねばならない。現代法はその基準をふつう要件の要素分析により明確化している。たとえば暴行（刑法208条）は，他人への働きかけ（故意の作用），有形力（物理的力）の行使，他人の反抗・抵抗を困難にしてこれに打ち勝つ，以上三つの要素へと分析される。三要素全てに該当する事実があれば，暴行罪に該当し，刑事責任が問われる。三

（8）　経験科学に潜むエパゴーゲー構造に，観念論・唯物論・実在論の対立（第2章参照）は影響しない。どの立場でも，科学はエパゴーゲーにより可能となる。

（9）　正義の内実を巡ってアリストテレスは美徳，配分，矯正を強調したが，最近数百年は近代欧州が掲げた理念的人間観（自由で平等な人格）を軸に英語圏的な自由と仏語圏的な平等をどう組み合わせるかが焦点になっている。サンデル『これからの「正義」の話をしよう』など参照。

要素は具体的な事件を裁くのに必要な限りで判例が分析した結果。今後も新たな事件が発生する中で，更に細かな要素分析，あるいは全く別の要素分析の考慮を迫られる可能性もある。この方法論は民事など他の法領域でも同じであり，科学技術と同様，漢語文化圏で自生したものではない。その有用性と合理性ゆえ，欧州から日本に導入されて社会実務で使いこなされている。

演繹（deduction）の淵源と来歴

　deduction の祖形は羅 deductio。演繹は，与えられた前提（十分条件）からそこに既に含まれている情報内容（必要条件）を導出する手続き，あるいは一般則から個別事例を導き出すステップ，またユークリッド幾何学や現代の数理論理学で公理から定理を証明する流れ，などと理解されている。アリストテレスのシロギスモスも演繹の一種。こうした意味での deductio の用例はトマスまで遡る。トマス以前のこの語の歴史は少々複雑。ギリシアの哲学用語に初めて羅訳したのは多くの場合キケロだが，deductio に関しては違う。

　deductio の動詞形は deduco，前置詞 de（英 from）と duco（導く，英 lead）の合成語。追い出す，遠ざける，導き去る，運び去る，連れ去る，背ける，そらす，等々と意味が広がる日常語彙。キケロもこうした意味で使った。ローマ法では債務の差引・控除や権利留保，また訴訟係属（in iudicium deductio，裁判へと導かれる）の意で用いられた。

　6 世紀，ボエティウスがアリストテレスの ἀπαγωγή〔アパゴーゲー〕を deductio と訳した。原語は前置詞 ἀπό〔アポ〕（分かれて，離れて，遠ざかる）と前述の ἄγω の複合形。離れて導く，引き離す，連れ去る，分離させる，引き返す，などと意味が広がる。deduco と意味の重なりが大きく，英語なら lead from，take from に相当する日常語。アリストテレス自身も多義的に用いている。その中で，『分析論前書』は次の二つの特定の論証構造をアパゴーゲーと呼ぶ。一つは背理法（帰謬法）。すなわち，正しい大前提と正しい小前提から結論を導出する三段論法（シロギスモス）において，この結論が間違いだと仮定すると，大前提・小前提の否定が結論される（これは不可能である）ことを示し，仮定が誤りだった（結論は正しい）ことを示す流れである。これが「不可能へと導く（ἀπαγωγή）」と形容された（1 巻 7 章，44 章）。前置詞なしの ἄγω（1 巻 6 章）を用いる箇所もある[10]。

---

(10)　この証明法はその後，スコラ論理学で reductio ad absurdum と呼ばれるようになり，この呼称が今も使われている。

　もう一つは2巻25章の用法。命題「徳は教えられる」（Aとする）は正しいか否かわからない。他方，命題「知識は教えられる」（Bとする）は正しい。そこで，命題「徳は知識である」（Cとする）を考える。Cが明らかに正しいなら，AでなくCを吟味すれば三段論法で問題は片付く。つまりAから離れてCへと目線を導けばよい。この「離れて導く」をアリストテレスはアパゴーゲーと呼ぶ。自分の言い当てたい構造を指し示すのに苦心して日常語に訴えている。

　deductioという訳語は，キケロがエパゴーゲーをinductioと訳したのに合わせたもの。ボエティウスはἄγωを一貫してducoと訳している。このdeductioを13世紀，トマス・アクイナスはより広義で使うようになる。彼はシロギスモス（三段論法）をdeductio directa，循環論法をdeductio circulus，無限遡行をdeductio reflexaと形容した。循環論法などをアリストテレスはアパゴーゲーと呼ばない。トマスはあらゆる結論導出をdeductioと呼んだ。

　この用法拡大（上部概念化）にはユークリッド（エウクレイデス）幾何学が関係している。ユークリッドの『原論』（詳細は第4章参照）はやはりボエティウスが羅訳したが，これはやがて失われる。11世紀以降，十字軍の影響で，ギリシアの自由七科を講義する大学がカトリック圏各地に設置された。幾何学は七科の一つ。初期の教科書はアラビア語訳された『原論』断片の羅訳だった。13世紀半ば，ギリシア語原典を研究したイタリア人カンパヌスの新訳が出て各地の大学で使われた。この訳は，公理と公準から定理を導き出す結論導出を指してducoやdeduco系の語を頻用する。大学人だったトマスは幾何学にしばしば言及する。羅訳ユークリッドの用語法がトマスに影響を与えたようである。

　トマスはメルベケによるアリストテレス訳の愛用者。メルベケは基本的に原典の諸概念を一対一対応でラテン語彙に置き換える方針を採った（例外も多々あるが）。彼はこの方針に従い，アパゴーゲーをabductioと訳し，deductioはδιαγωγή〔ディアゴーゲー〕の訳語とした。後者はδιά〔ディア〕（英across, through）とἄγωの複合形。横切る，線を引く，時を過ごす，暮らす，などと意味が広がる。アリストテレスは『政治学』8巻でこの語を度々用いる。たとえば『オデュッセイア』9巻の一節（パエキア王アルキノスがオデュッセウスを晩餐に招く場面）が引用され，時を過ごす喜び（ディアゴーゲー）を音楽がもたらすことが賞賛される。市民が言論，絵画，体育，音楽に勤しみ，森羅万象の調和を学ぶことが重視される。アリストテレスの言うディアゴーゲーとはこうした自己向上につながる時の過ごし方（同様の例は『形而上学』12巻7章にもある）。

　しかし，メルベケが提案した新訳語は定着しなかった。ボエティウスが使ったdeductioはユークリッド・トマス流に拡大適用されてスコラに広く浸透，現代まで継

承されることになる。この語の後世の用法として興味深いのはフランシス・ベーコンのもの。彼はアリストテレスのエパゴーゲーを復権させてシロギスモスを脇に追いやったが，deductio系の語は肯定的に多用する（『ノヴム・オルガヌム』）。そこには二つの用法が大別できる。第一に，自然現象を観察してここから正しい原理をdeducoする，という用法（同書1巻に散在）。これは，現象に伏在する原理を白日の下に曝す，の意。ベーコンの唱えるinductionと同義である。今日的な目線で見ればこれは可謬性をはらむ仮説形成なので，deductioと呼べない。だが，ベーコンは観察から真なる原理を導き出せると信じてこの語を用いた。第二は，与えられた原理から結論導出するというユークリッド的用法（同書2巻に散在）。このようにベーコンはdeductio系の語を今日の帰納，今日の演繹，両義で用いている。今日的な帰納と演繹の対立はニュートン以降のもので（後述），ベーコンの頃は未成立。彼はinductionを強調するあまりdeductionの語法には無頓着だった。

　この無頓着さはベーコン特有。ほとんどの思想家はdeductioがinductioとは異なるユークリッド的な必然的結論導出と捉え続けた。大陸ではこれを自らの方法論にまで高めたデカルトが現れる。ベーコン的なエパゴーゲーで得られる経験知はセクストス的な懐疑に開かれており，デカルトには満足できない。彼は懐疑を寄せつけないプラトンのイデアに匹敵する知を求める。inductionという方法は採らず，数ある観念的知識の中から，懐疑の徹底を通して理詰めで疑い得ないものだけを救い取る[11]。救い取られたのがエゴ・コギト（第2章参照）。ここからエゴの，そして神の存在が，更に理詰めで再構築された世界の機械論的なあり方（自然法則が支配するあり方）も，確実な知として保証される。この証明の流れは『原論』よろしく必然的な結論導出の連鎖，すなわち必要条件のdeductio（『省察』の導出が演繹として成功しているか否かはさておき）。デカルト自身，この意味でdeductio（仏déduction）系の語を多用する。

　デカルトより36歳年下のスピノザは『原論』を完全に模倣，定義と公理から定理を導くユークリッド的体裁で『エチカ』を書いた。この導出をスピノザもdeductioと呼ぶ。同書は実体，属性，神など基本概念の定義，そして若干の公理から出発し，自然が神に他ならないこと，そして自然法則を観照して神と一体化する生活こそがよき生であること，などを演繹していく。演繹が成功しているかは別問題として，定義と

---

(11)　デカルトはイデアへの上昇というプラトン的な目標は共有する。ただ，彼にとってイデアは近世的な観念へと変質済みで，プラトン的なイデアに備わる永遠真理性を既に失っており，その永遠真理性を保証する基準が別途提示されねばならなかった。試行錯誤性を伴うベーコン的な帰納はその基準ではあり得ない。彼はそれを明晰判明性と演繹に求めたことになる。

公理から森羅万象を説明することで最終的に特定の価値規範の推奨という結論に至る，という発想自体がユークリッドの影響力の強さを物語る。こうしたユークリッド的deductioはライブニッツからカントやヘーゲルに至るまで大陸哲学が目指す説明モデルであり続けた。

　カントはdeductioを考える文脈を二つに大別する。スコラ的な形式論理学におけるdeductioと，先験的文脈でのdeductioである。前者は一般命題から特殊命題を演繹的に導出するステップで，inductio（特殊命題から一般命題を帰納するステップ）の逆。カントにとって一般命題は経験知であり，経験知に必然性はない（将来的に覆され得るし，懐疑にも開かれている）。経験からイデア（真理）直観へとエパゴーゲーで至るというアリストテレス的なナイーヴさを近世の思想家はもはや持たない。だが，若きヒュームのように懐疑を突き詰めるのもおかしいし，常識学派のように開き直るのもおかしい。カントはこう考えた。経験知と違って懐疑不能で必然的な知は確かにある。それはデカルト的なエゴ，しかも経験知が可能となるための制約としての我々自身についての知である。こうした制約がどんな経験にも前提される必要条件として，経験に先立って我々自身に備わっているはずだ。これら必要条件，とりわけ範疇（第5章参照）を導出する作業が超越論的文脈におけるdeductio。これが『純粋理性批判』の枢要な部分を成す。デカルトの伝統に立つ演繹の一例である。

　先験的なdeductioは必然性の観取を目指す点でアリストテレスのエパゴーゲー（形相観取）と同じ。だが，後者が目指したのは外的事物と心が共有する形相の直観。前者が目指すのは外的事物の認識に必要な諸制約（近世的な主観性）の解明。そうした制約を主観性に求めるのはナンセンスだと感じる人も今となっては多い。特に論理実証主義の影響を受けた現代英語圏では，そうした制約の在処を間主観的・社会的なものと見なす傾向が強い。経験の制約を個人に求めるか（独我論），共同体に求めるか（社会的分業）。これも水掛け論になる（観念論と実在論の対立と同様，前章参照）。ただ，デカルトからカントへの伝統が重視した主観性は，個人（人格）の尊厳や責任と密接に関わる。倫理的・法的観点からは，その重要性をどれほど強調しても強調しすぎることはない。

　カントの先験的なdeductioはヘーゲルの範疇演繹により継承されるが，その後は下火となる。20世紀にはdeductioに代わって「見えたまま」の記述を標榜する現象学が登場した。フッサールや初期ハイデガーが目指したのはデカルト流の演繹でなくアリストテレス的な形相観取，つまり新手のエパゴーゲー。しかし，結果的にフッサールはデカルトやカントの，ハイデガーはアリストテレスやキルケゴールのアイデアを焼き直ししただけ。これが果たして「見えたまま」なのか極めて疑わしい（彼らが西洋哲学の伝統に身を置くことを示すものではある）。現象学は認識や人間存在，そ

して知覚体験の緻密な記述を行って心理学や精神医学に一定の影響も与えたが，総じて掛け声倒れで終わった。

他方，英国ではベーコン以降，deductio より inductio を重視する伝統ができる（前段参照）。deductio 系の語はベーコン的な無頓着さを次第に払拭し，専らユークリッド的意味で，しかもエパゴーゲーに従属する位置づけで，使われるようになる。中でもニュートンは惑星の観測データや物体の運動データから古典力学の法則を帰納し，これら法則で個別事象を説明するプロセスを指して次のように述べる（『自然哲学の数学的原理』）。すなわち，個別的な現象を認識し，induction で一般化する。反対に，こうして得られた一般法則から特殊事例を deduce し，現象を説明する。これは今日の我々が知る induction（帰納）と deduction（演繹）の対立語法の初出である。知識獲得の方法は帰納（仮説形成）であり，帰納が構築した理論内部では演繹が方法となる（個別事象の説明）。この流れは19世紀前半，ヒューウェルにより仮説演繹法と命名された。これはミルの『論理学体系』，更にヘイヴンに受け継がれる。ミルやヘイヴンの語法では，deduction は一般命題からの特殊命題の導出に尽きる。これを西周は糸を伸ばして糸口から引き出す，というイメージで「演繹」と訳した。西はオランダに留学したが，総じて大陸系より英語圏の伝統に親近感を持った。

西の死後，論理学は急発展する。フレーゲ以降，論理学は『原論』に習って公理化され，述語論理や命題論理，様相論理など様々な公理系（ブール束）として捉えられるようになる。deduction は各公理系内部における定理の演繹である。この領域でのdeduction の実際については論理学の入門書に委ねたい[12]。

補足的に，メルベケの abductio との関連で19世紀の米国人パースに触れておきたい。パースは推論を deduction（演繹，必要条件を導出），induction（帰納，個別から一般へ），abduction（新規概念の導入を伴う仮説形成）に大別した。パースは『分析論前書』2巻25章の ἀπαγωγή を abduction と訳し（メルベケと同様に），これに彼独自の思弁を加えてこの語を自分自身の哲学用語に転用した。しかし，パースのabduction は実際には仮説形成で，ベーコン的な induction の一種。新たな用語を持ち出す必要はさほどない。因みに，この語は後の科学哲学でパースから離れ，仮説検証の文脈にある特殊用語に転じている。欧州哲学史では，こうした独自の用語法提起はしばしば行われてきた。プラトンやアリストテレスによる日常語の哲学的転用もその実例。彼らの用語は後世に継承され，伝統的な哲学用語と化した。ヒュポケイメノン，ホッブズの subject そしてカントの Subjekt（第1章参照），プラトンのイデア，デカルトの観念（第2章参照），アリストテレスのエパゴーゲー，キケロの inductio

---

(12)　沢田允茂『現代論理学入門』や野矢茂樹『入門！論理学』を参照。

そしてベーコンのinductionなど（本章前段）も独自の用語法提起である。これらが継承され，欧州哲学の骨太な伝統を形作っている。他方，用語提案が却下されることも多い。パースの（そしてメルベケの）abductionはその実例。

　演繹に関連して，法的三段論法に触れておこう。これはアリストテレスの三段論法に倣って19世紀ドイツ法学が提唱した実務法の方法論。法規範（条文や解釈）と事実から，法律効果を結論導出する流れのこと。法定された要件に当てはまる事実があれば，法定された効果が演繹される。しかし，事実の当てはめは類推的（前段参照）。当てはめを立証しても疑いの余地が残り得る。この争いを決するのが裁判。法的三段論法は理念的には演繹だが，実務的にはそうでない。どうしても常識や経験知に依拠し，蓋然性があっても紛争の白黒を決着させるしかない。科学的知識が仮説的性格を払拭できないのと同じく，法律にも絶対確実はない。それでも法曹三者は「絶対確実（正義）へと近づきたい」という理念信仰にも似た熱意を，実務上，科学者と共有していることになる。

日本語の中の「帰納」と「演繹」

　エパゴーゲーとアパゴーゲー，inductioとdeductioは，日常語だった。これが哲学用語へと転用された。現代英語でもinduceやdeduceは日常用法を保持する（前者は「誘導する」「仕向ける」など，後者は「さかのぼる」「たどる」など）。西はこれら全てを射程に入れて「帰納」「演繹」という訳語を考案したわけではない。翻訳ターゲットはその学術的用法だけだった。

　しかも，漢語を翻訳語に選んだことで，哲学は身構えて臨むべき知識だ，と西は解釈したことになる。原語が生活感覚からにじみ出る本音を語る日常語彙であり，同時に日常を変革する役割を果たすのとは対照的。プラトンはギリシア語の文法的特徴（定冠詞と複数形）を手がかりとしてイデア界を明るみに出した。イデア界は永遠性，普遍性，真理性，神的性格を備えた森羅万象の根拠である。アリストテレスはこれをエパゴーゲーが目指す先（形相）と定位し直した。形相はプラトンのイデア同様，神的なもの（キリスト教の神でなくギリシアの神々，すなわち自らは動かずして個別的なものを動かす不動の動者）。上昇により観取されるのは神的なもの，上昇を目指すことそのものが神々に帰依する証である。シロギスモスはエパゴーゲーが獲得した永遠不変の真理を拡張する。エパゴーゲーとシロギスモスはこのように神々との一体化に他ならない。この一体化はギリシア語圏からラテン語圏へ，更に定冠詞を備えた現代の西欧諸国語圏へと継承される(13)。これら欧州語の話者は，定冠詞として構造化されたイデア界に生活の中で全面的に身を委ね，思考する限り神的なものの眼差しに

曝されて立ち尽くす。この構造に思考が制約され，生活の中で神に絶えず見張られた緊張感を感じ続けることになる。正義を実現する「法の支配」もこうした神の臨在への確信と密接に結びついた文化現象。近現代の帰納的な経験科学の発展も同様である。法律から科学技術の最先端に至るまでを一貫して動機づける欧州精神文化のおおもとがエパゴーゲーだと言える。

　西の翻訳語は，こうした日常における神との一体化を日本語の生活空間に再現することはできなかった。冠詞も複数形もない日本語にその再現ができないのは当然である。ゲルマン語と日本語はそれぞれ近隣の先進文化（ギリシア・ローマと中国）から言語的に大きな影響を受けた点で似る。だが，影響の受け方には大きな違いがある。たとえばinductioに相当する独語はInduktionとEinführung。後者はゲルマン語彙。einはin，führenはducoに対応する。deductioに相当する独語はDeduktionとAbführung。後者がゲルマン語彙，abがdeに対応する。このように，ゲルマン語彙は語素が基本的にギリシア・ラテン語彙と一対一対応しており（第1章で言及した翻訳借用の産物），前者は日常語，後者は概して学術用語，という仕方で棲み分けている。ゲルマン人はラテン語彙借入及び翻訳借用を通してギリシア・ローマに合わせた自己変革を遂げてきた。語彙の一対一対応のみならず文法構造（定冠詞を含む）もギリシア語・ラテン語との共通化が進んだ。これを通して彼らはゲルマン語を維持しつつギリシア・ローマの世界観（キリスト教を含む）を我が物としていった（一部は「神聖ローマ帝国」という自己意識すら持つに至った）。

　他方，日本に導入された漢字は，和語と一対一でなく一対多で対応づけられた。一つの和語彙には幾つもの漢字が対応する（「みち」に対して道，路，途など）。漢語には音韻が指し示す意味の他に，文字特有の意味がある（象形文字や会意文字など）。二つを組み合わせて個々の漢字が相互に独立した小宇宙を形成する。また，漢字を組み合わせると語彙は無尽蔵に生み出される。道・路・途など同義異字も多数存在し，これが漢語の世界観をさらに複雑化する。これに対して，ギリシア語など印欧語は音韻が指し示す意味があるだけ。古代ギリシア語はこれを定冠詞と複数形に導かれて磨き上げ，一枚岩でシンプルな世界観（理念信仰，イデア・個別の二世界説）を結晶させた。これが翻訳借用でラテン語圏やゲルマン語圏に継承された。同様の現象は，漢語が和語の世界へ導入される際には発生しなかった。元になった漢語に一枚岩の世界観がないのだから当然である。更に，和語が自らの世界観（和語の世界）を構造的に自覚することもなかった。膨大な漢字を前に和語は自らの語彙貧困にたじろぎ，同一

---

(13)　ロシア語などスラブ語のほとんどは冠詞を今も持たない。欧州哲学の伝統は極めて地域的な文法特徴に牽引されて開花したものと言える。

和語彙に多くの漢字を対応させ含意を違える訓読み習慣を作り，漢語語彙を音読導入もして接木した。結果的に日本語は和語が基層のまま，幾多の漢語表現が小宇宙的な小枝となって浮遊する空間となった。

　西の「帰納」「演繹」は漢語である以上，こうした小宇宙の一つとなるべく運命づけられていた。神の眼差しの下にあった欧州語の語彙が，西による和訳により数多ある小宇宙（相互の関係性は希薄）の一つになり果てたことになる。欧州の哲学的思想を明治以降の日本語は翻訳し続けてきた。そうした思想にマニアックに没入する人も少数は存在する（いわゆる哲学書生）。しかし，これら思想は日本語に翻訳された途端，小宇宙的なものに転化する。小宇宙への没入は閑人やオタクの趣味の域を出ない。日本語における漢語はたてまえを身構えて述べる言葉だと先述したが，この身構えは欧州語の神に恒常的に見張られた二世界説的緊迫感とは違い，日常から余所行きモードへと切り替わる際の身構え。それは出陣の如きもので，戦から戻れば家で裃を解きくつろげる。それどころか，日本語話者の大半は出陣する労苦と緊迫を厭い無関心を貫き，日常にまどろんだまま。冠詞も複数形もない日本語の話者は，神に見張られている緊迫感を文法的に感じることができない。プラトンが「イデアを見よ」と叫んでも，日本語生活者の日常にまるで食い込まず，糠に釘である。

　これは仕方ないことである。無理して欧州人のようになる必要もない。日本には昔から歌を詠む習慣はあるが，基本的に言葉の無力さやはかなさが強調されがち。では，エパゴーゲーが欧州語に文法レベルから根づいているのと同じ意味で，和語に文法や語彙レベルで根ざす物事の見方，いわば「和語の世界」のようなものは存在するのか。存在する。文法レベルに関しては，第8章で敷衍したい。ここでは語彙レベルの話に留める。

　エパゴーゲーは和語で「上に導く」，induction は「導き入れ」，deduction は「導き出し」。「みちびく」は「みち引く」の謂，「みち」は接頭辞「み（御）」と「ち」（道行き，「大和路」の「路」に相当）の合成語。「宮」が接頭辞「み（御）」と「や（屋，たてもの）」の合成語であるのと同様，「みち」は単なる通行路でなく，神々が居ます恭しきもの（道祖神はその名残。この語源の記憶を日本人は既に喪失したのかもしれない）。ここから正しい行き方，あるべき生き方，などと意味が広がる（「みち」は和語から千六百年ほど前に分離した琉球語にも同義で残る）。「ひく」は自分の方へ引き寄せる，が原意。「みちひく」は万葉集に用例がある（5巻894，山上憶良）。海の神々が歩まれる道を舳先まで引いて示す，つまり神が渡る道を新たにつける，という趣旨で用いられている。時代が下ると，武道や華道における「導き」のように，師と共に体を動かし続け，その積み重ねの中でその都度の瞬間に新たな境地が開け来るのを巡る果てなき旅を指す語彙となる。こうした含意を持つ「みちびき」を翻訳借用で

エパゴーゲーや induction, deduction の訳語に転用するにはかなり無理がある。

　今から無理にでも和語で訳し直して翻訳借用を試み，開かれる可能性に賭けてみることもできよう。だが，エパゴーゲーは「イデアへの上昇」と訳して，induction と deduction は「帰納」「演繹」という西の訳語を踏襲するのがよさそうである。翻訳は，原語の内実を伝えんとして必然的に原語の細部を歪曲する。西の試みは内実を伝えるという目的を一定程度，達成している。西がもたらした歪曲の意味について見通しを持つことは，我々に課された課題である。

第4章

総合と分解

　総合商社，総合感冒薬，総合病院など，「総合」は雑多なものの寄せ集めというイメージもある。原語は英synthesis。こちらは単なる寄せ集めでなく，要素を合成して強度ある全体を形成すること。数学の証明（要素となる複数の正しい文を組み合わせ，結論に至ること）もsynthesisの一種。

　「分解」はバラバラにすること（機械を部品へと分解する，水を電気分解して水素と酸素を発生させる，等々）。類義語の「分析」も同じ（データ分析や食品成分分析など）。どちらも原語は英analysis。要素に至るまでばらす，の意。

　では，要素とはいったい何なのか？

　西周の『心理学』訳者序文は「帰納」「演繹」に続いて「総合」「分解」に言及する。「総合」は和製漢語。18世紀から比叡山日吉大社の鳥居形式が「総合鳥居」と呼ばれている。山型の破風が鳥居の上に乗っており，神仏習合を象徴する形態とされる。「総（總，綜）」は糸でまとめ結ぶ，合は合わせる。神仏が糸で結び合わされる，の謂。これを西周がsynthesisの訳語に転用した。

　「分解」は道理を区別して（分）説く（解），の意で『後漢書』に用例がある。これが幕末から明治にかけてanalysisの訳語へと転用された。

　「分析」の「析」は「（木片などを）割く」が原義。「分析」は『漢書』に諸侯どうしの仲違い，正倉院文書には分家の戸籍分け，の意での用例がある。これがやはり幕末から明治にかけてanalysisの翻訳語に転用された。

　analysisは数学で「解析」と訳される。微積分は曲線の変化率や曲線で囲まれた面積を計算するため無限小への分割を行う。この文脈での分割（analysis）が「解析」と訳された。「解析」は漢籍に「はっきり解き分ける」の意で用例があり，その転用。井上の『哲学字彙』はanalysisの訳語として「分解法」「解析法」「分析」の三つを列挙，三つとも現在まで生き長らえている。

　原著者ヘイヴンはカントやミルの意味でsynthesisとanalysisをペア語彙として用いた。西もこれに沿って訳語選択した。両語彙は元々ギリシア語（希 σύνθεσις〔スュンテシス〕と ἀνάλυσις〔アナリュシス〕）。元来は対語でなかった。

ギリシアにおける総合と分解

　シュンテシスの動詞形は συντίθημι〔スュンティテーミ〕，σύν〔スュン〕（英 with）と τίθημι〔ティテーミ〕（置く）の複合形。τίθημι は κεῖμαι〔ケイマイ〕（置かれている）とペアを成す日常語（**第1章**参照）。様々の前置詞と複合形を作る。συντίθημι はその一つで，複数のものをまとめて置く，の意。オリーブの実をまとめて置く（貯蔵する），衣類をまとめて置く（保管する），皿を並べ食卓を整える，複数の薬を調合する，語や文を組み合わせて文章を作る，などの用例がある。ペアを成す σύγκειμαι〔シュンケイマイ〕は複数のものがまとめて置かれている，の意。オリーブの実がまとめて貯蔵されている，衣類がまとめて保管されている，皿が食卓に並べられている，薬が調合された状態にある，などと使われる。両者は一定目的で人為的にものをまとめる文脈で広く使われた。シュンテシス（一緒に置くこと，の意）も同じ文脈にある。

　まとまりは往々にして要素にはない特有の強度を生む。複数の薬草を調合すると単品にはなかった効能が発生する。無意味な音節を複合すると有意味な単語や文になる。逆に，まとまりを要素へ分解するのは多くの場合，無意味あるいは不可能。調合した薬草を元の一つ一つには戻せない。文をバラバラに切り刻むと一つ一つは無意味な音節。現代人は「総合」の反対語が「分析」「分解」だと思い込んでいるが，古代ギリシアに συντίθημι の反対語はなかった。「まとめずに放置する」は λείπω〔レイポー〕，「分離する」なら διαιρέω〔ディアイレオー〕や ἀποκρίνω〔アポクリノー〕。どれも συντίθημι の反対語として意識されてはいなかった。

　アナリュシスの動詞形は ἀναλύω〔アナリュオー〕，前置詞 ἀνά〔アナ〕と λύω〔リュオー〕の複合形。λύω は「緩める」「ほぐす」「溶かす」の意，様々な前置詞と結合する日常語彙。反対語は δέω〔デオー〕（縛る，締めつける）。ἀνά は「（何かに）沿って」「合わせて」「抵抗して」「最後までやり通す」と意味が広がる。英語で一対一対応する前置詞はない。たとえば ἀναλογία〔アナロギア〕（英 analog「アナログ」や analogy「類推」の祖形）は「ロゴス（比例，法則性）に従う」。ἀναχρονισμός〔アナクロニスモス〕（英 anachronism）は「時の流れに抵抗する」すなわち「時代錯誤」。ἀνατομή〔アナトメー〕（英 anatomy）は「切り離す」「切開」「解剖」。アナリュシスの ἀνά はこのうち anatomy の ana，つまり「やり通す」「し尽くす」の意。ἀναλύω は「縛りから完全に解き放つ」「ほぐし切る」「溶かし切る」，転じて「魂が肉体から解き放たれる（死ぬ）」。反対語はシュンテシスでなく ἀναδέω〔アナデオー〕（縛り上げる，締め上げる）。

幾何学における総合と分解（分析）

　本来は対語でないシュンテシスとアナリュシスは幾何学で対語化された。幾何学（英 geometry，希 γεωμετρία〔ゲオーメトリア〕）の原意は「土地（γῆ〔ゲー〕）の測量（μέτρον〔メトロン〕）」。測地の起源はメソポタミアやエジプト。都市建設や農地整備に必要だった。中でもエジプトではナイル川の氾濫で毎年雨期に耕地が水没，乾季に土地を測量し直す必要があり，測地技術（作図方法の研究と応用）が特に発達した。ピラミッド建設（紀元前2500年ごろに全盛期）もこの技術の応用。ピタゴラスの定理も彼らは経験的に知っていたらしい。測地術は早くからギリシアに伝わり，神殿建築や都市設計，航海術（太陽や星の位置に合わせて進路を決める技術）に使われた。ギリシア人は幾何学を理念（イデア）的に研究した。紀元前 6 世紀の自然哲学者タレスは「直径に対する円周角は直角である」という定理で知られる。また同時代のピタゴラス（ピュタゴラス，イタリア半島にあったギリシア植民地の人）にはその名の定理が帰せられる（実際に彼が初めて証明したわけではなさそう）。プラトンは幾何学をイデア学の最たるものと位置づけ，自身の学校アカデメイアの門に「幾何学を知らぬ者この門をくぐるべからず」との看板を掲げたと伝わる。幾何学は個別的な三角形でなく理念的な三角形，三角形のイデアに関わる（第 2 章参照）。肉眼で見える「形」でなく，理念としての「形」をプラトンは重視する。一説によると彼の弟子テアイテトスは正多面体が 5 種類しかない（これらは後世「プラトン立体」と呼ばれた）ことを証明した。プラトンの時代，幾何学は学問ジャンルとして確立済みだった。

　ペア用法が登場する最古期の文献はアリストテレスの『ソフィスト論駁』16章。作図のシュンテシス・アナリュシスに言及するが，詳しい説明はない。最古の説明はエウクレイデス（ユークリッド）がアリストテレス死去の数十年後に書いたと伝わる『原論』。その或る写本，13巻冒頭部の古注に次のような記載がある。作図問題のアナリュシス（分析）とは，その作図があたかも可能だと仮定して，既知の作図（よりシンプルな作図）を組み合わせてその問題が解けるかどうか見極めること。これは，中学生が作図問題を解く際，多くの補助線を書き込んで既知の作図が使えないか探るプロセスに相当する。たとえば，円に内接する正五角形の作図（『原論』 4 巻命題11）は，その円に内接する頂角36度，底角72度の二等辺三角形の作図を使えば可能。このことを思いつくプロセスが分析。他方，作図問題のシュンテシス（総合）とは，既知の作図を一定の順序で組み合わせて作図問題を実際に解いてみせること。『原論』は幾つかの用語の定義，上記の二等辺三角形の作図，そして角の二等分線の作図を組み合わせ，円に内接する正五角形を作図していく。このプロセスが総合。

　『原論』には作図のみならず命題の証明も含まれる。証明も作図に準ずる。命題の

アナリュシス（分析）とは，その証明が可能だと仮定して，既知のどんな真理を組み合わせればこの命題が証明できるか探ること。つまり，「云々を証明せよ」という問題に答えるために，どんな原理が必要になるかを探索・発見すること。やはり中高生が証明問題を解くときに頭の中で（紙に下書きして）行う手続きである。たとえばタレスの定理（『原論』3巻命題31）の証明には「三角形の内角の和は二直角」という定理（同1巻命題32）が必要であり，これを発見するのがタレスの定理の分析。他方，証明問題のシュンテシス（総合）とは，分析が解き明かした道筋を逆にたどり，既知の作図（原理や定理）を組み合わせて筋道を示しながら問題を一歩一歩解いていくステップのこと（トマス以降，このステップはdeductioすなわち演繹と呼ばれる，第3章参照）。

『原論』の本文は分析プロセスに一切触れず，ひたすら総合の体裁で書かれている。冒頭に置かれる真なる原理は定義，公理，公準だけ。これらを使って総合により次々と作図や証明のステップが示される。理路整然としているが，初学者目線で見ると，途中で突然，既知の何らかの作図や定理が天下り的に引き合いに出されて使われるのが困惑の元になる。4巻命題11では，内接する正五角形の作図プロセスで突然，上述の二等辺三角形の作図が持ち出される。初学者には「なぜここでいきなりこの二等辺三角形を持ち出してくるのか」，「どうしてこの二等辺三角形が問題解決に必要だと分かったのか」などの疑問が湧く。この疑問はごもっとも。総合は論理の流れを事後的に整理した結果。実際の思考現場では分析が欠かせない。特に初学者は分析プロセスが示されないと何事も理解困難。『原論』は数学者たちの何百年にわたる分析の蓄積を総合的方法で整理した結果の集成である。

ただ，『原論』中の分析・総合の用例はこの古注の一か所のみ[1]。アリストテレスもペア用例は前述の一か所だけ。プラトンは用例ゼロ。分析・総合という幾何学の方法はプラトンの時代に確立済みだったが（確立時期は不明），彼はこの方法を別の名でも呼んでいた。彼らの時代，「分析」「総合」という名称（用語）はまだ完全に固定されていなかった[2]。

ギリシア数学を近現代に伝える最もまとまった文献は紀元後4世紀のパッポス（やはりアレクサンドリアの人）が著した『数学集成』。この書は「分析」「総合」という語を多用している。その7巻序論では両者の意味が詳細に説明されている。すなわち，総合は『原論』のように定義，公理，公準から一歩一歩定理を証明していくこと。証

（1）『原論』はシュンテシス系の語を多義的に使っている。たとえば7巻定義2は数を「単位（1という数）が複合されたもの（συγκείμενον）」と形容する。同定義13は合成数（素数でない数）を σύνθετος ἀριθμός（複合された数）と呼ぶ。これらは幾何学の方法論としてのシュンテシスとは異なる語法。

明された命題には，（証明以前にはなかった）真理性が盤石の強度を持って備わることになる。他方，分析はこの流れを逆行，定理からその証明に使われる定義・公準・公理へと遡行すること。換言すれば，さしあたり真偽不明な命題から出発し，これを何らかの真なる諸命題から導けないか探る手続きである。この意味での「総合」「分析」は後の西欧文化圏に方法論として大きな影響を及ぼすことになる。

プラトンにおける総合（合成）と分析（分解）

　プラトンはアナリュシスという語を使わない。シュンテシスは幾何学の文脈でなく，要素（στοιχεῖον〔ストイケイオン〕）からの合成，の意で頻用する。単語は字母から合成される。事物は四元素（火土水気）から合成される。我々は魂と身体から合成されている。プラトンは様々な事物を合成物と見なし，要素に分解する。「分解」はδιαίρεσις や διάλυσις など διά で始まる語が多い(3)。

　この文脈におけるシュンテシスは幾何学と無関係。むしろイオニア（今のトルコ西南部）学派と呼ばれるタレスらに端を発する世界観を反映している。ストイケイオンは動詞 στείχω〔ステイコー〕（一列になって進む），名詞 στοῖχος〔ストイコス〕（列，線，秩序）からの派生語。元々は日時計の針（グノモン）が時計盤に落とす影を指した。時が進むと，影は落ちる方向と長さを変える。しかし，長さと方向が変わっても影は影として同一。ここから転じて，ストイケイオンは単語の構成要素（音節）を指すようになる。すなわち，同一の音節が多くの単語で使われる。これはグノモンの影がいろんな時刻に長さを変えて現出するのと似ている。これとの類比で，この世界が刻一刻と変化していくのも，何らかの要素がその形や場所を変えていくプロセスに他ならない。その要素とは何か。タレスは「水だ」，アナクシメネスは「気だ」，そしてピュタゴラスは「数だ」と答えた。

（2）　プラトンはアナリュシスでなく ὑπόθεσις（ヒュポテシス，「下に置く」が原意で英 hypothesis の祖語）やディアリュシス，またシュンテシスでなく γένεσις（ゲネシス，生成）を用いる（『メノン』『国家』）。アリストテレスもシュンテシスでなくゲネシスと呼ぶことがある（『形而上学』『トピカ』）。ディオゲネス・ラエルティウスの『ギリシア哲学者列伝』（紀元前3世紀）によると，幾何学的なシュンテシスはプラトンの発明であり，弟子のテアイテトスやエウドクソスも発明に関与した。この言い伝えは真偽不明。今に伝わる『原論』の最古のギリシア語原本は8世紀の東ローマ時代の写本。

（3）　διά は英 across, through に相当する前置詞。διαίρεσις は διά と αἱρέω（取る）の複合語。原意は「区分する」。お金の分配，開票する，などの用例がある。プラトンはイデアの分割（構成要素への分析）の意で用いる。これは本章で後述するポルピュリオスの樹を先取りするもの（第7章，第10章も参照）。διάλυσις は ἀνά の代わりに διά が λύω と複合した語。

　答えは千差万別である。後にエンペドクレスは「火土水気の四つだ」と答えた。しかも，音節から単語や文が合成されるように，万物は四元素から合成（シュンテシス）される，と考えた。この説をプラトンは継承，要素への分解を更に進め，四元素はそれぞれ正多面体から，更に正多面体は正多角形（イデア的なもの）から合成される，と考えた。アリストテレスも四元素説を継承，四元素に強くたがをはめて個物を成立させるのが形相だと考えた（加えて，宇宙空間を充満する第五の元素アイテールも想定した）。他方，デモクリトスは真空中にある多種類の原子が要素であるとした。原子論はエピクロスに継承され，近世のガッサンディやニュートン，ボイルらに影響を与える。

　どのような答え方をするにせよ，イオニアの伝統における要素は同時に ἀρχή〔アルケー〕であると理解されていた。この語は「始まり」「始点」の謂，「支配」という含意もある。つまり，アルケーとは単なる始まりでなく，先頭に立って後に続く全てを支配するもの（たとえば政治的支配者），全てを従わせ統括するもの，全てを通底する原理。反対語は τέλος（テロス，すなわち目的・終わり・終点）。ギリシア人にとって人間とは，目的を遂げるべく神々や政治的指導者によって導かれるもの。これと類比的に，世界のあらゆる事物はアルケーに支配・通底されており，テロスへ向かって収斂していく。こうした信仰にも似た世界観をギリシア人は持っていた。ここから「我々は，事物は，どんなアルケーに支配され，どんなテロスへと向かうのか」という問いが生ずる。タレスの水，アナクシメネスの気，エンペドクレスの四元素はこうした文脈に置かれていた。すなわち，水や気は万物のアルケーであり，また同時に万物がそこへと帰還すべきテロスである。プラトンは一見雑多な文脈でアルケーという語を用いるが（イデアが事物のアルケーであるとするイデア論的文脈，事物のアルケーは四元素であるというエンペドクレス的文脈，精神が身体を支配するという文脈，政治的支配という文脈など），彼にとってアルケーは詰まる所，イデアである。彼は四元素も三角形などのイデアへと還元してしまう。人間精神も政治的支配者も善のイデアに導かれる。イデアは万物がそこへと向かって収斂していくテロスでもある。

　プラトンはアルケーが存在の第一の原因（αἰτία〔アイティア〕）である，と定義した（『定義集』）。これも古代ギリシアに特徴的な概念。イデア論やアリストテレスの四原因説は事物のアイティアを問い求めて明確化された。この希求は今日の機械論的な自然観の土台となっている（第6章参照）。

アリストテレスにおける総合と分析

　アリストテレスはシュンテシスをやはり要素からの合成（要素単独では持ちえなか

った強度を備えた合成）というイオニア的な意味で多用する。使用文脈は多様で，言語上の合成（字母を単語へと合成，単語から命題を結合，単純命題から複合命題へと合成），事物の合成（質料と形相から個物が合成される，個物と質や量など属性が合成される，個物どうしが結合する），数学的合成（たとえば 4 は因数分解可能），論理的合成（形相は類と種差から合成される）など。命題の真偽も，命題が述べる通りに実体と属性が結合しているか否か，という仕方でシュンテシスと形容される。国は数多くの家族から成る合成体だ，という用例もある。森羅万象は複合物，しかも要素にはなかった独特の強度を備えた複合物だとする世界観が基盤にある（第10章参照）。要素への分解を指す語はプラトン同様 διάλυσις〔ディアリュシス〕が多い。

　アナリュシスの用例もかなりある。使用文脈は二つに大別でき，第一の用例が多い。その第一は『分析論前書』。正しい三段論法（シロギスモス）では正しい大前提・小前提から正しい結論が導出される。このステップはシンプルな幾何学的総合に相当する。同書はこれらを幾つものパターン（格）に分類する。結論が正しいか否かが不明な三段論法は，分析が必要になる。結論を正しいと仮定した上で，何らかの格の大前提・小前提からそれが導き出せるかどうか見極める。導き出せるなら，その格へと分析できた，ということ。つまり，三段論法は正しい。できないなら，三段論法は正しくない。こうした見極めは幾何学的分析に相当する。書名の『分析論』はここに由来する。

　もう一つは『自然学』におけるイオニア的な分解。自然における動き変化を分解してそのストイケイオン（『自然学』においては質料因）やアルケー（同始原因）やテロス（同目的因），すなわち原因を見極める（第 6 章参照）。用例は少なく，ディアリュシスの同義語としてつい口に出た印象を受ける。

　ユークリッドはプラトンやアリストテレスの著作を熟知した上で『原論』を著したと思われる。同書はアルケー（定義・公理・公準）を明示し，ここから出発して強度を備えたテロス（命題の証明や作図の完了）へ進む総合の集成。すなわちギリシア人の世界観を体現しており，しかもプラトンがこだわった定義の明確化を行った上で体系化されている。『原論』のギリシア語タイトルは Στοιχεῖα〔ストイケイア〕（ストイケイオンの複数形）。このタイトルがユークリッド自身に因るのか，後世の命名かは不明だが，『原論』に記された定義・公理・公準は一つ一つがイオニア的な要素に相当すると見なし得る。この意味では，『原論』はイオニア的な伝統も踏まえた幾何学的総合（強度の付与）を体現している。

ラテン語圏における分析と総合

　ローマ人は優れた灌漑土木技術を持っており，測地術（幾何学）はその有用性ゆえに早くから摂取したらしい。しかし，プラトンのイデア論や『原論』的な体系化には無関心だった。キケロは『トゥスクルム荘対談集』冒頭でこれを嘆いている。この無関心さはローマの拡大後も不変。パッポスはローマ支配下のアレクサンドリアで活動したが，ラテン語でなくギリシア語で著作した。

　イオニア的な要素や始原への問いもローマ人には疎遠だった。アルケーに相当するラテン語彙は initium（ineo「入る」から派生，英 initial の祖語），origo（orior「発生する」の名詞形，英 origine の祖語），principium（primus「最初」と capio「つかむ」の合成語）など。ストイケイオンに相当するのは elementum（語源不詳，ローマ字の LMN つまり字母という説あり）。どれもギリシア的含意はない。ローマ法で origo は原籍地。キケロは四元素説も紹介したが，ローマ人の関心は低かった。ローマ支配下のギリシア語圏では古典が継受され，ラテン語は法律政治，ギリシア語は学術，という棲み分けが続いた。

　ボエティウスはアナリュシスを resolutio，シュンテシスを compositio と羅訳した。前者は re（繰り返しや強調の意）と solvo（解く）の合成語，「緩める」「緩め切る」の意。ローマ法では契約解除を指す語。後者は con（共に）と pono（置く）の合成語，「一緒に置く」「合成する」「軍隊を編成する」の意。ローマ法では賠償金の意でも使われた。どちらも直訳語。ローマ人は石や火山灰製のコンクリートを使って強度の高い巨大建造物を作った。compositio も強度強化を含意する（シュンテシスと違い，ローマ人特有の具体性ある強度強化）。ボエティウスの訳語をジャコモやメルベケも踏襲した。

　ジャコモの時代にカトリック圏で大学が新設された。新入生は自由七科，すなわち文法・修辞・論理（言語的な三科目），及び算術・音楽・幾何・天文（数学的な四科目）を学んだ。論理の教科書は『分析論』，幾何は『原論』。教育現場ではギリシア語彙をそのままローマ字化した analysis・synthesis も流通し始める。トマスは『分析論』を analytica と呼んだ。彼は幾何学の総合を含む幅広い結論導出の流れを deductio（演繹）と呼んだ（第3章参照）。

近世における分析と総合

　中世末期以降，機械仕掛けの時計がカトリック圏の知識人を「人や動物はみな自動機械だ」というアナロジーへと駆り立てたことに第3章で触れた。神は部品を組み立

てる如く全ての被造物を創造した。16世紀のベルギー人ヴェサリウスは人体内部を仔細に観察し，神経系や筋肉，臓器などの部品を活写する解剖図を作成した。コペルニクスがティコ・ブラーエから引き継いだ天体観測データに基づき唱えた地動説は，惑星が部品の如く集成して太陽系を成すという考え方。こうした機械論はプラトン・アリストテレスからイオニア的な要素（始原，原因）への問いを継承しつつ，「要素とは部品だ」と答える。目的論と形相因を拒絶し，機械論的に捉え直された始原因（作用因）と質料因（最小構成要素としての元素）だけを原因として承認する。その上で，機械論的自然を支配する因果法則を実験と観察によりえぐり出す。たとえばベーコンは「自然は魔女だ，罪人だ。実験を行って自然を拷問し，罪を白状させるが如く真理を吐き出させよ」と考えた（彼は英国の法務行政に関与し，拷問を重視した）。自然法則の解明と応用は，神が人間に命ずる自然支配を増進させる，という信念の表明である（自然を屈服させようとするこの高圧的な姿勢は，自然への畏敬と順応を重視する日本文化から見ると極めて僭越に映る）。

　16世紀に『原論』の完全版が翻訳され，活版印刷で大量複製されて欧州一円に出回った。知識人たちはその分析・総合という方法に強く感化された。その実例としてホッブズ，デカルト，スピノザ，ニュートンの考え方を概観する。

　ホッブズは幾何学的な分析・総合を自らの哲学の方法に掲げた（『物体論』）。しかし，実際に行ったのはイオニア的な分解・合成。彼によれば，物体は自己保存法則に従って運動する。物体の運動は空間上の位置変化。これを分割していくと，最終的に要素的な運動（無限小の瞬間的な運動）にたどり着く。これはコナトゥス（conatus）と呼ばれる（詳細は第7章参照）。コナトゥスは人間精神に備わる感覚や感情，意志や知性の構成要素でもあり，ここから生まれる諸々の社会現象の構成要素ともされる。具体的にどう構成されるか，『リヴァイアサン』が説明している。しかし，同書の叙述も幾何学的総合（定義・公理からの厳密な証明）になっていない。イオニア的な要素から精神現象や社会現象が組み立てられている様子を見通しよく述べただけ。

　デカルトは方法論に関してホッブズより自覚的。彼は『方法序説』2部で理性を導く四つの規則（明証，分析，総合，枚挙）に言及する。明証は「明晰判明な観念のみを真として受け入れよ」。分析は「部分へと分割せよ」。総合は「部分から全体を再構成せよ」。枚挙は「全てを調べ尽くして不明確なものを後に残すな」。分析は総合に先行し，より重視される。『省察』第二答弁はその埋由に触れる。曰く，分析・総合は幾何学の方法で，作図や証明を行うにはまず分析が必要である。総合は分析終了後の事後的な筋道の整理。分析が成功しないと総合はできない。ゆえに分析は総合より重要である。

　デカルトが言及する分析・総合は，自然学の文脈では，イオニア的な要素への分

解・合成。もっとも，彼は物体が無限分割可能で，どこまで分割しても延長を持つの
が物体の物体たる所以（延長実体），と考えた。コナトゥスはホッブズ的な物体の運
動でなく，物体に備わる力とされる（第7章参照）。彼は若い頃，宇宙の起源として
アイテールという要素的な粒子（アリストテレス由来の名だが神格化はされない）の
渦動を想定したこともあった（『世界論』）。

　この機械論的な分解・合成とは別に，デカルトは『省察』で明晰判明な観念を獲得
する方法を「幾何学的分析」と形容する（第二答弁）。同書は明証的な真理としてコ
ギトを獲得，ここからエゴの存在，神の存在，そして数理的に再構成された機械論的
な延長世界の観念の明晰判明さを芋づる式に証明する。このプロセスは如何なる意味
で「分析」なのか。イオニア的な要素への分解ではない。『原論』的な分析でもない。
『原論』的な分析は，作図問題が解けると仮定した上で，何らかのシンプルな作図を
組み合わせて問題が解けないか探る手続き，つまり問題を解くための十分条件（既知
の原理の束）を探し出す手続きだった。『省察』の分析は違う。それは真理性が保証
された認識（コギト）から出発し，この認識に含まれる必要条件（エゴの存在，神の
存在など）を次々と導出する論理分析，すなわち演繹（第3章参照）である。換言す
れば，出発点に前提される必要条件を論理的に明示していく分析（『省察』の分析が
成功しているか否かは別問題，実際にはあちこちで破綻している）。この分析は方法
に従うアプリオリな発見の道，誰でも辿ることのできる道とされる。

　この分析はなぜ「幾何学的」と呼ばれるのか。それはデカルトが解析幾何の開拓者
であることに関係する。彼は『方法序説』と同時に『幾何学』を出版した。この書は
『原論』的な総合の体裁を取らず，『原論』的な分析も行わず，代わりに全く新たな分
析手法を提示する。作図に頼らず，線分を数で置き換え（代数化），未知数を変数で
表し，方程式を作ることで問題を解く，という手法である。たとえば所与の3線分に
対する比例項となる第4の線分を求めよ，という問題を考える。3つの線分の長さを
a，b，c，求めるべき第4の線分の長さをdとすれば，a：b＝c：dという比例
関係があるのでdの値は計算すれば求められる。これがデカルト流の分析（解析）。
他方，『原論』はこれを作図問題として総合的方法で解く（6巻命題12）。すなわち，
「線分」の定義（1巻），二点を結ぶ直線の作図（1巻の公準），等しい長さの線分の
作図（1巻命題3），所与の線分に対する平行線の作図（1巻命題31），「比例」「項」
の定義（6巻），三角形の比例による線分の決定（6巻命題2），以上を分析により見
出し，これらを総合して作図していく。デカルトの『幾何学』はこうしたまどろっこ
しい分析・総合を行わない。方程式さえ立てれば，後はそれを解いて芋づる式に答え
が出せる。答えはいわば必要条件として数式中に含まれる。彼は「幾何学的分析」と
いう概念を代数化により抜本的に変えた。

　このように，デカルトは機械論の文脈でイオニア的な分析（分解）を行い，幾何学と形而上学の文脈では独自の分析（解析，論理分析）を行った。どちらの文脈でも，分析は総合に対して優位にある。だが，総合にも一定の重要性はある。『省察』第二答弁は幾何学的総合（定義・公理・公準から一歩一歩定理を証明する道）をアポステリオリに諸部分を合成していく道だと形容し，論争相手を承服・同意させるのに極めて有効だと述べる。実際，第二答弁は神の存在証明などを総合の道で実演している。

　これに対し，スピノザは総合という方法に徹底的にこだわった。彼は明晰判明性に依拠する『省察』の分析的方法を拒否する。何が明晰判明なのかについては人によって異論があり得るからである。誰にも反論できない形で機械論的自然の真相を提示するには，総合の道を徹底するしかない。彼はこう考え，どんな定義・公理から始めたら一切の真理が総合の道で提示できるか十年以上かけて地道に分析を重ねた。そして，実体や属性などの用語の定義と公理から始めて一つ一つの真理を定理として証明していく体系『エチカ』を完成させた。この書は『原論』と同じ総合的方法で編纂されている。

　イオニア的な分解・合成という観点では，スピノザはデカルト的な無限分割可能性を奉ずる。あらゆる物体はより小さな部分の集合体であり（時計が部品の，身体が細胞の集合体であるように），分割は無限に続き得る。彼はデカルトやホッブズと同様，アリストテレス以来の真空嫌悪説（自然は真空を嫌い，空隙のできた空間をすぐ物質で充足させてしまう，とする考え方）に立った。それ以上分割不可能な原子を認めると，原子が浮遊する場としての真空を認めることにつながる。それゆえ彼らは一様にデモクリトスらの原子論に反対した。デカルトは無限分割可能な物体が延長を持つ実体だと考えたが，スピノザはこれを実体とは見なさなかった（**第5章参照**）。

　17世紀は真空が発見された時代。トリチェリが水銀を使った実験で真空状態を作り，ギールケが銅製の半球による実験で真空の存在を確認した。この時代に多くの著名な哲学者たちがアリストテレスよろしく真空嫌悪説を護持し，原子論を排撃して事物の無限分割可能性を唱えたのは興味深い。他方，ガッサンディのように真空を認めて原子論に与する思想家も現れる。彼は機械論に立ってアリストテレスに反対する点でデカルトやホッブズらと同意見だが，デカルトの形而上学に反対しデモクリトスらの原子論を擁護した。ニュートンも同様の考えの持ち主。彼は真空も絶対空間としてあっさり認めた。

　ニュートンは若い頃，デカルトの『幾何学』に魅了され，解析というアイデアを発展させて微積分を考案する（ライプニッツとは独立に）。すなわち，座標軸を使って曲線を代数化し，曲線の変化率や曲線で囲まれた面積を計算する方程式を考案する。微積分は無限分割可能性と極限という概念を使っており，ホッブズのコナトゥスと発

想が似ているが，あくまで数学。他方，解析の背後にあったデカルトの問題意識（分析を重視するが，『原論』的分析でなく新たな分析を，という問題意識）をニュートンは共有しなかった。それどころか，三十代後半にパッポスの『数学集成』を読んで感化され，分析でなく総合こそが数学や自然探究の方法だ，と考えてデカルトを毛嫌いするようになる。古典力学の三法則を提示した『自然哲学の数学的原理』も幾何学的総合を方法として書かれている（それゆえ難解）。

　自然研究においてニュートンは原子論者であるのみならずベーコン的な帰納の徒でもある。自然を単純な要素（原子）へと分割し，運動を引き起こす力（機械論的に把握された始原因，すなわち作用因）を帰納により一般化したのが古典力学。イオニア的な要素への分解を体現する考え方である。その成功は形相因と目的因を自然学から駆逐した（第6章，第7章参照）。しかし，残る質料因（原子）と始原因（作用因，力）が何であるかについて，古典力学は数値化可能な法則性があるという以上のことを教えてくれない。前者の探求はボイルの元素説を経て化学へ，後者の探求は理論物理学へとつながり，現代も続いている。両者は突き詰めると素粒子論に収斂する。素粒子論はまだ多くの謎に包まれたまま。いわゆる標準理論の他，多くの仮説が競い合う状態にある(4)。

デカルト的な分析・総合の系譜

　アリストテレスの論理的合成は中世スコラで「ポルピュリオスの樹」と呼ばれた。人間は理性的動物，動物は感覚ある生物，生物は魂（命）ある物体，物体は質料ある実体。このように種の内包分析を進めると，その果てに最も普遍性のある最高類「実体」がいわば要素として析出，これをヒエラルキーの頂点として上下逆さの樹形図が描ける。分析の出発点（上例では人間）は樹の最下端で，内包的に最も複合されたもの。ポルピュリオスの樹は普遍（イデア・形相）の分析・総合ヒエラルキーである。

　デカルトはこれに表向き無関心だった（『省察』の演繹的分析の着想源の一つかもしれないのだが）。彼の死後，アルノーがポルピュリオスの樹の観念版（観念の分析・総合ヒエラルキー）を提案する。ロックはこれを受け，経験論的な観念の分析・総合を提唱した。すなわち，観念は単純観念か複合観念のどちらか。単純観念は経験の要素であり，感覚対象に起因する第一性質（大きさや運動など）と，感覚器官に起

（4）　文系の人でも分かりやすい素粒子論の入門書に，江尻宏泰『びっくりするほど素粒子がわかる本』がある。なお，近世的な観念論・唯物論・実在論の対立（第2章参照）は，分析・総合という世界観に影響しない。どの立場に立っても，科学的な世界観にとって分析・総合は必須の方法論である。

因する第二性質（色や匂いなど）に分類される。複合観念はこれらが複合されたもの
で，実体（神，精神，物体）や関係性（因果関係，同一性と差異，比較など）がその
例。我々の知識は何であれこうした諸観念を結合させた結果であり，直接的な単純観
念と違って不確実性を伴う。ポルピュリオスの樹もこうした観念的な結合結果。まし
てやデカルト的なエゴ，神，延長実体の分析導出は，経験を積んだ大人による後知恵
的な説明にすぎない。ロックの経験論はバークリやヒュームに継承される。

　ライプニッツはアルノーの観念ヒエラルキーを論理主義的に継承する。彼にとって
観念は論理的な単位。観念の単純・複合は，論理的にそれ以上分析可能か否かの区別
である。「人間」という観念はポルピュリオスの樹に沿って実体（モナド）という単
純観念にまで分析される。また，デカルトは観念の明晰さとは観念が対象を特定でき
ること，観念の判明さとは他の観念から識別できること，と解したが，ライプニッツ
によれば後者は不十分。観念の判明さとは観念の構成要素を全て列挙でき，しかも言
葉で説明できること，とされる（これに従えば色や臭いは判明な観念と言えない）。
更に，十全さ（複合観念の要素となる単純観念が全て明晰判明であること）という基
準も付加される。

　観念が表現する世界内の事物（外延）も，イオニア的な要素へと分解される。この
文脈での要素もモナド。それは物体を分割した極限にある点（point）であり，物理
的世界とは別次元の形而上世界に存在する。モナドは観念の分析における要素である
だけでなく，物理的分析における要素でもある。他方，モナドを分析すると述語の束
になり（内属原理），述語を分析すると観念に至る。ライプニッツは分析を重視する
が，彼の分析はモナド，述語，観念，モナドと循環して永続し，最終的要素がない。

　内属原理に即して，ライプニッツは分析命題と総合命題を区別する。分析命題は，
述語が主語に必然的に含まれる命題（たとえば「三角形は内角の和が二直角」「人間
は理性的動物」など）。つまり，否定すると矛盾が生ずる命題。数学や幾何学の真理
（ライプニッツは永遠真理と呼ぶ）がその実例。他方，総合命題は「カエサルはルビ
コンを渡った」のように，我々の視座から見て必然とは言えない命題。この命題は事
実を述べているが，「カエサルはルビコンを渡らなかった」と言っても矛盾にはなら
ない。しかし，全知全能の神の視座から見ると，カエサルがルビコンを渡ったのには
十分な理由があり，必然である。神は各モナドがどんな述語の束なのか完全に見抜い
ている。その束に含まれる述語をそのモナドに述語づけた命題は，神の視座からは全
て分析的。他方，感覚に縛られた人間は認識能力が有限で，それが見抜けないことが
多い。総合命題は我々の有限性に由来する，とライプニッツは考えた。

　これに抗議したのがカント。彼はライプニッツの分析・総合を踏襲しつつ，こう考
えた。我々は神ではない。神の視座から話をされても困る。感覚の制約下にある人間

に理解できる限りを明確化するのが哲学の仕事。この立場では，分析命題より総合命題の方が重要になる。カントにとって総合命題は経験と結びつき知識を拡張する経験命題（分析命題は拡張しない）。その真偽は事実と照らし合わされねば判明しない。しかし，総合命題の中にはアプリオリに真であるものがある。それは我々人間の経験能力そのものに備わる先験的（超越論的）構造を披瀝する命題。我々が経験知を得ることをそもそも可能としている制約が構造的に我々自身に備わっているはず。これを解きほぐし，有限な人間にできることとできないことを見極めたのがカントの批判哲学。『純粋理性批判』は感覚能力，判断能力，推論能力をイオニア的に分解する。中でも判断能力を対象とする部分は超越論的分析論と命名された（『分析論』に因んだ命名）。

　ヘーゲルは正（These）・反（Antithese）・合（Synthese）の弁証法を唱えた。これはプラトン・アリストテレスの弁証論（対話術）を継承するものだが，ヘーゲルにおいては体系提示の方法へと変質している。すなわち，対象の端的な存在（正）に対して，これを客体とする主観の働きが反省され（反），その反省を踏まえて主観が改めて対象へと向き合う（合）。これを繰り返しながら物理的世界と精神世界の一切が体系化されていく。正・反・合の歩みの一つ一つを見ると，或る事象に対してその可能性の制約に相当する一段高次の事象が問い求められている（カント的なモチーフ）。歩みは絶対者（共同体的な理念）へと収斂し，歩みの全体は絶対者の一元論的な自己展開体系を成す。この自己展開の流れがヘーゲルの論理（Logik）。それはテロスとしての理念の崇高さを謳う反面，実質的に森羅万象を飲み込む絶対者のモノローグとなっている。彼は様々な哲学的事象を正・反・合という枠組みに定位していくが，それは必然性を欠く思いつき的な語呂合わせ，つまり似非論理と呼ばれて仕方ない代物になっている。このSyntheseは幾何学的総合でもイオニア的な総合でもない。強いて言えば「ヘーゲル流の弁証法的な総合」と形容するしかない。

　ヘーゲルがAnalyseという語を使うのは化学分析に言及する文脈くらいのもの。19世紀は化学の時代。新たな元素が次々と発見され，近代の機械論がよりミクロなレベルで具体化されていく。哲学における総合はヘーゲル以降，下火となる[5]。19世紀も半ばになると，科学技術の発展と軌を一にして分析は総合より圧倒的優位に立つ。ミルの『論理学体系』（1843年刊）はその時代精神を体現する典型例。同書は科学的

（5）　ヘーゲルの弁証法的総合はマルクスやエンゲルスの発展史観（歴史は弁証法的に展開し，共産主義によりその頂点に達する，と考える思想）に継承され，共産主義の理論的骨格（歴史を貫く原理）となった。共産主義は20世紀の東側諸国を中心に席巻するが，世紀末には崩れ去る。発展史観と弁証法的総合をセットで信奉する人々は現在，古典的な共産主義者を除きほぼ消滅済みと思われる。

精神で人間精神，言語，三段論法，帰納プロセス，因果関係などを分析する。ミルは分析命題・総合命題というタームをカントから引き継いで英国経験論の文脈に定位する。前者の代表例は用語の定義，後者の代表例は経験命題。西周の訳書『心理学』の原著者ヘイヴンはこの時代の人。原著は1857年刊行，ミルの強い影響下で，人間精神（感覚知覚，概念把握能力，記憶力，想像力，反省能力）を分析する体裁で書かれている。「分析」「総合」の用語法もミル流で，人間の分析的能力は演繹に，総合的能力は一般化・帰納・反省に関わる，とされる。このanalytic・synthetic ペアを西が「分解」「総合」と訳した。

　以上を踏まえると，西の「総合」「分解」はミルの語法における analysis・synthesis に対する訳語。幾何学的なそれでなくイオニア的，特にライプニッツ的な synthesis（主語に内属しない述語をあてはめた命題）・analysis（主語に内属する述語を明示した命題）が翻訳ターゲット。数学の「解析」は西の眼中になかった。デカルトにおいて同一だった分析と解析は，後に数学の発展の中で分断される。ミルの時代，この分断は完了済みだった。

その後の総合と分析

　西の時代以降，欧米では論理学が『原論』の総合的方法で公理系化される。立役者はフレーゲ。19世紀は解析学の基礎（数とはそもそも何か）が問われた時代。数の定義を求めてカントールらが集合概念に着目した。フレーゲは『算術の基本法則』で数を集合（概念の外延量）として捉え，数学が論理学に還元できることを示そうとした。すなわち，述語論理を記号化し，長年の分析的な研究の末に少数の定義・公理・推論規則を特定，ここから全ての数学的真理が総合・演繹できることを示そうとした。しかし，この試みはラッセルのパラドクス発見により頓挫する[6]。その後はパラドクス回避のためラッセルのタイプ理論，ヒルベルトのメタ数学，ブラウアーの直観主義などが分岐し，数学基礎論に様々な考え方が林立した。だが，どの立場も論理を公理的体系（総合的方法で定理を証明していく体系）と見なすのはほぼ共通認識[7]。ア

---

(6)　自分自身を要素としないものの集合を考えた時，この集合の集合は自分自身の要素となるか否かを問うとラッセルのパラドクスに陥る。詳しくは三浦俊彦『ラッセルのパラドクス』，その意味と数学基礎論への影響については廣瀬健，横田一正『ゲーデルの世界』などを参照。

(7)　公理系に依拠しない自然推論（ゲンツェンが開発，シークエント計算とも呼ばれる）もあるが，実質的に公理的体系と同等である。また，ウィトゲンシュタインの『論理哲学論考』は公理系に代えて命題論理の真理表を開発したが，これも実質的に公理系と同等。

リストテレスの定言三段論法も述語論理に還元された。現在スタンダードとなっている形式論理学（公理的体系とその意味解釈）において，分析の果てに析出する要素に相当するのは統語論的には個々の記号，意味論的には全称記号の解釈で対応づけられる存在領域（集合）の要素。話題に応じてあらゆるものが要素となり得る（ソクラテスでも羊でも何でもいい）。何が要素なのかにコミットせず，形式的に要素と集合を区別しておけばいい，という発想である（メレオロジー，第10章参照）。内実のある物理的世界における要素への問いは素粒子論に収斂済み。

　ライプニッツ・カント的な分析命題・総合命題の区別は20世紀を迎えても維持された。代表は論理実証主義者カルナップ。彼はカント的な主観性に背を向ける。科学的知識は一個人の感覚を出発点として成立・拡張するものではなく，皆に共有される観察結果を基に社会的共同作業で構築される客観的共有物。カントは知識の出発点を個人の感覚に据えた点で根本的な誤りを犯した。こうした共同体的な文脈でカルナップは分析・総合を捉え直す。総合命題は観察に由来する経験知。分析命題は皆が使用する計測装置・道具に由来し，道具の特性上，観察データに依拠せずアプリオリに真，偽が決まる。カルナップはカントの分析・総合を道具主義的に改訂したことになる。カルナップはガッサンディやニュートンの系譜にある唯物論者。ヒトの能力は脳科学で説明可能，社会現象もこれを基に説明できる，という還元主義思想の持ち主だった。同じく言葉の道具性に着目し，主観性を語る言葉は指示対象を欠き無意味ゆえに沈黙すべきとしたウィトゲンシュタインが，実際には言語を使用する主観性そのものの語り得なさに執拗にこだわり続けたのと対照的。

　20世紀半ば，米国人クワインは分析・総合の区別自体をドグマとして糾弾した（『経験主義の二つのドグマ』）。彼は「命題」という用語も拒絶し，代わりに我々が発話する文（音節の連鎖）に着目する。「あの木からりんごが落ちた」などの感覚文は，感覚刺激に対する話者の同意・不同意でその真偽が決まる。感覚文を拠り所に，人類は社会的分業を行いながら自然的実在についての経験知の体系を構成している。この体系知は絶えず個々人の感覚刺激レベルで真偽のチェックを受け，必要に応じて更新される。この知的体系にデカルトが求めた形而上的基礎づけや正当化は不要。また，体系内の全ての文は相互に連関しながら全体として感覚刺激からのボトムアップで真理性を社会的に保証される。この観点では，全ての文が同列。道具や計測装置（及びこれを使用する人間主体）は特権的地位になく，分析・総合の区別は無意味。クワインの考える一元論的な実在体系は，幾何学的・イオニア的を問わず分析・総合という区別を無効化してしまう。

　19世紀は統計学が発展した時代でもある。統計学はもともと国の人口や経済力などをデータ化して比較検討すべく開発されたもので，確率論を多用する。この文脈で

「データ分析（解析）」という語が登場した。これは所与のデータから有意の規則性を見出す手法で，論理的には仮説形成の域を出ず，データ解釈とも呼ばれる。当初は主に経済学で使われたが，20世紀になると主観確率に依拠する決定理論（第3章参照）が発展，これを組み合わせた統計手法は社会科学以外に生物学や医学，会社実務など極めて広範囲で利用されるようになった。たとえばスマホやICカードの使用履歴などビッグデータを分析・解析し，新たなマーケティング戦略を打ち出す，などがその実例。この文脈の「分析」は数理データを処理して結果を解釈（意味づけ）する，の意。幾何学的分析，イオニア的分析，デカルト的分析とは異なる第四の意味だと言える。この場合，「総合」は必ずしも反対語にならない。

日本語における分析と総合

　analysis・synthesis はギリシア以来の欧州の伝統的世界観を体現する語彙。すなわち，森羅万象は要素から構成され，原理により構築され，法則性のある構造に支配されて強度を倍加され，成立している，という世界観である。現代人が享受する科学技術の成果は，これが近代欧州において機械論的に展開され，数理的に緻密化された結果（その萌芽はアラビアやインド，東洋にも散在していたが）。現代世界の利便性やこれを支える有用な道具類はこの世界観に依拠して可能となった。この世界観はジャンルを問わずあらゆる学術分野で共有されている。典型は理系的な科学技術分野だが，経済学や心理学など人文・社会科学でも現象の要素分析と法則性の認識は定番的な方法論。法律においても，要件から効果への流れを法規範として定立し，要件を要素分析して事実をこれに当てはめ，十分な証拠があれば法律効果を引き出す，という近現代成文法の方法論はまさにこの世界観に沿ったもの。

　西周は訳語選択に際してこの全体を考慮したわけではない。全体を考慮するとまた別の提案ができたのかもしれない。「分解」「総合」は章頭で触れた漢語独自の過去を持つ。ギリシア的含意（要素への分解，独特の強度を備えた複合）はない。「総合」は翻訳語化した後，独り歩きも始めた。「総合感冒薬」は英語で multi-ingredient cold medication，「総合病院」は polyclinic。「総合商社」という日本独特の企業形態は無理に英訳すれば general trading company。どれも英語で synthesis と呼ばない。江戸期から神仏習合などよろずや的併存を「総合」と呼んでいた名残である。ギリシア的含意を漢語の二字熟語で表現するのは難しい。和語で訳すなら「解き尽くす」「合わせ置く」とでもなろうが，「解く」「尽くす」「合う」「置く」のどれにもギリシア的含意はない。「もと」の希求は古事記の国生み神話に見られるが，「もと」はギリシア的な要素ではなく発生源（おおもと）。発想が根本的に違う和語で訳さなかったのは合

理的な判断である。analysis・synthesis を和語へ翻訳するのも困難だと言える。

　要素への分解，強度を倍加した構築，という世界観は，とりわけ機械論・唯物論的な文脈で，反論不可能な「絶対的真理」と見なされることがある。キリスト教とも親和性が高く，その多くの宗派はこの世界像を被造物の真なる姿として信仰と整合的に位置づけている。キリスト教を度外視しても，この世界観はあたかも一神教的な厳格さ，他の可能性を許さない非寛容さで我々に帰依を迫ってくるかの如くである。正義を理念的に希求する法律も，要素分析により対象の真相解明を目指す人文・社会科学も，やはり偽を許さない一神教的な厳格さを体現する。だが，この世界観は唯一無二の絶対的なものではない。歌を詠み，茶を嗜み，神々や仏に祈り，花木を愛でる。これもまた，分析・総合という目線で世界と向き合うのとは別の，可能な世界との向き合い方である。向き合い方によって世界は違った仕方で見えてくる。この意味で，分析・総合という世界観に必然性はない。この世界観は極めて有益ではある。科学を信じて医者に行き，トラブルに巻き込まれれば弁護士に頼る。他方で，芸事や武道に勤しみ，自然に身を任せ，必死に働きながら人間関係で様々な同調圧力に曝されて疲れ果て，時に「一切皆空」とつぶやく。多くの日本人は唯一無二の真なる世界認識を希求するというより，複数の世界観をよろずや的に受け入れて使い分けている。特定の世界観にマニアックに拘泥して耽溺没入することもあるが，それはその一神教的な真理性のゆえでなく，個人的嗜好に因る。目の前に開ける世界は無節操なまでに次々と移り変わって果てしない（「浮き世」と呼ばれる）。これは古事記の時代から変わらぬ日本に特有の心性であるらしい[8]。

　第3章で述べた通り，定冠詞を持つ欧州語の話者は，神の眼差し（イデア）から逃れられない。中でも哲学者たちは神の眼差しを突き詰める。彼らの言葉は概して「私は真理を語っているのだ」という神を体現するかの如き圧倒的な確信に満ちている。これを受け止める日本の哲学関係者の多くは，納得しながらも「その立場が全てではない」と相手を突き放してしまう視線を心中に感じてしまうらしい（少なくとも本書の著者はそうである）。欧米の哲学者たちと日本語生活者とは，立っている土俵が違うようである。日本語生活者の多くは，科学技術など実用性という観点で真理性が不可避の文脈から離れると，真理以外の何物も認め得ないという言葉の語り方をしない。法律でも重要なのは実用性で，正義の一神教的な希求は敬遠しがち。哲学においてもそうである。真理に帰依するロゴスの徒（理念信仰の信者）の言説に付き合うことはできても，それはいわば「ふりをする」に留まり，自らロゴスの徒になり切ることはない。実際，欧州哲学の概念や言説は，日本語に翻訳して引き入れた途端，言わば砂

（8）　丸山眞男「歴史意識の『古層』」（『忠誠と反逆』所収）参照。

上の楼閣と化し，糠に釘を打つ如く生活には響かない代物に転化する。

　日本人の多くが無数の世界観を許容するのを「相対主義」と形容するのは不適切である。相対主義とはロゴスの徒が拠って立つ主義主張の一つを指すレッテルだからである。なぜ糠に釘となるのか。理由は複数ある。漢字の小宇宙性には第3章で言及した。「一切皆空」に象徴される言語不信については第5章で敷衍したい。もう一つ，和語の文法構造については，第8章で敷衍する。

第5章

実体と属性

「実体のない幽霊会社」「電子マネーに実体はない」などと言われる。「実体」とは具体的内実のこと，とふつう理解されている。「実体」とはそもそもどんな意味の言葉なのか。原語は英 substance。哲学の専門用語だが，実は自然科学から法律まで，あらゆる学問ジャンルの土台となっている用語。

「属性」という言葉はあまり聞かない。原語は英 attribute。「特性」「性質」「性格」「性状」「特徴」など似たような言葉がいろいろ思い浮かぶだろう。相互にどう違うのか，説明しろと言われると戸惑うのではないか。「属性」とはそもそも何なのか。

「実体」「属性」は共に西周による新造語。前者はアリストテレスがカテゴリア（第1章参照）の一つと見なして以来の伝統的な哲学用語。後者はローマ法とキリスト教が淵源。カテゴリア（英 category）は「範疇」と訳され，哲学以外の学問分野でもしばしば使われる。訳語は井上哲次郎が考案した[1]。『書経』洪範篇にある「洪範九疇」の短縮形である。「洪範九疇」とは三皇五帝の後を継いで夏王朝を開いた禹が天から授かった法理（森羅万象を貫く道理）のこと。九つの領域に及ぶ広範さがゆえにこう呼ばれる。「洪」は広い，「範」は法，「疇」は畑の畝のこと。九疇とは五行（木・火・土・金・水），五事（貌・言・視・聴・思），八政（食・貨・祀・司空・司徒・司寇・賓・師），五紀（歳・月・日・星辰・暦数），皇極，三徳（正直・剛克・柔克），稽疑（卜筮），庶徴（休徴・咎徴），五福六極（寿・富・康寧・攸好徳・考終命，凶短折・疾・憂・貧・悪・弱）の総称。詳細は本書の主題から逸れるので立ち入らないが，要するに「洪範九疇」は「君主たるもの，五行に基づき九疇を見据えて天下を治めるべし」という世界像・治世論を端的に表現する四字熟語。

なお，「属性」は古代ギリシアの πάθος〔パトス〕に連なる系譜もあるが，こちらは一括して第8章で主題化する。

---

(1) 『哲学字彙』に掲載。だが西周の創作説もあり，実際にははっきりしない。

アリストテレスとそれ以前

　アリストテレスは「実体」を οὐσία〔ウシア〕と呼んだ。これはギリシア語のbe動詞 εἰμί〔エイミ〕の現在分詞 οὖσος〔ウーソス〕に由来、「存在するもの」から転じて「財産」「所有物」「(誰々の) もの」の意で当時、日常的に使われた語。プラトンは、個物が宿すイデアとはその個物のいわば本当の内実、値打ちだ、という趣旨でイデアを指す語に用いた。

　これをアリストテレスは更に別の文脈、すなわちカテゴリアの一つに転用する。第1章で触れた通り、「カテゴリア」の原意は「アゴラへと向かう」、アテナイでは転じて「告発」を意味した。告発は「太郎が次郎を殴った」など被疑者に関わる事実関係をアゴラで述べ立てて始まる。アリストテレスはこれに着目してカテゴリアを哲学用語化した。我々は身の回りの世界を言語化して理解する。たとえば「太郎は次郎を殴った」という言語化は、世界を「太郎は」「次郎を」「殴った」と分節する。言語上の分節は、言語化される世界の側での分節にそのまま相当する (太郎、次郎、両者の「殴る」という関係)。分節の各要素がカテゴリアと命名された。「世界を言語化する」などという動詞は当時のギリシア語にない。そこで、アゴラで誰かを告発することに喩えたわけである。

　アリストテレスはカテゴリアを十個、識別した。たとえば「太郎は人間だ」における「人間」は、太郎に宿るウシア (実体、形相)。「太郎は身長170cmだ」における数170は、太郎に備わる量 (ποσόν〔ポソン〕、英 how much)。「太郎は浅黒い」における浅黒さは、太郎に備わる質 (ποιόν〔ポイオン〕、英 what kind of)。「太郎は次郎の先輩だ」における「先輩」は、太郎と次郎の関係 (πρός τι〔プロス　ティ〕、英 in relation to)。「太郎は今、自宅にいる」における「自宅」は太郎のいる場所 (ποῦ〔プー〕、英 where)、「今」はその時間 (πότε〔ポテ〕、英 when)。「太郎は寝転がっている」と言えば、これは次郎の姿勢 (κεῖσθαι〔ケイスタイ〕、英 being in a position、置かれた状態)。「太郎は部屋着を身につけている」は太郎の所持 (ἔχειν〔エケイン〕、英 having)。「太郎は次郎を殴った」という言明は太郎の能動 (ποιεῖν〔ポイエイン〕、英 doing)、そして次郎の受動 (πάσχειν〔パスケイン〕、英 being affected)。この十個はアリストテレスがギリシア語による世界の構造化を反省して見いだしたもの (『範疇論』)。こうした言語的分節の構造要素を披歴したのは、歴史に残る範囲では彼が初めてだった。

　第1章でアリストテレスにおけるヒュポケイメノンに言及した。それは構造化される以前の所与世界すなわち質料、構造化された後の個物・主語、大きく見て二義的な用語だった。これと連動してカテゴリアも二義的となる。すなわち、構造化以前と対置される範疇 (構造化後の世界の十の要素)、及び構造化後における (個物・主語に

対置される）述語。更に連動して，ウシア（実体）も二義的となる。第一実体（個物）と第二実体（形相，普遍）である。第一実体は主語になるが述語にならない（『形而上学』7巻3章）。第二実体は主語にも述語にもなる（たとえば「人間は動物である」「ソクラテスは人間である」などのように）。「主語」「述語」は西が英subject・predicate に充てた新造翻訳語。それぞれ原語はヒュポケイメノン・カテゴリアである。第一実体と第二実体の区別はアリストテレスがプラトンから離反する証しとなる。後者にとってウシアはイデアに尽きる。アリストテレスは師のイデア論を踏襲するが，第一義的なウシアは個物。個物に宿る形相（イデア）は第二実体とされる。個物を観察し，そこに宿る形相を捉えることで，地に足がついたエピステーメー（第二実体についての知）が追求される。

　カテゴリアには更に第三の文脈がある。どんな学問分野でも，エピステーメーを目指す人々は往々にして意見が対立する。「人間とは云々」「徳とは云々」「正義とは云々」など，普遍的事物（第二実体）を巡って様々に学説が分岐する。その際，普遍的事物についてのカテゴリア(2)は，定義，特有性，類，偶有性のどれかだ，とアリストテレスは述べる（『トピカ』1巻5章）。

　定義（ὅρος〔ホロス〕）とは境界・境目が原意。本質（τί ἦν εἶναι〔ティ　エーン　エイナィ〕）とも言い換えられる。「本質」はアリストテレスの造語。「それはいったい何だったのか」「そうか，そうだったのか」という日常表現が哲学用語化したもの（抽象的語彙に事欠いて苦し紛れに案出された典型例）。たとえば「人間」の定義・本質は彼によれば「理性的動物」。特有性（ἴδιον〔イディオン〕）は当該事物にしか備わらない性質（原意は「自分だけのもの」，英 own に相当。反対語は κοινόν〔コイノン〕「共通性」）。よく持ち出される「人間」の特有性は笑う能力（今ではゴリラも笑うことが知られているが，昔は人間だけが笑うと思われていた）。類（γένος〔ゲノス〕，**第10章参照**）は定義・本質の一部をなすが，多くの事物に共有される。たとえば「動物」はサルやイルカ，人間に共通する類。偶有性（συμβεβηκός〔スュンベベーコス〕）は動詞 συμβαίνω〔スュンバイノー〕（足をそろえる，合わせる，たまたま発生する）から派生，「たまたま」が原意（これも日常語が哲学用語に転用された一例）。「人間」の偶有性の実例は，たとえば笑っていること（人間は笑っていない時もある）。

　「三角形」についてはどうだろうか。三角形の定義は「相互に平行でない二直線が囲む図形」。特有性はたとえば三つの内角の和が二直角という性質（他の図形に見られない特徴）。類はたとえば多角形（四角形や五角形も多角形）。偶有性はたとえば3

（2）『トピカ』では κατηγορούμενον（カテゴレオーの受動完了分詞形）と呼ばれている。

辺がそれぞれ3センチ，4センチ，5センチであること（辺の長さは別様でもありう
る）。前述した十個の範疇は定義，特有性，類，偶有性のうちどれかだが，この四つ
と十個の相互関係については特に敷衍されない。

　アリストテレスにとって定義・類・特有性・偶有性はやはり言語・実在に共通する
構造。こうした構造を整理して見せたのはギリシアでは彼が初めて（実際には彼以前
にも整理した人がいたかもしれないが，記録が残っていない）。プラトンの対話篇は
こうした整理を行っておらず，ヘラクレイトスやパルメニデスの断片には πάντα〔パ
ンタ〕（全てのもの，万物）とか ὄντα〔オンタ〕（有るもの，万有）など森羅万象を十
把一絡げにした用語しか見当たらない。世界に潜む構造を定冠詞などの文法構造を頼
りに見極め，明確化する嚆矢となったのがプラトンのイデア論であり，これを地に足
着けて精緻化したのがアリストテレスの範疇論。カテゴリアやウシアは基本用語とし
て後世の西洋哲学に継承される。後にハイデガーは人間が多様な存在理解に開かれて
いると指摘し，プラトンとアリストテレスの敷いた道は特定の存在解釈（存在するも
のを実体と解する見方）を固定化してしまった，と突き放した（後段参照）。この指
摘は卓見である。彼らの用語はその後の欧州哲学，欧州語の思考を縛り続ける。

その後のギリシア語圏とラテン語世界におけるカテゴリア

　『範疇論』が後のギリシア・ローマ世界に与えた影響のうち，本章の文脈では次の
二つが重要である。

　第一は，紀元後3世紀にポルピュリオスが著した同書の入門書『エイサゴーゲー』。
この人はフェニキア系で今のレバノン出身。ローマに出てプロティノスに弟子入りし，
その新プラトン主義に親しんだ。ギリシア語で著作した。キリスト教徒ではなく，ポ
ルピュリオスの樹（第4章参照）にその名を残す。『エイサゴーゲー』は『範疇論』
に棹差してポルピュリオス自身の見解を述べたもの。アリストテレス以上に個物を重
視し，『トピカ』の定義（種）・類・特有性・偶有性が個物とどう関係するかを問題に
する。アリストテレスはこの関係を主題化しなかった。両者の関心のずれを象徴する
のは ἰδιότης〔イディオテース〕という語。ἴδιον（特有性）から派生した抽象名詞でプ
ラトンは頻用する。アリストテレスは普遍が個物から離れて実在するとは考えず，そ
うした離在を連想させるこの語を使わなかった[3]。『エイサゴーゲー』は「個物は

（3）　アリストテレスは範疇の一つ ποιόν（質）からできた抽象名詞 ποιότης（プラト
　　　ンの造語）は多用する（『範疇論』8章，『形而上学』5巻14章など）。彼はそ
　　　の多義性を指摘しつつ主に種差の意で用いるが，種差や種が個物から離在する
　　　という言質を与えぬよう，慎重に言葉を選んでいる。

ἰδιότης の集合体である」「ソクラテスに宿る ἰδιότης の集合体は他の個体に宿るそれと異なる」「人間という ἰδιότης はソクラテスにおいてもプラトンにおいても同じ」など，ἰδιότης が個物から離在する普遍であるかの如き発言を繰り返す。アリストテレスは人間の ἴδιον（例えば笑う能力）を論ずるが，個物の ἴδιον を敷衍することはない。『エイサゴーゲー』は後にボエティウスが『範疇論』と共に羅訳，中世スコラで普遍論争（普遍が個別から離在するかを巡る論争，後段第十章参照）を惹起した。ボエティウスはカテゴリアを praedicatio（あるいは翻字形の categoria），ウシアを substantia[4]，ἴδιον を proprium，ἰδιότης を proprietas と羅訳した。

　第二は，文法学への影響。アリストテレスの時代，文法学はまだ存在しなかった（第8章参照）。彼の用語は後のギリシア文法学，更にラテン文法学に継承される。紀元前2世紀末，ディオニュシオス・トラクスの『文法技術』には，固有名が特定実体（ἰδία οὐσία〔イディア　ウシア〕）を，普通名詞（「人間」など）は共通実体（κοινὴ οὐσία〔コイネー　ウシア〕）を指す，という『範疇論』的な用語法が見られる。6世紀のラテン文法学者プリスキアヌスの『文法提要』には「名詞は実体（substantia）を指し示す」「実体が主語（subiectum）となり，動詞がその述語となる（述語づける，praedicare）」などの言い回しがある。以降，subiectum（英 subject，主語）と praedicatio（英 predicate，述語）が文法学の基本用語となった[5]。

　subiectum（ヒュポケイメノン）と praedicatio（カテゴリア）は『範疇論』の基本タームだが，上述の通り，同書は言語と実在の区別を明示しなかった。文法学はこれを明示した。これをスコラ論理学も踏襲するに至る。オッカムは subiectum と praedicatio が言語記号としての主語と述語，substantia と praedicamentum が実在としての実体と属性，とする用語法を確立した[6]。

　ボエティウスが羅訳書で使う語彙は日常語が多い。praedicatio の動詞形 praedico は prae（英 before）と dico（言う）の合成形。古代ローマでは（肯定的なことを）皆の前で言う，告知する，事前に述べる，警告する，と意味が広がる日常語。別の名詞形 praedictio（英 prediction）は予言や予告の意。形容詞 praedicabilis は「皆の前

（4）　残りの九つの範疇はそれぞれ quantitas, qualitas, relatio, ubi (locus), quando (tempus), situs, habitus, actio, passio と羅訳された。

（5）　「主語」と「主格」は似て非なるもの。後者は欧州語の文法構造上の概念で，名詞の格の一つ（第8章参照）。ギリシア語文法では ὀρθή（まっすぐ），ラテン語文法では nominativum（名前をつける）と呼ばれた。他方，主語はアリストテレスの哲学用語ヒュポケイメノン（subiectum，第1章参照）。共に「主」を含むので関係あるかの如く錯覚するが，無関係である。

（6）　この他，キリスト教的な内外対立（第2章参照）も言語と実在の区別を明確化する動機となった。オッカムは唯名論者。praedicamentum は実在せず，我々の知性が個物に帰属させる限りのもの，と主張した。このラテン語彙は帝政期に新造された κατηγορούμενον（本章注(2)参照）の羅訳語。

で言うに値する」「褒められるべき」。カテゴリアが告発であるのと比べると含意が正反対。praedicatio は帝政期にカテゴリアの訳語に転用され，中世スコラでは純粋な論理学・文法学用語と化して肯定的価値評価という含意は消えた。

　substantia（英 substance の祖形）の動詞形は substo，sub（英 under）と sto（立つ）の合成語。頻用語ではなかった。substantia は帝政期に派生。存続するもの，内実，が原意。材料の意でも使われた。2世紀の法学者ガイウスの『法学提要』に「抽象的な法は，適用されて初めて具体的内実（substantia）を得る」という用例がある（4.118）。後にウシアの羅訳語となって財産の意も生じ，売買や相続で財産を法的に争う文脈で使われた。キリスト教は4世紀のニカイア公会議（ギリシア語圏で開催）以降，「神は三つの顔（父，子，精霊）を持つが，その内実（ウシア）は一つ」という三位一体論を打ち立てる。このウシアも substantia と訳された。

　proprium（英 proper の祖形）は prope（身近な）から派生，「自らに近接した」が原意。英 own 同様の日常語。古来，ローマ法で個人の具体的所有物（不動産や農具，家畜など）を指して用いられた。反対語は alienum（他者の）。後に，抽象的な権利義務も指すようになった。たとえば debitum proprium（自己の債務）と debitum alienum（他者の債務）は対概念。ἴδιον は κοινόν（共通）と対語。ἴδιον（非共通）を proprium（非他者）と羅訳すると意味が変わる。

　proprietas（英 property の祖形）は proprium からできた抽象名詞。原意は「近接性」。紀元前後から使われ始めた比較的新しい語彙で，「固有の特徴」「正しさ」，法的文脈で「所有物」「所有権」と意味が広がる。

　これらラテン語彙がアリストテレスの訳語に転用されると何が起こるだろうか。ラテン語の原意がアリストテレスの含意で覆い隠されて忘失する，あるいはアリストテレスの原意がローマ的色彩を帯びて変質する，といったことが考えられる。実際にはこのどちらも発生した。キリスト教化とゲルマン人の侵入を通して古代ローマの伝統は失われる。また，中世スコラは神学教義確立のためにアリストテレスを利用しただけで，彼の真意を必ずしも顧慮しなかった。

ローマ社会における attributum

　attribuo は ad（英 toward）と動詞 tribuo（割り当てる）の合成語。ローマ人は約六千年前に黒海北岸を離れて西進，アルプスを越えてイタリア半島に到達・定住した人々。神話によれば彼らは先住民サビニ人と激しい戦闘の末，ロムルスに率いられ農業都市国家ローマを建設した。ロムルスはローマ住民を三つの部族（tribus[7]），ローマ人，サビニ人，それ以外に区分し，各部族の代表者（護民官 tribunus）を決めた。

長い歴史の中で tribus は血縁集団から地縁集団へと変化するが，護民官の政治的役割は共和政末期まで不変だった。tribuo は神に誓って（法に基づき）各 tribus に固有の取り分を割り当てる，の意。tribunal は護民官が裁く法廷。attribuo は tribuo とほぼ同義。どちらも広く「割り当てる」を意味する日常語だった。attributum（英 attribute の祖形）はその受動完了分詞，割り当てられたもの，帰せしめられたもの，の意。既にキケロもこの意で用いている。

　ローマにキリスト教が広まると，信者たちがこの語を次の文脈に転用する。人間は神をどこまで知解可能か，という問いを彼らは重視した。有限なる人間が無限なる神の本質的特徴をそもそも認識できるのか。できるのなら，どこまで認識できるのか。人間知性から見て神にどんな本質的特徴を帰することができようか。この文脈での「帰する」が attribuo と表現された。

　また，キリスト教神学では次の問いも重要になる。神の被造物である外的個物を人間はどこまで知解できるか。神は造物主として外的個物を完全に知り尽くしているが，人間は違う。感覚に頼らねば外的個物にアクセスできない人間知性は，外界個物にどんな本質的特質を帰する（attribuo）ことができようか。これは attribuo を外的個物に適用する語法である。トマスは「人間の知性が外的個物に定義や特有性などを attribuo する」に類する言い回しをあちこちで使う。この言い回しはキリスト教義に特徴的な内外対立図式（第 2 章参照）に沿ったもので，アリストテレスやポルピュリオスにはなかった。

　これとは別に，attributum はラテン文法学で早くから praedicatio（述語）と同義で用いられた。その影響で，トマスはこの語を「外的事物に（我々の知性とは独立に，神の視点から）述語づけられる性質」の意味でも使っている。人間知性が帰せしめたもの，人間から独立して被造物に備わるもの，どちらの用法も後のスコラ学者に引き継がれる。

トマスにおける proprium と proprietas

　イデア論者アリストテレスにとって，個物（第一実体）はエピステーメーへの足掛かりに留まる。他方，トマスは実体概念を継承しつつ個物（被造物）をアリストテレス以上に重視する。特有性（ἴδιον, proprium）についての両者の考え方を対比したい。アリストテレスの ἴδιον は普遍的事物に備わる特有性。広義（定義・類・種差を含む特有性）と狭義（人間にとっての笑う能力など，他の事物に備わらないという意

（7）　数の 3（ラテン語で tres）に由来する。

味での特有性）があり，彼が言及するのは狭義用法が大半。トマスの proprium は個物に宿る特有性（これはポルピュリオスの用法）。しかも広義用法が基本となる。たとえば定義は proprium essentiale（本質的特有性），類や種差は proprium inessentiale（非本質的特有性）と規定される（『ペトゥルス・ロンバルドゥス命題集注解』3巻35）。

　しかも，トマスによれば，proprium は accidens per se（自体的な偶有性[8]）である（『神学大全』1部3問，同77問など）。この発言は二つの観点で重要。第一に，トマスは定義・類・特有性が全て偶有性（accidens）だと捉えていることになる。つまり，偶有性が上部概念化される。これは完全にアリストテレスからの逸脱（第7章参照）。トマスは実体以外の範疇（質や量など）はみな偶有性だ，とも述べる（『神学大全』1部77問）。

　第二に，accidens per se とは，個物に宿る偶有性（定義・特有性・類・偶有性）を，当の個物から独立にそれ自体として見なした状態のこと。ここで，トマスは普遍論争における普遍実在論にコミットしかかっている。彼はアリストテレスの ἴδιον を指して proprium という語を使っているつもりでも，実際にはこの語をポルピュリオスの影響下でプラトン的に用いているのである。このことは，アリストテレスが念入りに避けた proprietas（ἰδιότης）という語をトマスが臆面なく proprium と同義で使用することと軌を一にする。

　トマスにおける proprium・proprietas・accidens は，実体（substantia）と共にキリスト教の内外対立における「外」（外界の被造物）の位置に置かれている。どんな個物も substantia に proprium・proprietas・accidens が宿った状態で神が創造した。proprium は，ラテン語の原義に照らすと，人が客体に帰属させるもの（原義の attributum）でなく，客体自体に備わる近接固有性。トマスもそれを反映した言い回しをする（「proprium が事物に備わる」「事物の proprium を名が表示する」等々）。だが，上述の通り，トマスは attributum を文法学の影響で proprium と同義でも使う。結果的に，彼における attributum は，我々が内から外へと帰せしめるもの，内から独立して外に自体的に備わるもの，両義的な語となっている。この語法はそのまま近代へと受け継がれ，英語でも attribute・property・accident はほぼ同義語となった。こうしてできた substance・attribute ペアに，西周が「実体」「属性」という訳語を

（8）　accidens（英 accident の祖形）は ad と cedo（英 cede の祖形）の合成動詞 accedo（原義は「接近する」「付け加わる」，転じて「たまたま発生する」）から派生。ローマ時代から日常的に使われた。名詞形 accessio はローマ法で「（占有期間の）付加」や「（主物に対する）従物」の意で頻用された。従物とは果実や利息など附属物一般を指す。

与えた。

スコラからデカルトへ

　機械論的な世界観を信奉したデカルトやホッブズらはスコラの伝統的論理学を侮蔑し，「範疇」や「述語」などの用語を意図的に無視した。他方，「実体（substantia）」や「属性（attributum, proprietas）」などの用語は平気で使い続けた。この差別待遇はなぜ発生したのか。

　デカルトは機械論的自然の科学的探究に自ら従事したが，それだけでは飽き足らず，得られた知識の確実性を担保すべく方法的懐疑を行った（『省察』）。そして，懐疑の末に「私は考える（ego cogito）」に至る。私が考える内容が正しかろうと間違っていようと，それは私が考えた限りのことであり，そこに必ず ego cogito が影のように随伴している。この意味で，ego cogito は間違いであり得ない。こうしてコギトの主体（主語）たるエゴの観念が明晰判明に確保される。デカルトによれば，このような仕方で他の観念に依拠せず，理詰めでその明晰判明さが証明できる観念は，何であれ実体（substantia）として存在する。すなわち，他から独立してそれ自体として明晰判明に理解できるなら，それは実体である（ラテン語の原意やキリスト教的な含意からかなり変質した実体概念）。アリストテレス的な個物・形相でなく，トマス的な被造物でもなく，こうした観念だけがデカルトにとっての実体である（実体の観念内在化）。この定義に従うと，エゴは実体（res cogitans）として認められる。続いて，神の存在証明を介して物質的世界（外界個物）もその観念の確実性を保証され，実体（res extensa）であるとされる。

　彼の方法的懐疑（演繹）には幾つも不徹底がある。本章の文脈では，明晰判明な観念を獲得する過程でなぜか突然，「実体」という語が天下り的に登場する点。全てを懐疑に付して明晰判明な観念だけを求めるデカルトが，なぜいきなり「実体」というスコラ用語を持ち出すのか。仮にエゴが明晰判明な観念として獲得されたとしても，更に彼の実体定義を承認するとしても，なぜそのエゴをそもそも「実体」と呼ばねばならないのか。懐疑を徹底するなら，なぜ実体という概念そのものを懐疑対象としないのか。

　実はこれと似た疑問をホッブズが『省察』第三反論の 9 で「観念（idea）」に関して提起している。ホッブズは「観念」という語に根本的不信感を持っていた。彼はデカルトが神の存在証明に際して「実体を表す観念は，その偶有性を表す観念より realitas obiectiva がより大きい」（第 2 章参照）と述べた箇所にかみつく。「実体を表す観念」など自分は持ち合わせていない，そんなものを持ち出すのは虚妄だ，と反発

する。しかし，デカルトの答弁は素っ気ない。我々の理性が把握するものは全て観念
だ，実体を表す観念を我々は持っている，実体のrealitasはその変容態のrealitasよ
り大きい，完全な実体のrealitasは不完全な実体のrealitasより大きい，云々と「観
念」を連呼，スコラ用語を教条主義的に繰り返すだけ。これが懐疑の徹底を叫ぶデカ
ルトの発言か，と疑いたくなるほどである。同様に，彼は実体の定義は与えるが，な
ぜ「実体」という語を使い続けてよいのか，その理由は示さない。

　デカルトは実体の他，質や量，能動や受動など何度も言及するが，これらを「範
疇」とは呼ばない。類や種（形相）への言及も少ない（近代科学の旗振りである彼な
らでは）。accidens には頻繁に言及する。proprium という語は用いないが，
proprietas は用いる（質と同義で）。これを踏まえると特定のスコラ用語群，中でも
「実体」に対するデカルトの偏愛が明らかに浮かび上がる。この偏愛は，実体概念が
アリストテレス以来，かくも根深く欧州人に沁みついており，何を考える際にもつい
頼ってしまう手軽な概念装置であることを（ハイデガーはこれを『存在と時間』で
「存在忘却」と形容した），そしてキリスト教の強力さを，示していると思われる。実
体概念はキリスト教義に不可欠。神は三位一体（顔は三つでも実体として一つ）の創
造者。被造物も当然，実体と見なされる。この教義は信者にとって絶対的。実体概念
は水や空気のように当然のもので，拒否するという発想は思い浮かびすらしなかった
はず。実体概念に独自の定義を与えて哲学的に救い取るしかなかったのだろう。

　デカルトは attribuo 系の語群もスコラから継承する。『省察』本文には神の
attributum に言及する箇所が幾つもある（正当な配分・帰属，というローマ法以来
の日常的用例も散見される）。実体が基底となり，そこに attributum や proprietas が
宿る，というスコラ用語法は踏襲され，この用語法そのものに対する懐疑はない。典
型は『省察』第二答弁付録のユークリッド的演繹による神の存在証明。公理の一つに
「実体の創造・維持は，その attributum の創造・維持より困難である」とある。まる
でスコラ学者の発言。

　では，デカルトの近代性はどこにあるのか。それは，第2章で述べた通り，キリス
ト教的な内外対立における「外」の不可知性を払拭すべく，徹底して「内」（観念）
に留まった点にあるのだろう。この内向きの観念論はヘーゲルやフッサールにまで続
く伝統となる。実際には，デカルトの思惑とは裏腹に，「外」の不可知性は「内」な
る観念の世界にもつきまとう（ベーコンやロックが強調した経験知の可謬性という仕
方で，第3章参照）。不可知性を払拭した「内」なる観念は，端的に言ってエゴの観
念だけ。これを後にカントが超越論的主観性（経験を可能とする先験的諸構造）とし
て詳細に分析することになる。ともあれ，デカルトは「内」なる観念の世界に実体や
attributum などのスコラ概念を定位し直した。これら語彙をそもそも採用し続けた

こと自体，彼の限界だが，哲学的思考は伝統的概念を全て拒否することはできない。何かを残さないと思考は始められない。伝統に連なる，とはそういうことである。

ホッブズと英国経験論

　ホッブズは「実体を表す観念」に反対したが，実体という概念には反対しない。むしろ，彼は物体（corpus, body）や物質（matter）と同義で実体に積極言及する。デカルトよりナイーヴに，トマスやオッカムと同様に，被造物たる物質的な個物（物体）を「実体」と呼ぶ。人間の身体も実体の一例。人間の感覚や思考はこの実体の運動（コナトゥス）に還元される。ホッブズは内外対立の「内」を拒否し，「外」（個物の世界）しか認めない。その世界にあるのは，トマスの言う通り不可解さが残るとしても，疑いなく物質的な実体である[9]。その実体に「精神」が「非物質的な実体」として寄生するかの如く存在する，というデカルトの考えは間違っている。物質的個物以外に実体はあり得ない。ホッブズによれば，キリストの精神が復活するという聖書の記述は比喩。三位一体論も実体概念を使わずに再解釈される（三位一体なのは父・子・精霊ではなく，モーゼ・キリスト・使徒だと主張される）。カトリックなら異端として死刑宣告されそうな主張を平然と行えたのは，英国国教会の寛容さのおかげ。

　だが，ホッブズのスコラ用語の選好は結果的にデカルトと似る。実体や質・量，能動・受動には言及するが，これらが「範疇」だとは言わない。類や種（形相）にも言及しない。定義・本質・偶有性には頻繁に言及する。proprium は使わず，proprietas は法的文脈で「人の固有財産」（自然状態における財産，社会状態において東インド会社への投資に充てられる財産，等々）の意で用いられる。attribuo は人や事物への配分・帰属一般を指して頻用される（ローマ古典用法。ホッブズは古典好きだった）。観念を拒否する点だけ，デカルトと違う。実体概念を偏愛する理由はホッブズの場合，これが機械論と親和性が高く，機械的自然の構成要素を指すのに好都合だから。ホッブズも哲学的思考を進めるのに伝統的用語を全て捨て去ることはできない。幾つかを意図的に拒絶し，他を（特にオッカムに連なるものを）機械論的に意味変容させつつ残す。

（9）　「物質的個物が疑いなく存在する」と信じるホッブズは，デカルトから見れば，一定の観念に固執しているに過ぎない。デカルトには，ホッブズの機械論は自分の信条が観念に過ぎないことを忘却したナイーヴな立場だと映った。逆にホッブズから見ると，観念は機的身体内部で発生する生理的な幻影である（第9章参照）。これは観念論と唯物論の水掛け論の典型例と言える。

　ロックはホッブズ的な機械論の内部にデカルト的な観念を組み込んだ。その結果，外界が感覚器官を通して内的観念を刻印づける，という機械論的一元論と，観念の世界に閉じ込められた我々は観念による知識を経験的に増やしていくしかない，とする経験論的な観念一元論が，奇妙に同居する立場となる。ロックも「範疇」という用語は忌避した。質や量，propriety（property）は観念を指す語に転用される。特にproperty は彼のお気に入り語彙。観念の同義語として，また財産や人身など法的文脈においても，広く使われる。他方，デカルトやホッブズが偏愛した実体概念にロックは冷淡。外界に「実体・偶有性」というトマス的な構造が備わると考えるのは虚妄とされる（観念の世界に閉じ込められた我々に外界そのものの構造は認識できない，という理由で）。ただ，実体があると見なしておけば実生活上，何かと便利ではある。理論的には懐疑対象でも，実践的には認めよう。理論と実践を分けるこの態度はライプニッツ，ヒューム，カントらに継承された。attribute は正当な配分・帰属（ローマ的），事物の属性（スコラ的），どちらの意味でも使われる。ロックの用語法は英語圏でヒュームやリード，更に19世紀のミルまで継承されていく。生理学的な idea という概念がその継承軸となった（英国経験論の伝統）。

スピノザと大陸合理論

　スピノザはデカルトらと実体への偏愛を共有しつつ，別の道を歩んだ。『エチカ』は冒頭で実体を原初概念として定義する（1部定義3）。その定義はデカルト風（「それ自体の内にある，それ自体として知解できる」「それを知解するのに他のものの知解を必要としない」）。スピノザはこの定義から（デカルトに反して）実体の唯一性，自己原因性，永遠性，無限性を淡々と導出する。これに従えば，我々の身近な個物（あそこに見える木々や石ころ）は実体でありえない。もちろんエゴも実体ではない。唯一でも自己原因でも永遠でも無限でもないからである。スピノザは生物体を構成する細胞が顕微鏡で発見された時代を生きた。それまで自然の最小単位だとナイーヴに思われていた物体は，実は多くの部品から構成される複合物で，分解は無限に可能かもしれない。どのレベルまで分割しても，物理的事物である限り他の事物との因果連鎖の中に置かれている。つまり自己原因ではあり得ず，実体ではあり得ない。実体の定義に当てはまる事物は，神しかない。これは突拍子ない主張に聞こえるが，スピノザの定義に従えば真っ当な論理的帰結。彼の定義はプラトン以来理解されてきた実体の諸側面（イデア，形相，個体，ラテン語彙特有の自立存在性，デカルト的理解など）の一部だけ（デカルト的な理解の中でも一部だけ）を際立たせたもので，偏向している。しかも，この定義に合致する実体（神）とはふつう人々が考える人格神でな

く，諸物体の自然本性そのものとされる。

　attributum（属性）も同じ箇所で定義される（1部定義4）。曰く，属性は実体の本質を構成し，実体の属性を知性が把握する（スコラ風定義）。実体は神なので，属性とは神の本質のこと。具体的には，延長と思考とされる（デカルトの二分を踏襲）。延長は個物がひしめく物理的世界。個物とは神（自然）が自己変容した結果，とされる（第6章参照）。物理的世界を把握する，それは神を把握することに他ならない。この把握が思考である。思考とは，知性が把握した限りの物理的世界。つまり，延長と思考は内実的に同一（それはすなわち，神あるいは自然そのもの）。この考え方（並行説）は実質的にホッブズ同様の機械論的一元論。キリスト教的な内外対立に異教徒スピノザはコミットしない。

　スピノザも「範疇」という語を使わない。実体や観念のproprietasには言及するが，無定義のまま。accidensは自己原因（神）に対する偶然的原因（物理的事物）という文脈で用いられ，やはり無定義。質・量・能動・受動など『範疇論』の範疇も無定義のまま言及される。propriumはほとんど使わない。スピノザはユダヤ教の教育を受け，デカルトは好きで読み込んだが，スコラを勉強したことはない。彼が使うスコラ用語の多くはデカルト経由。『エチカ』は用語定義にこだわったが，全ての用語に定義が及んでいるわけではない。

　ライプニッツも実体概念を偏愛した一人。彼にとって実体は，この世に無数に存在するモナド。それは物理的な物体や感覚対象ではなく，理性が想定する形而上的な点。各モナドは他から閉ざされ，自らの内部に投影された物理的世界を認識し，世界に無数のモナド（他者）が存在することを理性で知解する。モナドに「外」はなく，しかも全てのモナドが相互に相互を映し合う。この思想はスコラ的内外対立の弱点をライプニッツなりに克服しようとした結果。彼はアリストテレスやスコラ学を謙虚によく学んだ人で，praedicatioという語をattributumなどと同義で復権させている（特に内属原理の文脈で）。

　カントはカテゴリア（独Kategorie）という語を我流で復活させた。彼は講壇哲学者としてアリストテレスの『範疇論』を講義する一方，自著では自分の批判哲学に合わせた範疇概念を提案する。すなわち，範疇とは感覚制約下にある人間が感覚所与を加工して言語化（判断）する際の枠組み。換言すれば，外界についての経験知を可能とする先験的制約（純粋悟性概念）。こうした範疇を具体的に演繹（前段第三章参照）して示すことが『純粋理性批判』の一大目標である。カントの範疇は量（一，多，全），質（実在，否定，限定），関係（実体・属性，原因・結果，能動・受動），様相（可能・不可能，現実・不在，必然・偶然）に四分される。『範疇論』の十の範疇のうち実体・量・質・関係・能動・受動がここに含まれ，質・量・関係が他から切り離さ

れ上部範疇化し，スコラ的な「実体・属性」は関係範疇に包摂されている（『範疇論』と比べて随分デフォルメされている）。また，場所・時間は範疇から切り離され，感覚所与の形式と解されている。カントは範疇をデカルトの伝統に立ってエゴ（主観性）の思考に備わる構造と見なした。これは『範疇論』から見るとカテゴリアの誤解。カテゴリアは世界そのものの（そして世界の言語化の）構造だった。カントが重視する感覚制約や悟性能力は『霊魂論』の主題であり，範疇と無関係（第9章参照）。アリストテレスが生きていればカントに抗議したはず。

　カントの範疇は，ロックが外界についての先入見として排斥したスコラ図式「実体・属性」を，純粋悟性概念（我々の認識の枠組み）として復権させる。すると，この枠組み（人間精神に内在する）の向こう側に，不可知性をはらむ外的事物が存在するのでは，というスコラ的な内外対立に基づく疑念が湧き上る。カントはそうした外在（Ding an sich）は話題にしても無意味，と突き放す（この点はロックと似る）。また，デカルトはエゴを実体と見なしたが，カントにとって実体は認識の枠組みの一つに過ぎない。枠組みを備える認識主体である主観性自身が実体なのかどうか，理性的に確証を得られない（物理的身体は実体として認識可能だが）。彼は枠組みの構造を詳細にあぶりだすに留まる。他方，実践的文脈では，個々の人間が相互にとって外在的な他者（モナド）となり，社会生活を営んでいる。この文脈では，他者を一種の実体（尊厳ある人格）として認識する形而上学が可能であり，また必要でもある，と彼は考えた。これが法的人格（理念的実体）という現代法の基礎概念につながる。

　カントにおいて praedicatio（独 Prädikat）は伝統的な論理学用語。類や種も同様。proprietas はスコラ的な属性の意で Eigenschaft，ロック的な法的所有という意味では Eigentum と独訳される。attributum（独 Attribut）をカントはあまり使わないが，『判断力批判』に審美的属性の意で用例がある。これは人間の構想力が芸術作品に帰する性質のこと。

　18世紀末のドイツ語圏は長く異端視されていたスピノザを発見，「実体すなわち神」という捉え方は広く影響を与えた。若きヘーゲルも影響された一人。彼にとって絶対者（共同体的な理念）はスピノザ的な神（実体）であり，同時に自らを森羅万象として展開させる主体でもある。ヘーゲルはこの絶対者の弁証法的な自己展開としてカント的な範疇演繹をやり直そうとする。その完成態が『大論理学』。同書は存在の論理（質，量，質量），本質の論理（矛盾，現象，現実性），概念把握の論理（主観性，客観性，理念）に分岐し，カント的な概念把握・判断・推論は主観性の節に組み込まれる。判断とは，主観性の働きかけにより主語（個別，正）と述語（普遍，反）が合一（合）されること（「ソクラテスは人間である」のように）。また，実体と属性（偶有性，accidens）は現実性の節に定位され，実体相互の因果関係へと止揚される。『大

論理学』における実体概念はスピノザ的な神（絶対者）から切り離され，むしろカント的な範疇の一つ，すなわち絶対者の自己展開の一位相へと矮小化されている。何れにせよ，これらをそもそも「範疇」と呼ぶことに，アリストテレスはやはり抗議するだろう(10)。

その後の実体，属性，範疇

　ヘーゲル以降も範疇を前面に出して体系的哲学を構築する人はいた。パース（様々な三つ組カテゴリー）やディルタイ（生のカテゴリー，価値・目的・意味），初期ハイデガー（現存在分析論）がその代表。何れもアリストテレス的な実体・属性ペアは放棄し，独自の道を模索した。中でもハイデガーは，実体概念がしつこいほどにアリストテレス以降の欧州哲学を呪縛してきた，と指摘する。彼によれば，実体概念は我々が日常を離れ，眼前に存在するものを硬直的に凝視することで初めて成立する。硬直に陥る以前の日常に立ち返り，そこに開けている我々の在り方と世界との関わり（彼はこれを「存在理解」と呼んだ）の実相を，先入見なく範疇化すべし，と彼は主張した（『存在と時間』）。「世界内存在 (In-der-Welt-sein)」や「被投的企投 (geworfener Entwurf)」，「死へと向かって在ること (Sein zum Tode)」などがそうした新手の実存範疇だった。しかし，彼の試みは「事象そのものへ（現象学）」を標榜しながら結局カントやキルケゴールら先達の焼き直しとなり，掛け声倒れで頓挫する。20世紀も半ばを過ぎると壮大な範疇体系への熱意は世界的に消失する。その後は言語的な範疇混同（カテゴリー・ミステイク）への散発的警告が英国人ライルによりなされた程度（今も分析哲学の系譜でマニアックな範疇分析を行っている人たちは少数いるが）。総じて実体・属性ペアはその射程距離の限界ゆえに哲学的・学術的文脈ではあまり顧みられなくなった。この概念ペア（範疇）が様々な学問領域で辿った運命を概観してみたい。

　まずは物理・化学の領域。近代の機械論的自然観は「実体・属性」というペア概念を導きの糸として発達した。しかし，ニュートンの古典力学でこのペアは重要な役割を果たしていない。古典力学は物体（実体）に働く力や質量，加速度を計測し，その間に成立する一般則（物体の加速度は物体に働く力に比例し，物体の質量に反比例す

(10)　観念論・唯物論・実在論の対立は実体・属性ペアに影響を与える。実体を普遍（第二実体）と個物（第一実体）に区別した上で，個体が観念的なものか（デカルト），実在（物質）的なものか（ホッブズ），また普遍や属性は人間の観念的構築物か（デカルト），単なる名前か（ホッブズ），実在的なものか（ラッセル），などの点で立場が分岐する。だが，この分岐は哲学者の言葉遊びのようなもので，経験科学の内実には影響を与えない。

る，など）を方程式にしたもの。方程式上に質量や力，加速度は変数化して出てくる
が，物体・実体はいわば水面下に隠れて表に出てこない。それでも実体・属性モデル
は欧州人の思考に深く定着しており，その後も維持はされる。ボイルの原子論も実体
概念を element（元素）と同義で用いつつ提唱された。古代から鉄や金など様々な元
素が知られていたが，今日的な意味での元素と化合物というビジョンは19世紀前半の
ドルトンが提起したもの。この間，「化学物質（英 chemical substance）」という呼称
が使われ続けた。19世紀を通じて新たな元素が次々と発見され，メンデレーエフが周
期律表を作った。20世紀になると，元素は陽子・電子・中性子に分解され，現在では
更にミクロな素粒子論の世界に連なっている。こうなるともう実体・属性モデルの出
番はない。素粒子論の最先端は全て数式の世界であり，実体・属性モデルは既に沈没
済み。他方，日常的理解においてはこのモデルが今も便利な思考ツールとして根づい
ている。日常言語的には，（しばしば定冠詞付きで）主語に置かれるのが実体，述語
となるのが属性。仮に「クォークの実体と属性」という（理論物理学的には奇妙な）
言い方を日常言語でしても，一般人に強い違和感はない。

　日常言語で営まれる法律や経済にとっても，実体・属性モデルは使い出がある。法
的人格は権利や義務など様々な属性を備えた実体と見なされている（ホッブズ以降，
特にカントの影響下で広まった言い回し）。手続法に対する実体法（法律関係の内実
を定める民商刑法など），という言葉もある。「法律に備わる属性は命令，禁止，制裁
などである」といった言い回しもされる。企業とは多くの自然人が関わり財の出入り
がある経済的実体。これがないと「実体のない幽霊会社」と形容される。企業属性
（企業の特徴）や社会経済属性（経済活動を営む上で個人や世帯，階層や社会全体に
備わる特徴）という言葉もある。実体・属性モデルは法律や経済にも水や空気のよう
に浸透して今に至っている。

　文法学の世界では18世紀に欧州世界がサンスクリットを知ることで印欧語という概
念が形成され，比較言語学という新ジャンルが確立する。更に19世紀末からは個別言
語を超えた一般言語学の開拓をソシュールが先導した。主語・述語というアリストテ
レス用語の有効性は揺らぐが，20世紀前半にデンマーク人のイェルムスレウが「文
法範疇（英 grammatical categories）」という用語を導入した。これは名詞の性・数・
格，動詞の人称，文の態・相・法などを包摂する上部概念として定着した。

　論理学はカントの時代までアリストテレス的な三段論法が中核を成す学問だった。
これが19世紀後半から集合論と共に急発展する。フレーゲは命題の主述構造を関数
（Funktion）に喩えて分析した。すなわち，主語は個体に，述語は集合に対応し，述
語は主語を変数（変項）x とする関数 fx と分析される。x に具体的な名前 a が代入さ
れた fa は，真偽どちらかの値を取る。つまり，関数 fx の値域は真理値（1か0）で

ある。これは今日の一階述語論理。主語が対応する個体及びその集合は今日，オント
ロジー（存在領域）と呼ばれる。個体は伝統的用語「実体」，個物の集合は「属性」
を（外延的に）置き換えたものだが，個物・集合は形式科学的な装置（数学的構造の
一種）。「何が世界の究極的実体か」といった伝統的論争に与せず，所与の話題に応じ
て臨機応変に対応可能（メレオロジー的な存在者でも，石ころの集合でも，構わな
い）。命題論理の構造を最初に明確化したのはウィトゲンシュタインの『論理哲学論
考』。論理とは，言語表現とこれに対応する実在とに共有される形式的構造であり
（写像理論），何が究極的実体であるかには関わらない，と主張したのも同書。これ以
後の新論理学から「実体」「属性」は用語として廃絶した。

　命題論理は二進法計算と軌を一にするもので，計算可能性理論を経てコンピュータ
ーの原理にもつながる構造。コンピュータソフトは今やワトソンのような自発学習機
能まで備えるに至った。科学技術の最先端では実体・属性・範疇などの伝統用語はほ
ぼ淘汰されたと言える。しかし，欧州語の日常生活において実体・属性モデルは今も
主語・述語構造と共に日常生活の奥深く根を張っている。このモデルは定冠詞や複数
形のみならず，動詞に主格が必須であることなど，欧州語の自然言語上の形態上の特
徴と一体になっている（後段第八章参照）。相対性理論や量子力学に凌駕された古典
力学が身近な空間では十分な説明能力を持つのと同様，実体・属性モデルは欧州語の
日常生活における基本的な世界観を形成している。ハイデガーの指摘通り，このモデ
ルは今も欧州語を母語とする人々の心に深く染みついている。

日本語における実体と属性

　法律にせよ自然科学にせよ，学術的文脈でものを考える限り，現代日本人も実体・
属性モデルに従ってものを考える。「実体」「属性」「範疇」はそれぞれ工夫された訳
語である（とりわけ「範疇」は章頭に記したように，たいそうな比喩に訴える訳語）。
原義を和語で再現するなら，substance は「下に立つ」，attribute は「割り当て」，
property は「身近さ」となろう（category は古代ギリシア文化の特異性を反映した
語彙で和語に訳せない，強いて言えば「アゴラに向かう」）。しかし，そういう訳語は
作られず，漢語二字熟語が充てられた。実体・属性モデルを駆使した西洋発の学術は，
その有用性ゆえに明治日本に一刻も早く取り入れて定着が図られる必要があった。そ
れは江戸期までの漢籍に代わり，日本人の新たな手習いの対象となった。新たな余所
行き語彙の手習いは見事に成功し，現代の豊かな日本にもつながった（太平洋戦争な
どの悲惨な軋轢も生みながら）。

　こうした導入形態は，substance や attribute が欧州人の生活において占める位置づ

けを日本語において再現することには，失敗した。アリストテレスにとってウシアや
カテゴリアは，和語で言うと「こと」の普遍的内部構造に相当する。「こと」には漢
字で「事」「言」が充てられる。この世で発生する出来事（実在），これを口に出して
述べる言葉，そのどちらをも「こと」は指す。欧州の近現代哲学は言語と実在を区別
する（この区別はアリストテレスにも伏在する）が，和語にとって両者は未分化。事
と言は一体，いわば「こと」の一元論が和語の世界である。事（できごと）がそのま
ま言（ことば）になり，口をついて出る。逆に，言（ことば）を口に出すと，その中
身がそのまま事（できごと）として生起する。言は呪術的に事を支配もする。事の世
界を言の通りに動かし，変えていく。この魔力を主題化した民話伝承は洋の東西を問
わず多々ある。和語の世界でも，そもそも何かを口に出す言（こと）は重大な帰結を
伴う行為だった。事を言にして荒立てるよりむしろ沈黙を貴ぶ文化が日本では今も根
を張る（いじめを目撃しても見て見ぬふりをする，いじめられても我慢して耐え忍ぶ，
等々）。生活に密着した伝統的な知恵や技術にも暗黙知が多い。全てを口に出して実
在を余すところなく完全に言語化し，その知見を生活に活かして自然を支配し使いこ
なそうとする（社会も制御していこうとする）欧州文化とはかなり異質な面がある。
アリストテレスもこの点で典型的な欧州人。

　「こと」は「こ」（話者に物理的・心理的に近いものを指す指示詞，「子」や「来」
と同語源と推測される）と「と」（内側に対する外側，「外」「戸」「門」「跡」などの
漢字が充てられる）の複合形と考えられる。すると，「こと」とは自分の身近，しか
も自分から見て向こう側に，新たに出現した事象一般を指すことになる。「新たに」
という部分を強調すると，「ことなる（異）」。この「こと」に潜む普遍的な内部構造
を言い当てる語彙（ウシアやカテゴリアに相当する自前の語彙）を和語は持たない。
「こと」が要素となって「できごと」や「ことば」などの複合語はできるが，「こと」
の内部構造に和語は関心がない。明治初頭にsubstanceやcategoryが翻訳導入され
た際，これらが「こと」の内部構造を分析した語彙だとの自覚は持たれなかった。結
果的に，「範疇」「実体」という漢語は，日本人の日常に開ける「こと」の世界へと食
い込むことはなかった。つまり，substanceやcategoryは和語の世界へと食い込む形
で日本語において再現されることはなかった。また，欧州哲学に刺激を受けて「も
の」など自前の日常語彙が「こと」の内部構造として陶冶されるわけでもなかった。
和語の世界はそうした外来の問題提起を嫌い，江戸期以前と変わらぬ日常の中にまど
ろんでいる。「こと」は分析を受け付けない原初的語彙として，無意識のうちに和語
生活者の日常を今も席巻し続けている(11)。

　言語と実在の同型対応（構造の共有）という発想が，ギリシアから現代まで欧州思
想を貫いている。この発想は和語の世界に元来，縁遠い。和語に親近性のある対応や

対立は，むしろ「こと（事，言）」と，仏教語でいう無や空との対立だろう(12)。和語の世界で言は事の写し絵でなく，事と未分化。「こと」は，身体を持つ我々各自にその都度現出する世界の断片。その世界はウシアのような普遍的構造を持たず，絶えず「浮き世」として動きの中にある。この動き変化に潜む普遍的構造としてアリストテレスはウシアやカテゴリアを概念化し，動き変化を手懐け，解明しようとした。他方，「こと」はその都度，別の「こと」へと転換し，こうした転換が立て続けに連続するのみ（丸山真男が『日本の歴史意識の「古層」』で指摘した「つぎつぎとなりゆくいきほひ」）。「私」とはこうした世界が転回していく言わば場のようなもの。「私」の身体はこの転回に絶えず居合わせ，その都度の「そと（外）」「こと」「うち」の相互の境目を成す。これに対して，その都度の「こと」に囚われず，「こと」の動きの一切から己を脱却させることで開けてくるのが無であり，空である。「私」とは，その真相を見極めれば，実はこうした無であり，空そのもの。日本語生活者には空を観ずる心根が宗教のみならず芸事や武道，日常生活に至るまで根を張っている。日本の芸事や武道は，どのような道であれ，「こと」の動きを，身体の動きを，無の開けの中で制御し，陶冶し，反復する作法に他ならない。「無」や「空」は漢語であり，和語の世界にとって外来かつ後発的な視座だが，相性がとてもよかったようである。それは「私」が「こと」を脱却して向かうべきテロス，欧州語生活者にとってのプラトン的イデアに類似する位置づけを多くの日本語生活者において占めている。両者の違いは，後者が構造化と言語的認識を強く希求するのに対して，前者は全ての構造を飲み込み，無効化し，超越すること，そして言語化を拒否すること。両者の相応性や違いをかつて西田幾多郎や西谷啓治ら京都学派の人たちは様々な観点から敷衍した(13)。

　誤解を避けるべく付言すると，「こと」の動きとは，理論に対する実践とは無関係である。人が行為しようとしまいと，「こと」の転回は誰にでも生起する。理論と実践の区別はアリストテレス由来で，カントが近代的な刻印を付与して流布させた。

---

(11)　「もの」と対比させて「こと」を重視した廣松渉も，「こと」そのものの内部構造よりも，むしろ「こと」を取り巻く周辺環境（他者との協働聯関など四肢構造論）の解明に没頭した（『事的世界観の前哨』『存在と意味』）。西洋概念の翻訳語彙オンパレードの文体で書かれている大江健三郎の小説は，和語の世界に翻訳語彙を接ぎ木した現代日本のインテリの分裂した内面性を示す好例。

(12)　この対立は大乗仏教の核心を成す唯識思想や中観思想に由来する。すなわち，「こと」の世界は我々が感覚し意識した限りのものであり，はかなく虚しい。一切は無であり空（梵 śūnya）である。これを悟り，諦念せよ。この世界観は，『般若波羅蜜多心経』（通称『般若心経』）に最も簡明に述べられている。正統派インド哲学がヴェーダに忠実で概して魂や物体の存在を当然視するのに対して，仏教はその虚妄性を強調する処世術（倫理）といえる。前者は西欧近現代の実在論，後者は観念論と似た一面を持つが，「実在論」「観念論」という近現代欧州哲学のレッテルでインド思想や仏教を形容するのは誤解の元であり，慎むべきである。

「こと」の動きは理論・実践という対立概念に依拠して捉えられるものではない。和語世界の住人にとって，「こと」を諸範疇へと分析する『範疇論』の道筋は，示されたらついてはいける。だが，こうした分析の自生経験がない和語世界の住人に，ついていくことは往々にして精神的負荷となる。しかも，『範疇論』の分析結果，そして後の欧州哲学がこれを継承し展開させた成果に，必然性はない。「実体」「属性」という訳語を使い始めて百五十年近くが経過した。未だ神棚の上の語彙であるこれらを日本の学術業界人が「たてまえ」的に使用する背後には，相変わらず無の深淵が開けている。その深淵の中を無数の「こと」が昔と変わらず転回し，「浮き世」として浮遊し続けている。

---

(13)　西田はジェームズやヘーゲルなど彼がたまたま手にして読破した西洋哲学書にある様々なキーワードを自らに近寄せて仏教的な無や空を言い表そうとした。西谷はハイデガーに着目し，後者が『存在と時間』などで強調した存在の開け（存在とは我々各自にとっていつも既に開かれていること）が仏教的な無や空に通じるものであることを指摘した（『宗教とは何か』）。山下正男『論理学史』はヘーゲルの絶対者を団子に喩えたが，この喩えは無や空にも当てはまる（詳しくは同書II部3章参照）。

第6章

原因と結果

　因果関係は「原因（英 cause）」と「結果（英 effect）」の関係。人間の合理的思考に不可欠であり，世界を支配する法則性ともみなされる。日常生活でも学術的文脈でも，自然科学だけでなく，法律など社会科学でも，極めて重要。では，「原因」とはそもそも何なのか。「結果」とはそもそも何なのか。

　「原因」は西周の新造語。「結果」は漢籍からの転用。「原因」「結果」は学術や実務のみならず日常生活にもかなり根を下ろしている。専門用語に留まりがちな哲学語彙が多い中，これは珍しい。

　理由は二つある。第一は因果関係の日常性。朝起きたら鼻が詰まって喉が痛い。なぜか。夜間に布団を蹴飛ばして風邪を引いたのだろう。歩いていたら滑って転んだ。どうしてか。バナナの皮を踏んだのだ。こうした思考回路は因果関係に依拠している。布団蹴りやバナナの皮を「原因」，鼻詰まりや転倒を「結果」と呼ぶようになったのは明治以降だが，思考回路そのものは太古から人類に備わっていたはず。世界を因果関係という相の下に見る，因果関係を正しく認識して生活に活かす。不都合を発生させる原因は除去し，好都合を発生させる原因は人為的に生み出す。こうせねば人類はかくも文明を発展させることはできなかった。科学技術や法律も因果関係の日常性を基盤に発展してきた。

　第二に，「原因」と「結果」は仏教語彙を背景に持つ。古代インドにも因果関係に基づく世界観が根を張っていた。世界の全ての事象には hetu（梵語で「元になるもの」の意。「原因」「理由」「動機」など様々に訳出可能）があり，これが何らかのきっかけ（梵 pratyaya）を得て，果（梵 phala）を結実させる。たとえば一粒のどんぐりが hetu であり，これが太陽の輝き，水，そして大地の滋養を pratyaya として，大きな樫の木へと成長する。この樫が phala である。私が不幸なら，私は前世で悪しき行いを為したのだ。これが hetu になり，様々な pratyaya をきっかけとして，今の不幸が結実（phala）した。ヘーゲルの正・反・合（第4章参照）にも似た語呂合わせ的な論理だが，これが仏教に継承され，hetu は「因」，pratyaya は「縁」，phala は「果」と漢訳された。あらゆる生物はその行い（「業」，梵 kharman）に応じて地獄，餓鬼，畜生，修羅，人，天の六道を輪廻し続ける。一切は何らかの因が引き起こした

果である。これを戒めとして生活を律すべし。「因果応報」という言葉もできた。こ
れが日本にも根づき，その土台の上に西洋の科学や法律とともに「原因」「結果」が
根を下ろした。

　とはいえ，現代の我々が用いる「原因」「結果」の直接的源泉は仏典でなく欧州哲
学である。英 cause の祖語は羅 causa，ローマ法用語。キケロが希 αἰτία（アイティ
ア）の羅訳語に使った。effect の祖語は羅 effectum，やはりローマ法用語。こちらは
ギリシア語に対応概念がない。

ギリシアにおける原因への問い

　アイティアの原意は責め，責任。ホメロスは形容詞 αἴτιος〔アイティオスコ〕（咎の
ある，責めを負う，落ち度ある，罪ある）や動詞 αἰτιάομαι〔アイティアオマイ〕（責め
る，告発する）を頻用する。αἰτέω〔アイテオー〕（求める，頼む）と類縁で，原意は
「為したことの埋め合わせを求める」だと考えられる[1]。我々は責めの所在を特定
し，埋め合わせを求める。埋め合わせは対価の支払いや懲罰などの形を取る。アイテ
ィアは責め，咎，所為（せい），罪などの意。我々はしばしば「私のせいで」「彼のせ
いで」と自らや他者を責める。この「せい」が原語のニュアンスに最も近い。

　紀元前5世紀になると，アイティアは悪い意味での責任だけでなく，よい意味での
責任，たとえば彼の「おかげ」「手柄」で素晴らしいことが発生した，という文脈で
も用いられ始めた（アイスキュロスの詩など）。功績を上げた人には称賛と褒美を供
すべき。アイティアは，善行悪行を問わず，事実の発生源（原因者）への懲罰や報償
の必要性を表現する語彙となる。

　同じ頃，アイティアはイオニア地方に端を発する自然哲学（自然現象のアルケーを
探求する問い）の文脈へも転用される。アナクサゴラスはこう述べた。森羅万象は，
νοῦς〔ヌース〕（理）が元素（σπέρμα〔スペルマ〕，たね，もと）を動かすことで，生成
する。この世の一切は νοῦς がアイティアとなって発生する。すなわち，懲罰や報償
の対象でなく，価値中立的に自然現象を決定づけている因果的な原因（今日我々が理
解する原因）を指してアイティアと呼ばれる。

　ヒューム以降，欧州哲学は存在（である）と当為（すべき）を峻別する。また，法
律学は事実と規範を区別し，法的三段論法により結論導出する。この区別は『ローマ
法大全』に淵源を持つが，強調したのはカントの影響を受けた19世紀ドイツ法学。こ
れら近代的な区別（自然と価値の区別と総称できる）は古代ギリシア人に無縁だった。

（1）　ならば英 should と同義（拙著『翻訳語としての日本の法律用語』参照）。

彼らは自然現象を神話的に理解した。雷はゼウスの怒り。雷はゼウスの「せい」で発生する。荒れ狂う海はポセイドンの怒り。海はポセイドンの「せい」でしける。自然界は神々と人々が交流し，時にせめぎ合う場。人間どうしの交流や争いも神々の名において行われた。ホメロス時代のギリシアでは自然と人為，そして神々を相互に峻別せずにアイティア（せい，責め）の所在が問い求められ，神々を賛美し，その怒りを鎮めるべく，祭事や祈りが行われた。現代人は「海を責めても無意味。責めは自然現象でなく人に帰せられるもの」と考える。当時のギリシア人は違う。逆にだからこそ，本来は責めを指すアイティアが自然における原因を指して用いられ，自然科学の中心概念へと後世洗練されていく道が古代ギリシアで開かれたとも言える。

　責めある者を特定し，贖罪させる。功ある者を特定し，報償する。怒れる神を特定し，身を処する。これらはみな「アイティアを特定し，自らの行動に活かす」という思考回路。やがてこの回路を積極的に生活で応用するヒポクラテス（紀元前5～4世紀の医師，ヒポクラテスの誓いで有名）のような人が自然哲学の系譜から現れる。彼は経験を踏まえて様々な病（自然現象）のアイティア（原因）を特定し，これを除去することで治療を試みた。たとえば腹痛の原因は体内の有害物質だと考え，薬草を処方してこれを患者の体外へ出そうとした（彼はキャベツの腹痛抑止効果も知っていた）。彼は動植物などに由来する薬を彼は何百種も処方した。つまり，自然現象の決定論的な原因を経験的に認識し，その集積を自覚的に実践応用した。これは現代の科学技術に通じる合理的思考。紀元前3世紀のアルキメデスもこうした思考の系譜にある。

　他方，アナクサゴラス流の自然哲学では，原因の所在特定が実践応用に結びつかない。自然哲学はもともとアルケー（第4章参照）への問い。紀元前6世紀頃からタレスらがアルケーを「森羅万象の発端」「自然界を通底支配する原理」と理解し，それが何かを問い求めた。アナクサゴラスにおけるアイティア（原因）はこのアルケーとほぼ同義。しかし，森羅万象のアイティアがタレスの言う水，あるいはアナクサゴラスの言う理だとしても，これらにどう働きかけたら何がどう変わるのか，判然としない。自然哲学ではアイティアの所在特定という認識面のみが強調され，実践面は背後に退く。

　プラトンもアイティアの純粋認識に注力した。すなわち，森羅万象にはアイティア（原因）がある，それはイデアだ，と主張した。彼は30歳ほど年上のヒポクラテスに言及しており，アイティアの実践面は身近だったはず。実は，彼はイデアについての知（理念的な知）を実践応用して現実社会を導く哲人政治を目論んでいた。真実に目を閉ざしてソクラテスを処刑した衆愚的な民主政治より，イデアに導かれて現実を変革する哲人王の独裁がベター，と考えたのである。だが，60歳を過ぎてからシチリア

島のギリシア植民都市シュラクサイの王を弟子として試みた実践は大失敗，プラトンは命からがらアテナイに逃げ帰っている。彼の対話篇は全体としてイデアの純粋認識に重きを置いている。

アリストテレスの四原因説

　アリストテレスはアイティア（原因）を『自然学』で敷衍する。同書は自然界の動き変化の原因を探る。着眼点は原義のアイティア。たとえば建築におけるアイティアは何か。ホメロスらの発想では，その所在は大工，しかも特定の大工（懲罰報償の対象）。『自然学』は一歩踏み出し，大工でなく建築術こそがアイティアの所在と考える。特定個人の「せい」で家が建つのではなく，職能の「せい」で家が建つ。つまり，個別的な原因でなく，普遍（形相）的な原因の認識が求められる。また，同書は建築におけるアイティアを他に三つ，指摘する。まず，家屋の完成（建築術が目指すもの）。これが建築家を導き，これを目指して建築物が作られる。ふつう建築にはこうした目的が必ずある。この意味で，建築物が生み出されるのは目的の「せい」，つまり目的は建築のアイティア（原因）である。次は家の設計図（かたち）。これはプラトンのイデア。家は図面を具体化させたもの。図面がないと建築はふつうできない。この意味で，建築物が生み出されるのは設計図（イデア）の「せい」，つまりイデアは建築のアイティア（原因）である。最後に，建築材料。材料がないと建築はできない。その意味で，建築物が生み出されるのは材料の「せい」，材料は建築のアイティア（原因）である。以上，建築のアイティア（原因）は四つある。建築のみならず人為的な動き変化には一般にこの四つの原因がある。すなわち，動き変化を起動させる始原因（アルケー），動き変化の到達目標（目的因，テロス），動き変化が生み出すものの形（形相因），及びその素材（人為を被る材料・基体，質料因）。始原因と目的因は「アルケーからテロスへ」というギリシア的世界観を具現する（第5章参照）。

　この四原因説は，人為でなく自然を理解する際にも類比的に使われる。そもそも自然とは何か。「自然」という漢語は老子に由来，「為すのでなく，自ら成るに任せる」の謂（無為自然）。これが明治初期に英natureの訳語に充てられた。natureの祖語は羅natura（動詞nascor「生まれる」「成長する」から派生した名詞，「生まれ育ち」の謂）。naturaは古代ローマで希φύσις〔ピュシス〕（英physics「自然」「物理」の祖語）の訳語として使われた。この語は動詞φύω〔ピュオー〕「（父が子を）生み出す」「生まれいずる」の名詞形，「生まれ」「育ち」「成長」「変化」の謂。世界は動き変化に満ちており，留まることを知らない。これを和語ははかなみ「浮き世」と呼ぶが，ギリシア人ははかなむことなく全面肯定しピュシスと呼ぶ。動き変化はアイティア

（原因）により引き起こされる。この解明究明が『自然学』の課題。アリストテレスは人為との類比で次のように考える。自然界の動き変化も何であれアルケーにより動かされ，テロスへと収斂する。素材が基盤（ヒュポケイメノン）となってイデアを宿すことで，自然界の生成変化が起きる。たとえば樫の成長。その始原因はどんぐり，目的因は成長した暁の大きな樫の木，質料因は四元素，形相因は樫のイデア。あらゆる生物の成長変化には同様に四つの原因がある。無生物もこの四つの原因が引き起こす生成変化（静止，落下，摩耗，等々）に身を置く。人為と自然の違いは，前者における動き変化の始原因は人に内在する技術，後者におけるそれは自然的事物に内在する自然本性（技術ではない），という点だけ[2]。

　第1章で触れた通り，質料因はヒュポケイメノンと形容される。形相（イデア）は言語的には定冠詞付きの名詞（第2章参照）。自然界は質料が形相を宿すことで構造化され，形相を名指す名詞を核に言語化される。構造化・言語化される以前の世界，形相を宿す前の質料だけの世界は，想定できるが実際にはあり得ない。しかし，アリストテレスは構造化以前を建築材料に喩えて質料（ヒュレー，原意は木材）と呼び，エンペドクレスに倣って火土気水の四元素（並びにアイテール）だと考えた。

　自然を人為との類比で捉えるのは間違いだ，と感じる人も多かろう。だが，四原因説は自然現象の普遍的かつ決定論的な原因を純粋認識しようとする姿勢を現代科学と共有する（その意味で，現代科学の母胎となった）。もう少し概観したい。アリストテレスは自然における原因のおおもとが太陽だと考えた。太陽はその動きにより昼夜や四季の変化，寒暖の差，風や雲などの気象現象を生み出し，動植物の生活にも大きな影響を与える。太陽は自然界に生命を吹き込み動き変化をもたらす源である。彼は太陽が天球に貼りついた状態で地球の周りを回っているという天動説を採った。月や惑星，恒星もそれぞれ別の天球（月天，恒星天など）に貼りついて地球の周りを回っている。これら天体に形相因・質料因はないが，ぐるぐる回っているので始原因と目的因はある。それは不動の動者，アリストテレスの考える神である。天球は全部で55あるいは47あり，それぞれが別の不動の動者により動かされ，別の回り方をしている。つまり神は（古代ギリシアの多神教を反映して）多数存在する[3]。他方，地球は大きな球体で宇宙の中心に静止する。地上の物体は，大地への向心運動（落下）あるいは大地からの遠心運動（天への上昇）をする。これら運動の原因は主に質料因とされ

（2）　φύσις に一対一対応する和語は存在しない。老荘思想を想起させる「自然」を充てたのは誤訳。しかし，今では老荘的含意を忘却させる程に英 nature の訳語用法が定着しており，改訳は不可能だろう。

（3）　太陽天，月天，恒星天，惑星天など。『形而上学』12巻7章はこれらを統括する単一の不動の動者があるとする。

る（向心運動のそれは土，遠心運動のそれは気）。物体の中でも動植物には魂があり，魂が始原因となって無生物とは異なる運動や変化が起こる。人には魂のみならず知識と技術が備わり，これが始原因となって様々な人工物を生み出す。以上，今となっては原始人の妄想のようにも響く代物だが，アリストテレスなりに自然を観察し，これを説明できる理論として提唱されている。実際には観察も理論も不十分だった。たとえば重い石と軽い石を同時に落とすと，彼の説では質料（土）をより多く含む重い石がより速く地上に到達するはず。だが，後にガリレオがピサの斜塔で実験したら落下速度は同じだった。アリストテレスには実験という発想が希薄だった。

　アリストテレスの考えた四原因は，実はプラトン思想にも伏在する。プラトンにとってこの世界は，イデアが素材へと宿り，そして素材から離脱する，という生成消滅の連続。素材（質料因）は火土気水の四元素，それぞれが正多面体に対応し，最終的にイデア的なものに還元される（**第4章参照**）。だが，彼はアイティアについてアリストテレスのような理論を提唱していない（アイティアはイデアを名指すためにプラトンが援用した日常語の一つ）。また，彼とアリストテレスの間には見解の相違も多い。プラトンは『ティマイオス』で万物の制作者というアイティア（デミウールゴス）を想定したが，アリストテレスはこれを却下する。更に，プラトンがイデア観照により生きて現世を離脱することを目指す（これが彼にとっての「よく生きる」）のに対して，アリストテレスは徹底して地上に留まる。彼が目指したのは純粋なイデアではなく，イデアが質料に宿り具体化された個物。個物はそれぞれ自らのあるべき姿を地上で現実して存在する。樫の木は特有の形状でそびえ立ち毎年秋に実りをもたらす。よき笛吹きは上手に笛を吹く。よき政治家はポリス（都市国家）をよく指導する。人について言えば，各人が共同体で期待される各々の役回りを十全に発揮している状態（すなわち美徳を体現した状態）こそが，アリストテレスの考えた「よく生きる」ということ。ポリス自体にも目指す先がある。それは構成員が各自の職能を発揮し，ポリスが全体として永続的に繁栄することだった。

　アリストテレス自身はポリスの繁栄が終焉する時代に生きた。彼が教えたアレクサンドロスは，長じてポリスを悉く征服して大帝国を築く（ヘレニズム圏の誕生）。しかし，彼の死後，ギリシア語圏は政治的に混乱し，やがて新興ローマの支配下に入る。ギリシア思想の伝統は継承され，アイティアはその中心概念であり続けた（αἰτιολογέω〔アイティオロゲオー〕「アイティアを探究する」という動詞形すら新造された）。後世との関連ではストア派と新プラトン主義が特筆に値する。

　ストア派は紀元前3世紀初頭にアテナイの柱廊（希 στοά）で教えたキプロス生まれのゼノンが開祖。その思想は断片的に伝わるのみ。自然（ピュシス）に逆らわず情動から解放されて自然の理と一致して生きよ，という謙抑自制的な処世術だったらし

い。弟子のクリュシッポスは次のように説いたと伝わる。自然はロゴス（λόγος）すなわちイデア的な法則性に支配されている。ロゴスは森羅万象のアイティア（原因）である。原因を見通し，原因と一致して生きよ。彼の著書も散逸したが，キケロが羅訳して断片的に伝えている（後述）。

　新プラトン主義はアレクサンドリアのアンモニオス・サッカス（紀元後3世紀前半）が始祖とされる神秘主義。淵源はプラトンのみならずペルシア思想やヘブライ思想など多岐に亘る。彼の弟子プロティノスはローマに出て皇帝に認められ，強い影響力を持った。プロティノスは師と同様，多方面の思想を熟知しており，これを背景に森羅万象のアイティア（原因）を「一なるもの（το ἕν〔ト　ヘン〕）」に求めた（『エネアデス』）。この考え方はギリシア思想ではパルメニデスに連なり，アリストテレスとはかなり違う。パルメニデスによれば，生成消滅は感覚の特徴。世界の真の姿は感覚を超越した理性（ロゴス）によって把握される。理性が捉える真理は不動不変，しかも全ての区別を欠き，時空を超越した一なるもの，とされる。この考え方はプラトンのイデア論の一源流。プロティノスは『ティマイオス』を重視，これを神秘主義的にアレンジして自説を構築した。すなわち，一なるものはデミウールゴスのように森羅万象を制作するアイティア（原因）である。魂やイデア，感覚的世界，この世の一切合切が，一なるものから流出してくる。しかも，これらは全て一なるものへと収斂し，そこへ帰着する途上にある。つまり，一なるものは森羅万象の始原因であり，目的因でもある。この思想はアウグスティヌスやトマス，スピノザ，ヘーゲルらに影響を与えたが，アイティアをデミウールゴスのように擬人化する点はホメロス的な神話時代への逆行を感じさせる。

古代ローマ

　ラテン語causaは語源的に動詞cudo（打つ，叩く）の受動完了分詞cusumと関係する。原義は「打たれること」，古来のローマ法用語。被告が原告から打たれる，すなわち提訴されること，またその動機・根拠（原因事実）・目的を指した。ローマ法における提訴は神への訴え。被告が発生させた事態を是正するよう，原告が神に訴え出る。裁判官は神官で，その決定は神判。裁判は宗教的な儀式だった。「正当な訴えだ」と神判が下ると，被告は責め（culpa）を負い，裁判官は神の名においてあるべき正しい状態を人為的に作り出す（efficio，前置詞exとfacio「作る」の合成形）。作り出された状態はeffectus（efficioの受動完了分詞，英effect[4]の祖形）と呼ばれる。

（4）　独語ではEffekt，この語は日本の法律用語で「（法律）効果」と訳される。

提訴が不当なら，何も作り出されず事態はそのまま。提訴は正当とは限らない。

　法はローマ文化の核心。causa という語はローマの日常生活に浸透，一般に何かを積極的に行う際の動機・理由・目的を指して広く使われた。この語がキケロによりアイティアの訳語に転用される。彼は若い頃，アテナイに留学してストア派に親近感を持った。ストア派にとってアイティアは自然の理，つまり森羅万象の決定論的な原因（ロゴス）。ローマに自然哲学は元々存在しない。causa は提訴・理由，アイティアは責め・原因。両者は意味が異なる。アイティアの正しい羅訳語はむしろ culpa だろう。しかし，キケロはアイティアを causa と羅訳した。神官に提起された具体的な訴え（causa）が，決定論的な自然学の原因に擬せられたことになる。ローマ法の「具体的な causa（理由ある訴え）から effectus（神判による是正）へ」という流れと，ギリシア的な「アイティア（原因）に決定づけられた森羅万象（結果）」という流れが，混ざり合う。その結果，「自然界では具体的な causa（理由，原因）から effectus が出てくる」という法実務的な自然観がラテン語圏に生まれる[(5)]。

　ローマ法の causa は神判次第で effectus を生み出さないこともある。他方，自然学の causa は effectus を決定づけており，何らかの effectus を必ず生み出す。キケロの『トピカ』には次のような言い回しがある。槍を投げる人の意思が causa となり，命中した敵の転倒が結果する。壁を劣化崩落から守るという causa から，壁への屋根設置が結果する。青銅という causa，そして銅像の外見という causa から，銅像が結果する。それぞれ始原因，目的因，質料因，形相因に相当するが，キケロはこれらを全て causa efficiens（結果を生み出す原因，efficiens は英 effecting に相当）と形容する。ここには，この世を通底支配するアイティア（自然の摂理）と一体化して生きるギリシア・ストア的な熱意はない。むしろ，この世は「具体的な causa（理由・原因）から effectus へ」という流れでできている，という実務的な世界観が顕現している。

　帝政期になるとローマは次第に広大な領土の治安を保てなくなる。そこへ急速に浸透したキリスト教はストア派と違い，唯一なる人格神に身を委ねて生活を規律し，来世での魂の救済を求めた。また，自然は人格神が無から創造したものと見なされた。その教義をアウグスティヌスが新プラトン主義思想に依拠して精緻化した。彼はキケロ的な causa をキリスト教的に意味変更する。

　アウグスティヌスは若い頃，故郷に近いアフリカ北部でアリストテレス[(6)]やキケ

（5）　effectus に相当する語彙をギリシア人は持たなかった。アリストテレスは動き変化を伴う自然的事物（πρᾶγμα）とその αἰτία に頻繁に言及するが，前者を「結果」とは表現しない。例外的に，太陽と地球と月の位置関係が αἰτία となって月の満ち欠けが起こることに触れ，月の満ち欠けは「αἰτιατός（原因が引き起したもの）」だ，と述べる箇所がある（『分析論後書』）。αἰτιατός は彼の造語。「結果」はローマ法に特有の概念と言える。

ロを教科書として（ギリシア語は苦手だったらしい）弁論術と法律を勉強，弁論術の
教師になった。異教徒だったが30代半ばで職を求めてイタリアへ移動した折，キリス
ト教に改宗。すぐに故郷に帰り，後半生を聖職者として生きた。ちょうどローマ帝国
分裂前後で周囲の治安は悪く，人々は弱肉強食的な世界を生きていた。彼は人の行い
や心の内面に焦点を当て，そのcausa（理由・原因）を問い求める。自分のギリシア
語嫌いのcausaは何か。人が悲嘆に暮れるcausaは何か。人が罪を犯すcausaは何か。
特に重要なのは，悪のcausaである。悪のcausaを我々は皆，知っている。それは人
の自由意思，しかも神への愛を欠く不埒な自由意思である。神の言葉は聖書を通じて
我々に既に届いている。それでも悪を為す者が絶えないのは，彼らに信仰がないから，
あっても神への愛が足りないからである。神を愛すれば，自由意思は善行のcausaに
転換し得る。聖書の言葉がcausaとなって，善行が結果する。人の行為や心の内面の
causaは最終的に神へと帰着する。神は一切の自然的事物のcausa（創造主）であり，
聖書の具体的な教えを通して人の善行を作り出す道徳的・法的なcausaでもある
（『告白』など）。このように，キケロ的なcausa概念が新プラトン主義に依拠しつつ
キリスト教の神の形容語句へと転化する。ストア的な自然観は，人格神に生活の導き
を求めるキリスト教精神に置き換わる。自然学的なcausaの決定論的色彩，ローマ的
な具体性重視の色彩は，変わらず残る。

　アウグスティヌスにおけるcausaをホメロス的なアイティアと比べると，そのキリ
スト教的な特徴が際立つ。アイティアは元来，叱責賞賛の対象としての神や人の行為。
これを特定して処罰報償すれば問題は片付く。某が悪を為したなら，某がそれを対他
的に贖うことで周囲からの追及は止む。しかし，アウグスティヌスにとって表面的な
贖罪は悪の解決にならない。悪は内面から解決されるべき。彼は人が悪事を繰り返す
causaを求めて内面性（自由意思や心の内なる神）へ踏み込む。神への愛の欠如が悪
のcausaであるなら，対他的贖罪でなく，神を愛することで自らの内面から悪を霧消
できる。他人を変えるのではなく，自らが変われば，世界は変わる。外的な世界を変
えるのでなく，まず自らが変わるべき。アウグスティヌスにおけるcausaには，自然
哲学的な決定論の厳しさと，道徳的・法的な行動指針としての神の厳しさとが同居し
ている。

スコラ：トマスからオッカムへ

　西ローマを滅ぼしたゲルマン人はやがて定住して現地人と同化，キリスト教を受け

（6）　4世紀のヴィクトリーヌスによる羅訳（後に失われた）を使ったらしい。

入れる。カトリック圏でアウグスティヌスは読み継がれ，11世紀以降はローマ法やギリシア古典の再生も教会主導で始まった。『自然学』は長らくイスラム圏からの紹介で知られるのみだったが，13世紀にメルベケが原典を羅訳した。この間，アイティアをcausaと訳すキケロの方針は受け継がれた。

　メルベケはアリストテレスの始原因をcausa movens（agens，efficiens），目的因をcausa finalis，形相因をcausa formalis，質料因をcausa materialisと羅訳した。トマスもこの訳語を踏襲する。彼にとって四原因説は自分の神学体系構築のための道具。彼はこれを自然界の生成変化だけでなく，神による創造や人の贖罪行為の説明にも利用する。神は創造主，すなわちこの世の一切の始原因であり，形相や質料をも創り出し，また一切の生成変化を導く目的因でもある。贖罪を突き動かす始原因，贖罪が目指す目的因も，神である。全てが神から始まり神へと収斂する，というこの考え方はヘブライ的発想（創造）とギリシア的発想（プロティノス経由の「アルケーからテロスへ」）の混交体。トマスにとってcausaは第一義的に創造神，しかも新プラトン主義的な「一なるもの」としての神。四原因の決定論的な法則性はみな神に拠り所を持つ。

　これに伴い，トマスはキケロの用語法を一部変更する。キケロは四原因全てをcausa efficiensと呼んだが，トマスにおいてこの語は始原因のみを指す。しかも，トマスにおけるcausa efficiensはアリストテレスと違い，神を通して二重化される。第一に，efficiensとは神による創造であり，causa efficiensとは創造主たる神のこと。これをトマスは第一原因（causa prima）と呼ぶ。この文脈では一切の被造物が（動き変化しようとしまいと）effectusである。次に，被造物どうしの関係の中で，アリストテレス的な動き変化の始原因（家に対する建築術など）がcausa efficiensとされる。トマスはこれを第二原因と呼ぶ。ここでのefficiensは或る被造物から別の被造物への働きかけ，作用の意。第二原因が作用したeffectus（建築術が生み出した家）は，同時に第一原因が生み出したeffectus（被造物）でもある。被造物は全てこうした二重の意味でeffectusとなっている。この文脈で，メルベケはefficioの同義語としてローマ時代になかった他動詞causare（不定形，「原因が結果を引き起こす」の意。英語の動詞causeの祖形）を新造した。トマスも「第一・第二原因はeffectusをcausareする」といった言い回しを使う。

　他方，形相や質料も神によるeffectus（被造物）の一種。それゆえ形相因や質料因をcausa efficiensとは呼べない。目的因は作用因と同様に二重化される。まず，健康目的で散歩するといったアリストテレス的な目的因。健康な身体はやはり被造物（effectus）なのでcausa efficiensとは呼べない。これとは別に，この世の一切には究極目的がある。それは神。トマスにおいてcausa efficiensは第一義的に神を指す。こ

うして彼は四原因説を教義に組み込んだ。

　キリスト教は信仰。信仰は神への無条件な帰依。帰依は理性で正当化できない。理性は信仰に対して従属的な地位にある。トマスはcausa概念を軸として信仰を理性で説明しようとしたが，こうした試みは信仰の後追いであり，不完全な形で終わる。彼自身，最晩年はその限界を嘆息したと伝わる。この点でのトマス批判がやがて現れる。嚆矢はドゥンス・スコトゥス。彼はこう考えた。信仰は理性と別次元の問題，すなわち自由意思の問題である。第一原因である神は愛の対象であっても知の対象にはならない。第二原因は理性の知解対象となるが，第一原因はこれと次元が異なり同列に論じられない。この批判をオッカムの唯名論が徹底させる。すなわち，この世に存在するのは感覚で把握できる個物だけ。個物は第一原因である神が創造した。創造は理性で説明できない（信仰により受け入れるしかない）。他方，人間は個物を理性で知解しないと生活できない。理性を通してアリストテレス的な四原因（普遍）は識別できる。普遍をスコトゥスはトマス同様，概念上は実在すると考えた。オッカムはこれが理性による構築物だと主張した。すなわち，普遍は個物を知解するために人間が創出した概念装置。実際に存在する（神の被造物である）わけではない。こうした知と信の峻別が近世への扉を準備する。

近世：ベーコンからニュートン・ライプニッツまで

　機械仕掛けの時計が機械論的自然観の台頭を促したことに第3章で触れた。時計は眼に見える個物。その動きに始原因（機械仕掛けを起動させる力）や質料因（素材）はあるが，設計図（形相因）は自由に変更できる。永続的に動き続けるので到達目標（目的因）もない。被造物の世界を決定づける原因は始原因と質料因だけで，形相因と目的因はオッカムの言う構築物どころか，虚構かもしれない。カトリック教会はトマス説を保持するが，16世紀以降はプロテスタントを中心にこうした方向で四原因説を改変する人々が現れる。典型は英国人ベーコン。彼はイドラ（旧習，偶像）に囚われず自然現象の原因や構成要素を実験的・帰納的・漸進的に発見し，これを実践応用して自然を支配することを目指した。これはヒポクラテス精神のルネッサンス，後の科学技術発展の原動力となる考え方（ただし自然支配という思想はキリスト教出来）。ベーコンが自然学的原因として認めるのは始原因（第二原因，機械論的には作用因）と質料因のみ。目的因や形相因は信仰（神の啓示や意志）の問題。自然学に目的因や形相因を持ち込むのは誤り。この考え方はホッブズに継承される。

　デカルトはカトリックだがプロテスタント圏のオランダに隠棲し，同じ方向性で考えた。彼は感覚を信用せず，自然を正しく認識すべく感覚的所与を明晰判明な観念で

合理的に再構成する。原因とは観念上で再構成された自然界内部における決定論的法則性。彼が認めるのはやはり作用因（力）と質料因（物体）だけ。目的因は，神がどんな目的で自然を創造したのか不可知である以上，自然研究に持ち込むのは不適切である（『哲学原理』1部28節）。形相因に対するデカルトの態度は曖昧で，自然研究では不要だが，ある種の事物についてはスコラ的に肯定される（神の形相因や三角形の形相因などを本質と等置して認める）。ここには，神の意志は不可知とするオッカム・カルヴァン的な思想と，スコラ学説を無批判に継承するナイーヴさが同居している。デカルトは「作用因の実在性（realitas）はその因果的結果の実在性より大きい」というスコラ的な命題を自明の理と見なしてもいる（第2章参照）[7]。

　目的因についてデカルトはベーコン以上に否定的である。人間の能力には知性と意志が区別されるが，神は自然を完全超越した力を持ち，人間とは全く異なる存在。その神が人間と類比的に知性と意志を持つ，と考えるのはナンセンス。目的は意志に付随する限りのものなので，神が目的を持つと考えるのもナンセンス。この点でトマスやスコトゥス，ベーコンらはみな誤っている。神は永遠真理すらも創造する無限の全能性を持つ，としか言えない。目的について意味あることが言えるのは人間の道徳生活についてのみだが，これとて確実なことは言えない（デカルトは暫定道徳を提唱した）。

　デカルトによれば，神はその能力の無限さゆえに，自分自身が存在する原因にもなる，つまり神は自己原因（causa sui）である。アウグスティヌス，トマスらはアリストテレスに倣って神が自己原因であることを否定した。創造主である神は被造物の始原因（作用因）だが，もし神が自己原因であるなら，神は自分自身に先立って存在し，作用を加える原因であることになる。これは自己矛盾である。デカルトは自己原因を形相因と捉えて矛盾を回避する。神はその本質（形相）からして無限の能力を持つゆえ，自らの存在をも人間に啓示できる。他方，スピノザは自己原因を作用因と捉えたまま自己矛盾を回避する。機械論的な自然（物体の世界）は作用因の連鎖の中にあり，この連鎖を遡ると第一原因としての神に行き着く。この神は，デカルトの言う通り知性と意思を持たぬのみならず，創造せず，そもそも人格を持たず，しかもあらゆる自然的事物に第一原因として寄り添う（事物のnaturaそのもの）。この作用因はそれ以上先へ遡れず，自己原因としか形容できないが，それで矛盾は生じない。形相因と質

（7）　『省察』が因果関係の成立を疑問視しないのは懐疑の不徹底（第2章参照）だが，この不徹底の一因として「無からは何も生じない（ex nihilo nihil fit）」というパルメニデスやクレティウスに連なるキリスト教義も挙げられる。やはりデカルトが敬虔な信者だったことが彼の懐疑不徹底を招いたと言わざるを得ない。後にヒュームがこの不徹底を打ち砕くことになる。

料因は自然的事物に内在する原因であり，神の作用で派生する。他方，目的因はデカルト以上に徹底して拒否される。神の目的だけでなく，人にとっての目的も捏造概念として忌避される。行為の目的を明確化していくと目的の目的，そのまた目的，と無限退行に陥る。目的は迷信の産物であり，我々の行為は実は無目的で決然とした機械的身体作動に尽きる。作用因に支配された機械的自然（すなわち神）をひたすら観照し，これにより神と一体化する。それ以外の煩悩を一切捨てて自足する。これがスピノザにとっての幸福，よく生きること。プラトン的，ストア的，かつプロティノス的である(8)。

スピノザが神の人格や創造を否定できたのは，彼がユダヤ教から破門されたことと表裏一体。ユダヤ教であれキリスト教であれ，敬虔な信者に過激思想は期待できない。ニュートンも機械的自然とその創造者たる人格神（第一原因）を古典力学で両立させた。彼も自然現象の説明に作用因（力）と質料因（物体，究極的には物質）しか使わない。ガリレオの頃から動き変化（運動）を量的に把握するのが時流となった。ニュートンは物体に働く力が一般にその物体の質量と加速度に比例すると考えた（F=ma，第二法則）。ここには量化・変数化された作用因（力）と質料因（質量を備える物体）しか登場しない。これと作用・反作用の法則，デカルト提唱の慣性の法則が合わさって，物体の運動一般が説明される。これにより，プラトンやアリストテレスが求めた原因は，今日我々が知る数理的な因果法則へと脱皮する。「力や質量とは，そもそも何か」という問いに三法則は答えないが，ニュートン自身は「それは神による被造物だ」と考えていた。その後，物理学はキリスト教の神へのコミットを廃絶する。現代の素粒子論は，量子力学を使って質料因（質量や物体）を作用因（力）に解消し，更に力を素粒子の組み合わせへと還元しようとする。測定者の目線から確率論的に構成される量子力学は原因の決定論的な理解に対するアンチテーゼと解釈できる面がある。これを踏まえると，古典的な因果関係は物理学の最前線で既に破綻済みとも言える(9)。ただし，オッカムなら「物理学がどう進展しようとも，それはしょせん人間の理性的構築物に過ぎない」と言うところだろう。

因果法則の数理化と並行して，日常語で原因（causa，作用因）概念を巡る昔なが

---

(8)　当時，第二原因は原因でない，第　原因（神）が結果を引き起こすための機会（インド思想の「縁」に類似）に過ぎない，とするマールブランシュの機会説も影響力を持った。第一原因と第二原因の二重構造を解消する説で，淵源はトマスにある。スピノザ説も機会論の一種と解し得る。なお，目的の無限退行については上野修『スピノザの世界』の説明が秀逸なので参照したい。

(9)　ハイゼンベルク『現代物理学の自然像』など参照。なお，相対性理論は因果関係を前提に構築されているが，因果関係は光速度を超えて成立せず，これが成立しない時空領域が想定できてしまう。この意味でも因果関係は現代物理学において絶対的なものでなくなっている。

らの哲学論争は続いた。ロックの経験論によれば，観念の世界に閉じ込められている我々に，外的事物の本当の姿は分からない。形相因のみならず，作用因と質料因も観念による作り話。これを過激化すると若き日のヒュームのセクストゥス的な懐疑に直結する（第3章参照）。すなわち，観念の世界を生きる我々には，本当に外界事物が作用因となって観念が結果するのか，そもそも世界に因果関係が本当にあるのか，分からない。全ての科学的知識に不確実性が伴う（ヒューム自身は語らないが，実は無神論者だったと言われる）。ロックはこれほど過激にならず，因果関係を観念上の経験知として常識的に承認した。ヒュームも壮年期以降は同様の穏健姿勢に転じた。

　ライプニッツによれば，各モナドに投影された物理的世界には，他者や諸事物のモナドが動き変化を伴い無数に現出してくる。これらモナドは各々，原初的な力（作用因）と派生的な力（能動力すなわち形相因と，受動力すなわち質料因）を備える。形相因・質料因は作用因から派生する（スピノザに同意）。これら力は投影図を見ている当のモナド自身にも当然，備わる。我々が投影された物理的世界を理解できているのは，これら力を行使した結果。他方，目的因（善悪）はこの世界とは別の形而上的な次元にある。神に導かれた我々の意志と行為はこれに関係する。人は必ずしも最善を選択しない。神は必ず最善の世界を選択する（弁神論）。目的因と作用因は相互独立だが予定調和する。ライプニッツは四原因それぞれの役割を認める点でトマスの伝統を継承するが，作用因の世界と目的因の世界を分断して後者を優位とする点ではプロテスタント。

カント以降

　カントは信仰と哲学を峻別する。哲学的に考察されるべき目的因は世俗知，すなわち法的・倫理的な価値規範のみ。彼はデカルトやライプニッツ同様，物理的世界は我々が感覚所与を観念的に加工して認識した限りのものだ，と考える。因果関係は加工に際して我々が押し当てる型枠（範疇）一つであり（ヒューム的な懐疑は拒否），感覚の向こう側にある物自体の世界を支配する法則性ではない。日常生活における原因（たとえばボールの落下）と結果（クッションがへこむ）の関係認識から始まって，古典力学のような数理的因果関係も，範疇に従って認識される。他方，我々は物理的世界の認識に留まらず，善悪を判断し，目的を持って行動し，他者と関わる意思の主体，すなわち人格でもある。人格とは手段（道具）でなくそれ自体が目的であり，尊厳を持つ。尊厳を守る最低限のルール（法律）を構築して社会生活は営まれるべき。目的は社会規範を扱う世俗知（社会科学や社会政策）に不可欠な概念。カント以降，社会科学は自然科学から独立・自律する学問領域として自覚的に発展する。その発展

が，目的概念を因果関係から分断し，物理的世界とは異なる次元に置くプロテスタント的な態度により促されたことは，思想史的に見て興味深い[10]。哲学においては，ヘーゲルの絶対者（理念），フッサールの生活世界，初期ハイデガーの道具連関など，目的因を作用因に優越させようとする様々な立場が提起されるが，どれもカントの強い影響下にある。

　古典力学の完成は法律学にも大きな影響を与えた。ローマ法は元々，家長を中心とする営農共同体を支える慣習法。ローマ拡大に合わせて様々な紛争解決の型が追加されて発達したが，帝国滅亡後はこれが各地で再び慣習法化した。中世イタリアでローマ法が再発見されるとカトリック教会がこれをお手本に教会法典（信者たちの守るべきルール）を作成，これに影響されて各国に近代的な世俗法典が整備されていった（英国にはゲルマン慣習法が残った）。発生する事件を当事者の知（自白，不知）と意思（故意・過失），及び機械論的な因果関係に沿って事実認識し，これを法規範（大陸では法典，英国では判例）に当てはめて判決する，という方法論が18世紀から19世紀にかけて確立する。17世紀のガリレオ裁判は因果関係を直視せず教会の権威を優先させた。言いがかりに基づく魔女裁判は19世紀初頭まで各地で行われていた。

　19世紀末以降は論理学が発展し，言語の論理分析を通した因果関係の解明を試みる動きが勃興する（前期ウィトゲンシュタインやカルナップら）。彼らは科学の成果を肯定的に受け止め，そこで使われる因果関係（作用因）の論理を照射した。物理的世界で因果関係が一般に成立する，という主張は帰納であり，ヒューム的な懐疑がつきまとう。ポパーはこれを逆手に取り，現在正しいと見なされている理論は反証されていないだけで，絶対正しいとはそもそも言えない，科学理論は本質的に仮説形成でしかなく，反証できても確証は不可能だ，と考えた。では，科学における仮説はなぜ因果関係に依拠してしまうのか（量子力学は例外としても）。カントの言うように，因果関係を使わないと我々は整合的に世界を理解できないからなのか。それとも物理的世界に因果関係が実在するのか。これは観念論と実在論の対立。答えはない（第2章参照）。「AがBを引き起こす（A causes B）」という日常表現についても，ただの言い回しに過ぎないのか，これに相当する実在があるのか，対立が生じる。

　ニュートン以降の物理学は形相因を放逐したが，生物学では19世紀まで形相因が生きていた。すなわちアリストテレスの自然種（英 species）である。これをダーウィンの進化論が崩壊させた。プラトン的なイデアが天から降臨したように，自然種は神が創造したものであり，未来永劫不変であるとするスコラの想定は迷信だ，自然種は

---

(10)　自由と財産いう理念を掲げた資本主義とプロテスタント精神の関係を敷衍したヴェーバー『プロテスタンティズムの倫理と資本主義の精神』も参照。

歴史的に可変だ，との認識がこれ以降は広まる（宗教的理由でこれを認めない人々は今も存在する）。20世紀後半になると，自然種はゲノム（遺伝情報，DNAの塩基配列パターン）を共有する集団であり，この情報に従ってタンパク質が合成されて生物個体が成立していることも判明してきた。ゲノムの全塩基配列が形相（情報），タンパク質の元になるアミノ酸は質料（物質）とも言えるが，そうまでしてアリストテレス用語の延命を図る必要はない。塩基配列は様々な要因で突然変異を起こし，これが生物の進化につながる。またヒトゲノムは約0.2%分の塩基配列に個人差を許容する曖昧さを含み持つ。やはり質料形相説は敗退した。天から降臨したイデアが質料に宿るというプラトン的イメージは，文法構造（定冠詞）に引っ張られた古代ギリシア人の素朴な創作だった。しかし，この創作こそが回り回って機械論的な自然認識とその科学技術的応用，そしてその現代における発展を生み出した源泉。ここに欧州哲学の伝統の強みがある（第3章参照）。

　現代の科学者には，あらゆる自然現象を物理・化学的な法則性（作用因プラス質料因）に還元して説明できる，という見方が根強い[11]。だが，生態学では行動現象の記述に，また認知科学や脳科学でも認知機能や脳細胞の機能を記述する際に，目的因は必要。更に，科学的知見の技術の応用・社会的利用，そして法律や経済を含む社会生活一般，更に人間の内面的な精神生活において，価値規範に関わる目的因は不可欠。目的因を排除して営まれる科学的探求も，逆説的に言えば，真理という目的を目指して純化させた言語活動である。この意味で，我々が生きている世界は作用因の世界と目的因の世界の重ね合わせ。つまり，我々はライプニッツ・カント的な二世界説を地で生きている。眼鏡をかけかえるように二つの世界を使い分けながら，今後もやっていくしかない。

和語の世界と因果関係

　「原因」と「結果」の背後にはギリシア自然哲学，ローマ法，キリスト教，そして近代の機論的自然観が折り重なる。ギリシアにおけるアイティアの決定論的な厳しさ，ローマ法のcausaに備わる神判の厳しさは，キリスト教の神の厳しさ，そして自然法則の厳しさに置き換えられ，今も生きている。因果関係の厳しさに服従し，その解明を熱望する点は，観念論者・類物論者・実在論者みな同じ。日本語生活者も科学技術の探究や法実務に携わる限り，この厳しさから逃れられない。ただ，この厳しさと熱

---

(11)　もちろん量子力学や相対性理論という限界内でのナイーヴな因果的決定論であり，概して唯物論である。利根川進・立花隆『精神と物質』など参照。

意は日本で自生したものではない。それは今も日本の日常生活に根差したとは言い難い。

　本章冒頭でアイティアに近いと言及した「せい」は，漢語の「所為」（江戸期に日常語化した）。これは為す者を指す表現。為す者は，人，神々，霊，「落石のせいでけがをした」のように無生物や事実でもよい。この語を普遍的な因果関係へと陶冶する伝統は漢語文化圏で自生しなかった。為す者への対応として日本でお馴染みなのは懲罰報償の外，鎮める，懇願する，祀る，嘆く，等々。お祓いや陰陽師の世界もこれ。怨霊の恨み辛みに耳を傾けこれを鎮める能の謡は多々ある。「お前のせいだ」と叫ぶだけでもストレス解消にはなる。「私のせいだ」という自罰観念に囚われ続けると神経症にもなる(12)。だが，このような「せい」の処理法は概して欧州的な厳しい法則性の認識につながらない。

　和語でアイティアの原意に近いのは「せめ（責，攻）」。攻撃や叱責，その能動・受動両面を指す。「せい」と同様，因果関係を直示する語彙へと脱皮することはなかった（言わばホメロス時代のアイティア概念のまま）。他者を責（攻）めるのに因果関係は必要ない。恣意的に因縁をつければ十分。権力者どうしのせめぎあいや追い落とし，庶民の間でも喧嘩や村八分，いじめなど，無数の「せめ」が今も繰り返される。せめられる側は抵抗するが，力及ばぬなら諦めて「せめ」を受けるに任せる。いじめ自殺や過労死自殺も「せめ」の結果。明治以降導入された欧州的な近現代法は，厳密な因果関係の立証によらず責めることを許容しない。こうした法律観は現代の日本社会にかなり浸透したものの，人々の日常的な意識に根を張るには至っていない。

　因果関係を表現し得る和語は，他に「ため」（原因のために結果発生）や「ゆえ（ゆゑ）」（原因ゆえに結果発生），「より」（原因より結果発生）や「から」（原因から結果発生），更に接続詞「ば」（「風が吹けば桶屋が儲かる」）や「と」（「風が吹くと桶屋が儲かる」）など。原意はどれも因果関係でない。「ため」は「たま（霊，玉）」や「たまふ（賜，給）」に類縁と推測される。「たま」は生命（力）やその象徴となる希少宝石類など，かけがえなきもの一般，それに備わる価値を含意する。「ため」はこ

---

(12)　一般に，「云々のせいだ」という観念に過度に囚われると神経症に陥る。欧州語生活者がこうした観念的な囚われから脱するには，フロイトやユングのような別の観念シナリオの提示が往々にして効果的である。他方，和語生活者の場合には観念化・言語化から引き離し一心不乱に労働させる森田療法のような対処方がしばしばより効果的なことが知られている。本書は欧州語生活者が古代ギリシア以来，ロゴス支配に徹底して身を委ね続けているのに対して，和語生活者はロゴスを信用していないことを実例に即して敷衍している。神経症は一定のロゴス（固定観念）支配への固着により発症するが，この状態を脱するのに欧州語生活者の場合はロゴス支配を別側面から強化することが，和語生活者にはむしろロゴス支配そのものからの解放が，効果的であるのは興味深い。森田療法については岩井寛『森田療法』参照。

の価値に帰順する姿勢，つまり因果関係でなく支配関係や利害関係が基調。「ゆゑ」は「ゆふ（結）」に類縁と推測される。ならば，因果関係というより連結性が原意だろう。「より」は動詞「よる（寄，拠，因，依，由）」の連用形。「よる」は「よ（代，世）」（命と活力のある期間）を含む。力ある者に接近し，この者を当てにする，という利害関係が原意。「から」は時間空間的起点，語源不明。「ば」は条件付与，「と」は時間的前後関係（完了）で，因果関係とは視角が異なる。因果関係に対する和語の意識は総じて薄弱。暗黙知の対象でしかなかったのだろう。漢訳仏典の「因」「果」「縁」が因果関係を直示する日本初の語彙だったと思われる。これらは言語化されるべき法則性というより諦念して順応すべき理の象徴として日本で受けとめられ，輸入概念ながら日常生活に根ざしていく。ここに19世紀半ば以降，欧州思想が流入して「原因」「結果」などの翻訳語が考案され，「ため」「ゆえ」などが因果関係の明示表現へと転用された。英 cause の動詞形は「引き起こす」などと訳された。この表現は江戸期まで「体を引っ張り起き上がらせる」の意で，因果的法則性という含意はなかった。

　causa の祖語 cudere に相当する和語は「打つ」。物理的に投げつける，が原意。「訴え」は祖形が「うるたへ」（「うろたへ（狼狽）」と同義，慌てふためく，気色ばむが原意）で，「打つ」とは無関係。「打つ」も「うったえ」も causa とは含意が異なる。日本にも昔から裁判はあったが，ローマ法的な権利関係の明文化はなされず，くがたちのような場当たりの呪術的神判が主だった。

　effectus の動詞形 efficio に相当する和語は「作る」「作り出す」。「作る」は「つく（突，付，築，尽）」（力を加える，力を使い果たす）からの合成語。「作り笑い」や「仏を作る」など，人為的に力を加えた結果が発生する，が原意と推測される。他方，efficio や facio は動作主（主語・主格）の能動的な動作・行為。ローマ法における effectus は神が主格に立つ神判の結果。絶えざる神の関与性という含意は「作る」にない。この点は第8章で改めて詳述する。

　和語は元来，語彙貧困だった。漢語導入は和語の語彙を分身させた。「よる」が「寄」「因」「拠」「依」へと分岐したのはその例。これは和語彙の原風景消失を助長した。「寄」「拠」「因」など漢字の意味に引っ張られ，「よる」の原意が見失われがちになるからである。他方，漢語を駆使する能力は明治以降，欧州の哲学用語の漢語翻訳を推進する原動力となった。「原因」「結果」はこうしてできた翻訳語。だが，これら翻訳語で原語に潜む神の厳しさが再現できたとは言い難い。日本語における漢語は往々にして平板な記号になりがちで，そうした厳しさの再現には不向き。因果関係は現象として普遍性が高いので，「原因」「結果」は他の欧州哲学の翻訳概念と比べて確かに日本語への定着度が比較的高い。しかし，因果関係を直示する語彙が自生しなか

った和語の世界では，因果関係の厳しさがどこかぼやけてしまう。

　和語の世界の原風景は完全に消えたわけではない。**第5章で丸山真男に棹差して指摘したように**，この世界は極めて直情的で好奇心旺盛，次々と目先を変えてゆく。順応力・適応力は強く，芸事や武道など一事をひたむきに追究する面もあり，時に動じず，動きを嫌うあまり怠惰ですらある。そこには，万有を支配する厳しい理念的法則性の存在を信じ，それを言語化してえぐり出し，応用しながら自発的に行動し，世界を変革する，という欧州土着的な理念信仰（イデア論的な自己理解と自己制御）はない。過去二千年，和語の世界は自らを保ちつつ，漢語や欧州語など外来概念の道具的な導入・利用を同時進行させてきた。欧州哲学が析出させた因果関係は現代の科学技術や法の支配（原因性の有無に照らして個人に責任を割り振る近代法原則）など，極めて有益な道具を日本語生活者にもたらした（環境破壊など科学技術の負の側面はひとまず度外視する）。科学技術は日本に十分定着した。法の支配の定着はまだ不十分。いじめの根絶，環境破壊の抑止，一人一人が大切にされるよりよい社会の実現のために，和語の世界にまどろむ余地を残しつつも，外来の道具である法の支配を更に使いこなし，根づかせていくのが望ましい。それが我々一人一人の利益を最大化する道だろうからである[13]。

---

(13)　これはプラトンが推奨した「よく生きること」に似るが，同じではない。プラトンにとっては純粋にイデアを希求することが「よく生きること」だった。和語生活者にそれは不可能である。だが，イデア信仰を持たずとも，「少しでも世の中をよくしたい」「自分自身を改善したい」という価値観は洋の東西を問わず多くの人に備わっているだろう。それゆえ，章末の文はあえて功利主義的に表現した。功利主義は多くの現代人が否定できない最低線倫理である。この点については加藤尚武『現代倫理学入門』参照。

第7章

可能と現実

　「可能」「可能性」はできる，あり得る，という意味。日常生活でも学術上も頻用語。人間にはいろんなことができる。世の中にはいろんなことがあり得る。では，「できる」「あり得る」とは，そもそもどういうことか。

　「現実」も，よく使う言葉。「現実を直視せよ」「現実性が低い」など，実際に起こった出来事，いま起きている出来事，などの意。昨日，友人と会えなかった。予期しなかったことが起きている。「何かが実際に発生する」とは，そもそもどういうことなのか。

　「可能」は「可堪」と同義で古来漢籍に「我慢する」の意で用例がある。「できる」を意味する「可能」は，明治初頭の日本で新造された。漢文の常用表現「不能」は「あたはず」と読み下されるが，明治初頭にその肯定形「あたふべき」が登場，「可能」と表記された。『哲学字彙』がこれを音読み，英possibilityの訳語に転用した。この英語の祖語はギリシア語 δύναμις〔デュナミス〕。

　「現実」は明治期の新造語。眼前に現れた果実（りんごなど）の意。『哲学字彙』が英actualityの訳語に充てた。祖語は同じく ἐνέργεια〔エネルゲイア〕。

古代ギリシアにおけるデュナミスとエネルゲイア

　デュナミスは力，強さ，能力，特質，（お金の持つ）価値，と意味が広がる名詞。動詞形は δύναμαι〔デュナマイ〕，強さ（価値）がある，何かを意のままにできる，（社会的地位が）高位である，などの意。英canに相当する助動詞でもある日常語。

　エネルゲイアはアリストテレスが ἐν〔エン〕（英in）と ἔργον〔エルゴン〕から新造した語。エルゴンは一定の社会的地位（市民，兵士，男性，女性など）に特有の働き・仕事（ホメロスでは「戦功」の意が多い），あるいはその働きの結果（制作物や作品）のこと。英workと同語源で，日常頻用語だったはず。動詞形は ἔργω〔エルゴー〕（働く）。エネルゲイアは「働いている最中」の意。

　何かができる（能力）。何かをする（能力の行使，実際の働き）。両者は現代の目から見ると異なる。古代ギリシアでは必ずしもそうでなかった。能力は行使されて当然。

或る能力（たとえば建築術）を他の能力（たとえば医術）から区別する必要はあるが，能力とその行使を区別する必要はあまりない。建築家が実際に建築していようといまいと，その能力に変わりはない。プラトンのイデア論もこうした文脈にあった。建築家を建築家たらしめるのは，建築家のイデア。では，建築家のイデアとは何か。プラトンは建築家の能力に着目する。建築家には医者とは異なる特有の能力がある。建築する能力である。同様に，医者には病気を治癒する能力がある。どんな職能も，他の職能とは異なる。後期プラトンはこの相違に注目し，イデアをできる限り明確化しようとした（ポルピュリオスの樹につながる捉え方，『ソピステス』など）。その際，能力とその行使（働き）を区別する必要はない。

　職能のみならず，人間の精神や身体に備わる能力についても同様。プラトンの対話篇は徳（知・節制・勇気・正義），美や恋，快楽や友愛，等々を主題化する。知とは何か，正義とは何か，に類するソクラテス的な問いが立てられ，探求は難航する。だが，結論が出ずとも，知や正義が人間に備わる一定の能力だとする理解はプラトンの議論に一貫している。感覚のような身体能力も同様。勇敢さと無鉄砲さを，視覚と聴覚を区別する際に，能力とその行使（働き）の違いを強調する必要はない。

　プラトンは人間のみならず森羅万象について同様に考えた。彼は神があらゆる生物に各自固有の能力を配分し，宇宙全体の中で各々の働きを発揮するようにした，と述べる（『プロタゴラス』）。これは生物の能力への着眼。太陽は生物を生成させ成育させる，という言い回し（『国家』）も，太陽の能力への照射。イデアはそれが宿る事物に備わる能力に関係する，という目線は揺るがない。

能力とその行使（働き）：アリストテレスの区別

　能力とその行使（働き）を明確に区別したのはアリストテレス。きっかけはメガラ派の次の論法だった（『形而上学』9巻3章）。建築家は建築している最中は確かに建築能力がある。しかし，建築していないとき（たとえば睡眠時）にも建築能力があるのか。建築をやめた途端に建築能力も失われるのではないか。建築していない建築家に建築能力があるとなぜ言えるのか。

　メガラ派はソクラテスの弟子だったメガラのエウクレイデスが始祖。論証に長けていたらしいが，著作は散逸し詳細不明。『形而上学』が紹介するその論法は典型的な懐疑である。曰く，行使され発現している能力は確かに存在する。しかし，行使されていない能力は我々の目で確かめられず，本当に存在するかどうか分からない。眠っている建築家が建築できるかどうか，分からない。アリストテレスはこの懐疑が常識外れのナンセンスだ，と主張する。建築家は眠っていても建築能力を保持しているか

らこそ建築家と呼ばれる。メガラ派は能力（デュナミス）とその行使（エルゴン）を混同している。アリストテレスは能力行使中の状態を指してエネルゲイアという新造語まで作った[1]。

　建築能力の行使とは，建築家が素材を加工し，素材に動き変化をもたらすこと。動き変化の原因を探究してアリストテレスは四原因説を唱えたが（第6章参照），原因を探る以前の問題として，そもそも動き変化とはいったい何か。デュナミスとエネルゲイアの区別は，より本質的なこの問いに答えるもの。プラトンのイデア論はエレア派の強い影響を受けていた。エレア派の祖パルメニデスは「理性的に考えれば，物事はそうであるならそうである，そうでないならそうでない。このどちらかしかない。存在するものは存在する。存在しないものは存在しない。他方，感覚される世界は，動き変化に満ちている。存在するものが存在しなくなり，存在しなかったものが存在するようになる。だが，このようなことは理性的に考えればあり得ない。だから感覚はまやかしだ，信ずるな」という旨を説いたらしい。これにプラトンは「そうだ。動き変化はまやかしだ。不動なるイデアをつかめ」と迎合し，個別から目を背ける。だが，アリストテレスは違う。動き変化はまやかしではない。プラトンの態度は現実逃避である。では，動き変化とは何か。彼の答えはこうである。たとえば建築とは，建築家（始原因）が素材（質料因）に働きかけ，設計図（形相因）通りに建物の完成（目的因，テロス）へ向けて仕上げていく一連の動き変化のプロセス。建物が完成するとプロセスは終結する。建築という動き変化は，換言すれば，建築家の能力と，素材の能力が，建物の完成目指して共に発現中の（エルゴンの内にある）状態。より一般化すれば，デュナミスが発動されエネルゲイア化することこそが動き変化に他ならない。

デュナミスとエネルゲイア：その多義性

　アリストテレスは用語の多義性に敏感だった。デュナミスも多義的。彼は次のように整理する（『形而上学』5巻12章，9巻1章）。(1)動き変化の能動能力（始原因，建築家に備わる建築術など），(2)動き変化の受動能力（質料因，建築材料の適材性など），(3)単なる能動・受動の能力でなく，うまく能動・受動する能力（高い建築能力，高い適材性など），(4)悪化や破壊に抵抗する能力（材木が折れずに持ちこたえる能力など），(5)論理的可能性（たとえば否定形で「正方形の一辺は対角線と通約的であり得ない」

---

(1)　日常語どうしを組み合わせた一般市民にも生活感覚で分かりやすい造語。語感的には「ただいま営業中」ならぬ「ただいま働き中」に相当する。

という際の「あり得ない」）。エネルゲイアとペアを成すのは⑴と⑵。

　アリストテレスはエネルゲイアも多義的に使っている。『形而上学』9巻6章は⑴能動能力が発動され動き変化が発生している状態（建築家が建築中である，など），⑵受動能力が発動され動き変化が生じている最中（建築加工中の素材，同11巻9章参照），⑶受動能力が発動されて動き変化が生じた末，テロスに到達した状態（彫刻が完成した暁のヘルメス像，訓練の末に大成した笛吹きなど，未完だったものが完成した状態），⑷動き変化と無関係のエネルゲイア（感覚・思考・幸福などの能力の発動。すなわち，エネルゲイア化しても動き変化は生まれず，即テロス既達状態となるもの），以上四つの用法に言及する。同12巻では⑸発動されないことがありえないエネルゲイア（発現しっぱなしの恒常的エネルゲイア）にも言及される。これは天球の恒常的動きのこと。天球を動かす始原因かつ目的因は不動の動者，すなわち神。以上は全てアナロジーでエネルゲイアと呼ばれ，共通の特徴はないとされるが，相違点は明確化できる。すなわち，⑴⑵は始原因が質料因に働きかけて動き変化がまさに進行中の状態。⑶はこの意味での動き変化が終結し，テロスに到達した状態（形相が質料に宿りきった完成態）。しかも，ポリスにおける笛吹きや政治家のように，全体の中で一定の役割を果たしている状態。つまり，役割（エルゴン）の中にある，という趣旨でのエネルゲイアであり，⑴⑵と明確に意味が異なる。⑷は発動されても動き変化にならないエネルゲイア。動き変化を超越する，という趣旨で神的と形容される。⑸は⑴の特殊事例。

　アリストテレスによれば，動き変化の原因を探るのは自然学，動き変化とは何かを説明するのは形而上学。後者は，物事がそもそも存在するとは如何なることか，と問う。『形而上学』6巻2章は「存在する（ある）」の意味を四つに大別する。うち一つが，エネルゲイア（能力発動させ現実に動き変化しつつ存在する）とデュナミス（動き変化してはいないが，そのように存在し得る，その能力はある）。現に建築作業中の人や建築行為を受動中の素材はエネルゲイア的に存在している。建築作業中ではないが建築能力がある人，建築行為の受動中ではないが建築作業に使われ得る素材，これらはデュナミス的に存在している。能力行使には能力具備が必要である。他方，能力具備には次の意味で能力行使が不可欠。建築能力は弟子が親方から訓練を受けて習得される。あちこちで熟練者が指導する建築実習が繰り返され，建築能力が次世代の若者に定着していく。また，木材の性能（使いやすさ，耐久性など）も，実際に建築材料として使われてみて初めて評価が定まる。この意味で，エネルゲイア⑴⑵はデュナミスに先行する。すなわち，動き変化の能力（発動前の能力）より，個別具体的な動き変化そのもの（個別具体的な能力の発動）が優位にある。これは反プラトン的な個別重視の表れ。また，ポリスの中で建築家や政治家が果たすべき役割（働き，美

徳）は個別的な建築家や政治家に先行する，というプラトンのイデア論をアリストテレスは引き継ぐ。これは質料が形相を宿した完成状態（テロス）及びこれが全体の中で果たす役割，すなわちエネルゲイア(3)が個々人のデュナミスに先行し優位にある，ということ。エネルゲイアはアリストテレスが個別重視のイデア論者であることを象徴する概念である。

エネルゲイアとエンテレケイア

　エネルゲイア(3)は ἐντελέχεια〔エンテレケイア〕とも呼ばれる。これもアリストテレスの造語，「テロス到達状態にある」が原意(2)。『自然学』は動き変化を「動かされ得るもの（κινητόν〔キネートン〕）のエンテレケイア」と定義する（同3巻1章および2章）。難解なのでかみ砕こう。たとえば青銅は放っておけば静止したままだが，彫像材料として加工プロセス（動き変化）へ引き込むこともできる。このプロセスにはテロスが二つ区別できる。一つは(ア)青銅が静止状態から脱して彫像プロセス（動き変化）に引き入れられることそのもの。すなわち，現在進行中の彫像プロセスそのもの，青銅が加工され動き変化を被っている状態。もう一つは(イ)最終的に完成する像。彫像プロセスの進行中は彫刻家も青銅も動き変化の只中にあり，この時点で青銅はテロス(ア)に到達済み，テロス(イ)には未到達。つまり，動き変化とは，動かされる能力を持つ質料因がテロス(ア)に到達すること。これは質料因がまさに働き（エルゴン）の内にある，エネルゲイア状態にある，ということ。これを指してアリストテレスは ἐνεργέω〔エネルゲオー〕という動詞も使っている（エネルゲイアから彼が新造した動詞形）。

　建築についても同様。木材は放っておけば動かないが，建築材料に使われて動き変化を被ることもある。建築作業のテロスはやはり二つ，(ア)木材が建築プロセスに取り込まれて被る動き変化そのもの，そして(イ)完成された建物。建築プロセス（動き変化）は，建築材料として動き変化を被る能力を持つ木材が，この能力を発現させた状態，すなわちテロス(ア)。同様のことは学習プロセスや治療プロセス，果実の成熟プロセスなどにも当てはまる。学習・治療・成熟などの動き変化を被り得る素材（学習者や患者，果実など）がテロス(ア)に至ること，ἐνεργέω していることが，動き変化である。

　以上の説明は同語反復的で，説明になっているのか怪しいが，重要なのは能力（デュナミス）がテロス(ア)へ至る，という点。アリストテレスはデュナミスとエネルゲイ

（2）　日常語 τέλος と ἐν の組み合わせでやはり一般市民にもわかりやすい造語。

ア（エンテレケイア）の区別により，メガラ派のみならずパルメニデスらエレア派にも立ち向かっている。パルメニデスの弟子ゼノンは師を擁護すべく幾つかの有名な逆理を提示した。たとえばアキレスと亀。俊足のアキレスは亀に追いつこうとしても追いつけない。アキレスが亀のいた地点Aにたどり着くと，亀はそのつどたとえわずかでも前進してAより先の地点Bにいるはず。アキレスがBにたどり着くと，亀はやはりわずかながらBより先の地点Cにいるはず。アキレスがCにたどり着くと，亀はCより先の地点Dにいるはず……この調子でアキレスは永遠に亀に追いつけない。飛ぶ矢の逆理も有名。飛んでいる矢はある瞬間Aを捉えたら止まっている。次の瞬間Bも，その次の瞬間Cも，やはり止まっている。どの瞬間においても止まっているなら，矢はいつも止まっていることになる。つまり，飛んでいる矢は止まっており動かない。動き変化はまやかしだ，というパルメニデスの主張をゼノンはこれら逆理で示そうとしたらしい。

　今日の目で見ると，これら逆理は論理的に正当で，次の構造を共有する。まず，眼前の直線（二次元）が無数の点（一次元）で構成されていると仮定する。次に，我々の視点をこれら点の一つ（Aとする）に固定する。ここで，Aから隣接する点Bへ視点をずらそうとすると，隣接点かと思われたBよりも更にAに近接する点Cが存在することが判明する。Cについても同じことが言え，更にAに近接する点Dが存在することが判明する。これが無限に繰り返され，Aと隣接点とのあいだに底なしの奈落が潜んでいることが浮き彫りになる。すなわち，Aの隣接点は実際には特定不能で，隣接点へのジャンプ（ゼノンはこれがすなわち運動だと考えた）は論理的に不可能であることが分かる。言い換えれば，二次元をどれだけ分割しても一次元には至れない。逆に，一次元をどれだけ集積しても二次元には至れない。一次元の集合体として二次元を捉えることは論理的に不可能。一次元と二次元は本質的に違う。

　これは現代の集合論や数論などで頻繁に使われる理屈。動き変化（運動）の存在を否定するものとは必ずしも言えない。運動は二次元的な連続体であり，一次元の点とは別次元にあるからである。アリストテレスもこのようにゼノンの逆理を理解する。この逆理は，二次元（線）の分割を無限に繰り返せば一次元（点）に至る，あるいは一次元を無限に集積すれば二次元に至る（二次元は一次元から構成される），と考えることで発生する。ここでアリストテレスはデュナミスとエンテレケイアの区別を導入する。ゼノンが無数に存在するとナイーヴに仮定する一次元（点）は，エンテレケイアとして存在するのか，デュナミスとして存在するのか。前者ではあり得ない。ゼノンのシナリオに従えば，A，B，C，D……と無限に存在する点が順に構成されていく。次々と構成し続けるのは可能だが，これらの点のそれぞれにテロスとして到達することは（それらが無限に存在する以上）我々には不可能。つまり，ゼノンが構成

していく無限の点は，想定できるという意味で可能（デュナミス）的に存在するが，現実に（エネルゲイア的に）存在はしない。一次元と二次元を混同してはならない（『自然学』8巻8章）。

　なお，アリストテレスは動き変化があるところ，例外なくデュナミス・エネルゲイアという対概念を適用する。人の心の動きも例外でない（『霊魂論』）。心については第9章で。

ローマと初期教父の時代

　δύναμαι に相当するラテン語は possum（できる，力がある）。やはり英 can のような助動詞になる。法的に許容される，という含意もあり，ローマ法用語 possideo（つかむ，占有する，英 possess の祖語）とも類縁。日常語で，生活上の動作行為能力から家父長的・政治的な支配力まで，広い文脈で使われた。名詞形は potentia（支配力，能力）や potestas（特権，力，武力など）。形容詞形 possibilis（英 possible の祖形）は紀元後に派生（羅訳聖書で使われた）。

　エルゴンに相当するラテン語は opus（労働，制作物，作品）あるいは factum（facio「作る」の受動完了分詞）など。opus は雇用，労務など法律用語にもなる。facio も法的状態を作り出す，の意で頻用された。エネルゲイアという発想の表現はラテン語にない。ローマ人の自然学や形而上学への関心は低かった。

　ボエティウスはデュナミスを potestas，エネルゲイアを actus（動詞 ago からの派生語）と羅訳した。ago の原意は「駆り立てる」「仕向ける」。キケロ以降，広く「する」「行う」の意でも用いられ，「提訴する」という法律用語にもなった（名詞形 actio は訴訟，訴権）。actus は駆り立てられた状態，転じて家畜を駆り立てて通す通行路，その通行路を家畜が通過する権利，更に転じてなされたこと（行為）一般，と意味が広がる。日常語で，アリストテレス的な能力行使という含意は元来，ない。これをボエティウスが無理にエネルゲイアの羅訳語に転用した。ἐνεργέω は端的に ago と訳された。

　アウグスティヌスはキリスト教的な神の potentia と actus に頻繁に言及する。前者は神の創造力，世界の支配者としての力強さ，全能性。懲罰を伴う強制力ですらある。彼はこれを vis や fortitudo とも表現する。神の似姿である人間は，神の potentia（理性など）の一部を共有する。他方，神の actus とは創造行為や救済行為など。人間の actus は贖罪行為や善行・悪行など，被造物としての分相応な行為。この potentia（力）・actus（その行使）は『自然学』におけるデュナミス・エネルゲイアとは別物。

スコラ

　メルベケはエネルゲイアを actus, デュナミスは potentia と訳した。エンテレケイアは entelechia と翻字しただけ。メルベケ訳のアリストテレスを教義構築に利用したトマスにおいては, アウグスティヌス的な potentia・actus とアリストテレス的なそれとが同居している。彼にとってより重要なのは前者。つまり, 神の力とその行使。始原因の能動能力, 質料因の受動能力は, 神が力を行使して創造した限りのもの。神の力 (potentia) は無限で完全で全能。人や事物の能力 (potentia) は有限で不完全, 多くは反復訓練を通して習慣的に定着する。トマスは始原因を第一原因 (神) と第二原因 (アリストテレス的な始原因) に分岐させるが (第6章参照), potentia も人や事物に備わる能力と, 背後でこれを可能にしている神の力とに分岐し, 二重構造を成す。後者はアウグスティヌス的に vis や fortitudo とも呼ばれる。

　また, トマスはアリストテレスのエネルゲイア(5)を原典の文脈から引き離し, キリスト教の神と同一視する。神が天球の数だけ存在すると考えたのはアリストテレスが異教徒ゆえの誤り。天球の永遠運動の究極的な始原因・目的因はたった一つ, それはキリスト教の神である。不動の動者, 恒常的エネルゲイア, これら『形而上学』の形容語句をトマスはそのまま三位一体の神に当てはめ, 自らの能力を恒常的に発現させて被造物界を現出させている神を actus purus (純粋エネルゲイア) と呼ぶ。他方, 被造物の能力は発現・休眠を明滅の如く繰り返す。それゆえ被造物の actus (能力発現, 動き変化) は不完全かつ二次的とされる。全ての被造物のあらゆる actus の背後に, 創造主たる神の actus が潜む。トマスにおける actus も神のそれと被造物のそれ, 二重構造を成す。

　トマスのこの理解はアリストテレスのデュナミス・エネルゲイアを概念的に変質させる。これは『命題論』12章以下とトマスの『形而上学注解』9巻3講を対比すると浮き彫りになる。

　『命題論』はデュナミス・エネルゲイアを問答における必然・許容と関係づける。必然はギリシア語で ἀνάγκη〔アナンケー〕。締めつけて無理強いする, が原意。問答の場では「(相手の主張を) 認めざるを得ない」の意で, 許容 (認めてもいい, ἐνδέχομαι〔エンデコマイ〕) と対立する。たとえばソクラテスに歩行能力があるなら, その能力が発現し得ることを認めてよい (許容)。しかし, 現在発現中だと認めざるを得ないわけではない (必然ではない, 今は歩いていないこともあり得る)。すなわち, 歩行能力 (デュナミス) はそのエネルゲイア化を論理的に許容するが, エネルゲイア化は必然ではない。この必然性は, 現代の様相論理的な必然性 (全ての可能世界で成立する必然真理, 後段参照) でなく, 命題論理などあらゆる演繹的導出に備わる

必然性。ここからアナンケーに「そうあらざるを得ない」「他ではあり得ない」「必要である」などの意味が派生する。

他方，トマスは『形而上学注解』でデュナミスを possibilis と羅訳し[3]，二義を区別する。一つは必然に対立する可能，すなわち偶然（contingens）。必然ではないが発生し得る事態は，この意味で可能（偶然）である。もう一つは，不可能と対立する可能，すなわち「必然的な事柄は可能であり，必然ではないが発生し得る事柄も可能である」と言われる際の可能。後者はデュナミス(5)に相当するが，前者はデュナミス(1)〜(5)のどれにも該当しない。

アリストテレスにとって偶然と必然は対立しない。彼は偶然を αὐτόματος〔アウトマトス〕，τύχη〔テュケー〕，συμβεβηκός〔スュンベベーコス〕という三つの概念で捉えた。前者二者は因果関係の文脈にあり，それぞれ「他の原因に左右されるのでなく，自分自身が原因となること」「原因が不明瞭」の意。どちらもアナンケー（無理強い）と対立しない。三つ目は偶有性。『形而上学』はこれを存在（ある）の意味の四義に数える[4]。自体性（καθ᾽ αὑτό〔カタハウト〕）が対立概念。自体性・偶有性はアナンケーと次のように関係し合う。実体に述語づけられるもののうち，実体に必ず備わると認めざるを得ない（アナンケー）ものは自体的。そうでないなら偶有的。たとえば人にとって「動物である」は自体的，「笑っている」は偶有的（人は笑っていないこともある）。建築家にとって「建築能力がある」は自体的，「建築中である」は偶有的（睡眠中は建築しない）。つまり，実体に備わる能力とその発現（どちらも広義の属性）という観点で，自体的（必然）・偶有的が定位されている。

他方，トマスにとって偶然（contingentia）とは，そうであることもないことも可能な事態（神が欲するなら実現可能）。必然（necessitas）とは，そうでないことがあり得ない事態（神も従わざるを得ない）。偶然と必然は神の創造を軸とする対立概念で，実体の能力・発現（属性）を巡る問答術とは無関係。トマスの対立軸を使うと，人間の建築能力や笑う能力，素材の受動能力などは，その発動状態と共に偶然へと分類されてしまう。これら能力とその発現は，偶然的という観点では同列だからである（第5章参照）。動き変化を説明するためのデュナミス・エネルゲイアの区別は，動き変化より神の創造を重視するキリスト者トマスにとって二次的でしかない[5]。

また，「不可能と対立する可能」という理解にもトマスの独自性が潜む。必然（認

（3）　トマスは possibilis との類比で potentialis（英 potential の祖形）を，また possibilis の反対概念である actualis（英 actual の祖形）を造語した。

（4）　同書6巻2章によれば，「存在する（ある）」の意味は，範疇に従い存在する，自体的・偶有的，デュナミス・エネルゲイア，真偽（本当にそうであるか否か），これら四つに大別できる。

めざるを得ない）なら可能だ，発現している（現実）なら可能だ，という主張はアリストテレスにもある。だが，この主張は個物の能力発動，類種ヒエラルキー，問答術といった文脈にある。トマスにとって可能性は，第一義的には神が創造し得る事態一般。個物の自然学的能力（potentia）が発動（actus）されて動き変化が発生する背後に，神の力（potentia）とその行使（actus）がある。この二重構造ゆえ，可能性には個物の能動受動能力のみならず神による創造可能性，すなわち事態の論理的可能性という意味が重なってくる。

　ここに，必然・可能（＝偶然）・不可能というギリシアになかったキリスト教的な三つ組が明確に成立する。actus も，人や事物でなく神の能力発現，すなわち数ある可能性の中から神が意図的に選択して創造・実現させたもの（現実性），と捉え直される。共通本性に「これ」が加わって個体形相ができる，というスコトゥス用語（第2章参照）もこの流れの中にある[6]。スコトゥスやオッカムは神の主意性を強調し，トマス以上に必然・可能・不可能の三つ組を重視する。後者は「世界は論理的にこうもあり得た，ああもあり得た（esse possibile logicum）」という表現を多用した（神はそのうち最善のものを実現した，という文脈で）。この表現はデカルトやホッブズ，ライプニッツにまで継承され，口癖の如く使われ続ける。デカルトは悪霊に騙されている可能性（懐疑）を排除すべく，必然的な真理を求めてコギトに至った。パスカルは可能性を捉えるために確率を研究した。「もし云々であったなら」という反実仮想は洋の東西を問わず人間につきもの。日本で反実仮想は和歌やおとぎ話，謡曲しか生み出さないが，スコラはこれを神による創造可能性と捉えた。後にライプニッツがこれに可能世界（mundus possibilis）・現実世界（mundus actualis）という枠組みを与えて理論化した（単一の事物や事態でなく，その総体としての世界を神が欲して創造した，という考え方）。これが20世紀になって世俗化・形式化され，現代の可能世界意味論（様相論理）となった。

近代科学　古典力学の成立

アリストテレスは綿密な自然観察に基づいて自説を立てたが，彼の観察が不十分な

（5）　contingo は con と tango（触れる）の合成形，「接触する」「届く」「たまたま触れる」の意。トマスは実体の非本質的属性が accidens（第5章注（8）参照），事態の偶然性が contingens と使い分ける。necessitas（英 necessity の祖形）は ne（否定辞）と cedo（譲る）の合成語。「譲れない」が原意で，ローマ法でも「必要不可欠な」の意で多用された語彙。

（6）　スコトゥスは共通本性を realitas potentialis，「これ」を realitas actualis と呼んだ。前者は可能性であり，後者がこれを現実化する，との発想である。

ことは早くから露見していた。同じ高さから重さの異なる物体を落下させると，重い方が軽い方より先に地面に到達する，と彼は信じた。しかし，これが観察結果と合わないことはガリレオよりはるか以前，既に古代から指摘されていた。また，物体が動くには始原因の働きかけが必要で，始原因が働きをやめると物体は静止する，とアリストテレスは考えた。これも古代から疑問視された。投げた石は手から離れた後も飛び続ける。つまり，始原因の働きから離れた後も運動を続ける。これを彼の説では説明できない。

　近代に台頭した機械論的自然観によれば，四原因説が解明を目指した自然界の動き変化は，全て分割分解していけば物体の単純な機械的運動に帰着する。この単純な運動のメカニズムこそをまずは解明すべき。機械論は四原因説を改変し，作用因と質料因だけで運動を説明しようとする（第6章参照）。potentia と actus は基本概念として維持され，意義づけを変更される。典型はホッブズ。彼にとって作用因は能動力（potentia activa），質料因は受動力（potentia passiva）。この二つの力が発動（actus化）され，運動が発生する。つまり，potentia は原因，actus は結果，両者の関係は因果関係そのもの。アリストテレスにとってデュナミスとエネルゲイアは四原因説と密接に関わる形而上学的概念だった。ホッブズから見ると，存在の意味を四義に区別する『形而上学』は間違っている。存在の意味は一意的。すなわち，因果法則に従う物体（しかも被造物）として存在する。potentia・actus は自然学概念でよい。

　ホッブズは運動（actus）の最小単位を conatus（コナトゥス）と呼んだ（前段第四章参照）。この語は要注意の曲者。ラテン語のデポネント動詞 conor「試みる」「企てる」「努力する」の完了分詞で，原意は「試み」「企て」。ローマ時代から多用された日常語だが，ホッブズの用法は6世紀のギリシア人ピロポヌス（プロクロスの孫弟子）に連なる歴史を持つ。この人は，投げた石が手を離れても飛び続ける，としてアリストテレスに反対したまさに当人。始原因の手を離れた以上，石が飛び続ける原因はもはや始原因ではない。始原因が飛行を強制し続けているからではなく，石そのものに備わる働きにより石は飛び続ける，と彼は考えた。この働きを彼は「始原因から離れた後の運動の継続状態」という趣旨でエネルゲイアと呼んだ（アリストテレス用語の転用）。今風に言えば，この働きは飛んでいる石に備わる運動推進力。この語法は，力と働きを区別しないプラトン返りであると同時に，後世の「ェネルギー」という用語の先駆けでもある。ピロポヌス説は東ローマで異端宣告されたがイスラム圏で受容され，中世カトリック圏に流入する。14世紀のフランス人ビュリダンはピロポヌスのエネルゲイアを impetus[7] と言い換えた。ビュリダンによれば，飛ぶ石に備わる impetus は投げられた時に石に与えられる量であり，石の速度が大きいほど，また石が重いほど，大きい（つまり物体の速度と重さに比例する。これは実質的に物体の

運動量に相当）。impetus の後継概念として近世になるとコナトゥスが使われ出した。

　コナトゥスは同時代でも人により理解が異なる。デカルトによれば，コナトゥスは運動でなく，物体に備わる運動力（vis）。その背後には神の力（vis, potentia）がある（トマス以来の二重構造）。神は無数の物体を創造し，あたかも機械式時計を起動させるようにこれら物体に力をかけ，運動させた（神はすなわち原初的な始原因）。これを通して，それぞれの物体に一定のコナトゥスが備わった。あとは物体が自らのコナトゥスを発揮させ，勝手に，しかも一定の法則性に従い，機械的に運動（等速度運動や加速度運動）や静止を繰り返す。これが我々の眼前にある世界の真の姿，コギトを経てその妥当性を保証された真の世界のあり方。デカルトはその法則性を解明するべく重力（conatus a centro）や遠心力（conatus recendendi），自己保存力（conatus movendi）などを区別し，運動量保存則や慣性の法則を提唱した（『世界論』『哲学原理』）。

　デカルトはコナトゥスを vis（強さ，力）と呼んだ。これはアウグスティヌス以来，神の potentia と同義。この神の vis（potentia）にトマスはアリストテレスの potentia を重ね合わせた（前述の二重構造）。デカルトはこの二つの potentia をビュリダンの発想で融合し，アリストテレスの「能力（potentia）の発現（actus）」という概念図式を「力（potentia・vis）の作用（actus）」という図式へと変更したことになる。変更前の図式では「発現していなくても能力はある」と言えた。変更後の図式では，作用しない力（vis）はあり得ない。神がいったんかけた力は永久に作用し続ける。つまり，力とは作用そのもの。ビュリダン的には，投げる前の静止した石に力は作用していないが，デカルト的には静止物体にも力は作用している。ただ，様々な力（抵抗力や摩擦力など）が作用した結果，全体として力がつりあい静止しているだけ。運動している物体にも当然，多様な力が作用している。変更後の図式はアリストテレスを曲解・誤解するものだが，近代黎明期の力学的理解そのもの。デカルトは神の力を遍在化させて自然学的デュナミスを近代力学の「力」へと変質させ，自然学を物理学へと脱皮させた。因みに，デカルト図式における actus は「作用しないことがあり得ない作用」すなわちエネルゲイア(5)の後継概念化している(8)。

（7）　動詞形は impeto（in と peto「急襲する」「激しく迫る」の合成語）。軍隊や病の急襲，怒りなど激情，衝動，などと意味が広がる。ローマ時代は頻用語だった。キケロは ὁρμή（炎や波の動き，戦闘力など激しい動きや力を指す語・デュナミス・エネルゲイアとは無関係）を impetus と訳し，理性と並んで魂に備わる力（vis）の一つと形容した（『義務について』1 巻101節）。ビュリダンの著作は『科学の名著(5)中世科学論集』に所収。

（8）　デカルトにとって，力の作用とは観念的に構成された世界のあり方。他方，「力の作用」という概念図式は，観念論・実在論・唯物論という近世哲学上の立場の違いを超えて，現代の物理学の礎を成している（本文後述）。

　神についてデカルトはトマス的な考え方（アウグスティヌス的な potentia と actus を備え，自然の第一原因である）を踏襲する。スピノザもこれを共有する。だが，彼にとって神の potentia は，人格神の力強さではなく，自然法則が持つ機械論的・因果的な力（必然性）そのもの。人の potentia は神と違って有限だが，この法則性を認識して神の potentia へと近づくことはできる。神の potentia は永遠に働き（actus）のうちにある。これはすなわち，機械論的自然が必然的法則に従って存在することに他ならない。神の actus はデカルトにおけると同様，エネルゲイア(5)すなわち「働かないことがあり得ない働き」（純粋エネルゲイア）。他方，人間の心身を含む自然的事物は神が自己変容した限りのもので，それぞれ物理的力が因果的に作用した状態（actus）にある（トマス的な二重構造）。スピノザにとって全てはデカルト的な potentia（力）・actus（作用）で物理学的に説明される（『エチカ』）。

　その後まもなく，ニュートンの古典力学が登場する。デカルトらは真空嫌悪説に固執し，力が作用するには物体どうしの接触が必要だと考えた（近接作用説）。これに従えば，直接接触せずに力を作用しあっているように見える木星とガリレオ衛星の間にも，実は目に見えない物質的媒体（アリストテレスのアイテールを踏襲してエーテルと呼ばれた）が存在し，これが力の作用を媒介していることになる。他方，ニュートンは遠隔作用説を唱えた。地球は媒介なしでりんごなど地上の物体に重力を作用させる。また，物体に力が加わるとその物体の運動量は変化する（アリストテレスは見抜けなかったが丁寧に観察すれば分かる）。この現象を支配する一般法則として，ニュートンは物体に作用する力がその物体の加速度（計測可能）に比例する，と考えた（第二法則）。この法則性は物体の落下など多くの自然現象を整合的に説明できたので，その後，遠隔作用説とともに通説化する。近代物理学的な力（vis）はアリストテレスのデュナミスとは内実的に全く別物なのだが，18世紀になると vis を主題とする物理学は dynamics（「力学」と訳される）と呼ばれることになる。

　「物体に力が作用すると運動が発生する」という説明は，ゼノンの逆理（上述）を惹起する。物体は点と見なせる。逆理によれば，一次元的な点がどれだけ集積しても二次元・三次元（空間）的な運動にならない。また，運動をどれだけ分割しても点にはならない。では，力はどのように一次元と多次元を橋渡しするのか。ホッブズはこの問題を放置したが，ライプニッツは突き詰めた。彼はアリストテレスがゼノン論駁に使った論法を持ち出す。すなわち，運動を無限分割して得られる点はデュナミス的に存在するが，エンテレケイアとしては存在しない。ライプニッツは発想を逆転させる。エンテレケイアとして得られるところまで分割を続けよう。極限まで分割して得られる運動の最小単位をエンテレケイアと呼ぼう（微分的発想）。このエンテレケイアは作用する力そのものであり，ホッブズのコナトゥスにほぼ相当する。ライプニッ

ツはこれを活力（vis viva），後にモナドと呼んだ。モナドは物理的運動の分割の極限に想定される形而上的な一次元（点）。彼はニュートンが幾何学的に表現した古典力学法則を微分方程式で表現し直した。人の感覚や知性の源は活力である。物体は活力が原因となって運動する。物体に作用する活力は，その物体の重さと速度の二乗の積である，とライプニッツは考えた。これは今日の運動エネルギーに相当する。活力を初めてエネルギーと呼んだのは19世紀初頭の物理学者ヤング。運動エネルギーは他の物体に対して仕事（その物体に働く力×物体の位置変化）をする能力と定義される。仕事（英 work，すなわちエルゴン）という概念を導入したのは19世紀半ばのヘルムホルツ。位置エネルギーをポテンシャル（potential）と呼んだのは19世紀前半の物理学者グリーン。これらは全てアリストテレスのデュナミス・エネルゲイア，エルゴンに由来する用語だが，力と作用を同一視するデカルト図式に従って意味変更されている。

能力とその発現　その後

　アリストテレスの概念図式「能力とその発現」は動き変化を説明する自然学と一体。この図式に従って，どんぐりの成長，建築作業，物体の落下，ありとあらゆる動き変化が説明された。トマスはこれを「神の力とその作用」という図式に重ね合わせた。この重ね合わせを近代物理学が「力とその作用」という新図式に改変した。新図式は神を除去した形で今も生きている。「能力」は力学的な「力（英 force）」という概念に置き換わり，potentia（英 power）という語は仕事率（単位時間当たりのエネルギー量）を指す語に転じた。「作用」を表す語も actus から英 action に変わった。エネルギーや仕事などアリストテレス由来の用語は残るが，理論内部の特定の量として新定義されており，アリストテレスを偲ばせるのは語の外見のみ。新図式における「力の作用」は古代ギリシア語なら βιάω〔ビアオー〕（力づくで何かをする）とでも表現されるべきもの。デュナミスのエネルゲイア化とはもはや呼べない。

　近代物理学の信奉者たちは，アリストテレス図式が射程に入れていた生命現象や人間の技能発現も「力とその作用」という新図式に還元して再構成できると信じた。ホッブズの『リヴァイアサン』はそうした還元の試み。物理学的な「力とその作用」がそのまま政治的・法的な「（権）力とその作用（行使）」（社会契約論）につながることを紐解く。こうした還元思想はデモクリトス以来の原子論や唯物論と親和性が高く，ホッブズ以降も多くの賛同者を得て現在に至る（第4章，第6章参照）。

　だが，大部分の『リヴァイアサン』の読者は，物理的な「力とその作用」と政治・法律的な「（権）力とその作用（行使）」は別次元の問題だと受け止めた。両者は今も

別領域で展開されている。また，生命現象の機械論的説明は遺伝子科学により完成したと言えるが，生態学は価値や目的などの概念に依拠しており，機械論的還元が困難である。同じ困難さは人文・社会科学一般にも当てはまる。これら学問領域を物理学へ還元するのは不可能とする立場は根強い[9]。こうした学問領域では「能力とその発現」というアリストテレス図式が今も通用する（「能力」を指す語は英 power から ability[10]などに置き換わった）。たとえば法律における「権利とその行使」は，この図式の応用例の一つ。

　哲学も同様。近世欧州には機械論一元論に反対して人間独自の「能力とその発現」に拘泥する人々も多数存在した。嚆矢はデカルト。『省察』は思考能力の発現（コギト）に訴えてエゴの明晰判明性を獲得する。他方，ロックやカントは能力の発現には訴えず，能力そのものの構造分析に徹した。とりわけカントはスコラ・ライプニッツ的な「必然・可能・不可能」を人間の能力（主観性）に内在する様相性範疇（可能・現実・必然の三つ組）として位置づける。可能とは，論理的無矛盾性や主観による経験可能性。現実とは，主観が感覚制約下で目の当たりにする眼前存在性。必然とは，論理的必然性や認識の先験的諸制約（主観性にアプリオリに備わる）。神目線で見た可能性や神の意志によるその現実化ではなく，あくまで人間悟性にとっての可能性・現実性（現前性）が問われる（神を前にした人間の限界をカトリック以上に直視するプロテスタント的な考え方）。アリストテレスは建築能力が発動されて動き変化が生ずる，といった素朴な自然学を営んだが，カントは主観性の先験的能力が発動されてあらゆる認識（物理学を含む）が可能となる，という超越論的観念論を展開する。

　ヘーゲルはカントの「可能・現実・必然」を個人の主観性から共同体という文脈に移す。すなわち，主観が想定する抽象的な可能性が，世界において誰の目にも留まる仕方で現実化され，これにより必然性を帯びる。現実は時の経過と共に様々な弁証法的対立に巻き込まれ，これを止揚しながら次々と新たな現実へと置き換わる。我々が向き合い理解する世界は，このように絶えず更新されていく（『大論理学』本質論）。ヘーゲルは可能・現実・必然を絶対者の弁証法的な自己展開範疇の一例として位置づけた。

---

(9)　シュペーマン・レーヴ『進化論の基盤を問う』がこの点を敷衍した近年の古典。価値や目的を自然主義的に解消し去ろうとする試みは，個人の尊厳や自由・平等・美徳などの法的価値を我々が堅持し将来の社会を構築していく上で，時に有害とすらなり得る。

(10)　ability は羅 habititas（habitus「慣習」が形成済みの状態，の意）が祖形。類義語に capacity（祖形は羅 capacitas，capio「つかむ」の名詞形）や faculty（祖形は羅 facultas，facilis「容易な」から派生，habitus により培われた行動の容易さのこと）がある。どれもトマスに用例がある語彙。

　また，彼は『大論理学』の存在論・本質論・把握論をそれぞれデュナミス・エネル
ゲイア・エンテレケイアと形容する（『哲学史講義』）。すなわち，存在論は精神の即
自（an sich）。これは，精神が外的対象の認識に耽溺し，自己自身を認識する可能性
（デュナミス）があるのにそれが現実化されない状態。本質論は精神の対自（für
sich）。これは，対象認識がカント的な意味で精神自身に制約されていることを反省
し，対象（他者）でなく自己のあり方を見つめること。つまり，自己認識が現実（エ
ネルゲイア）化した状態。最後の把握論は，精神の即自かつ対自（an und für sich）。
こちらは対自的な自己反省を踏まえて精神が再度，外的対象（他者）に向き合い，こ
れを把握すること。即自から対自を経由して弁証法的に逢着すべき目的地であるゆえ
エンテレケイアと呼ばれる。これは，アリストテレス用語をヘーゲル哲学のレッテル
へと流用したもの。アリストテレス解釈としては全くのナンセンスである。彼は同様
のやり方で伝統的な哲学の基本概念を数多く自らの体系内部に位置づけ，意味を変更
する。その意図は何だったのか。全てを包摂する絶対者（共同体的な理念）と一体化
してプロティノスやスピノザの如く自足しつつ，理念の永遠不滅性を称える，彼の著
作からはそのように見て取れる。理念は個人を守るためにこそ掲げられるべき，とい
うのが近現代の法律や経済の基本的な考え方だが，ヘーゲルの体系では逆に理念が個
人を飲み込んでしまう。これが弁証法という似非論理と共に後世の全体主義思想を惹
起したことは記憶されねばならない[11]。

　ハイデガーは『存在と時間』で次のような視点を提示する。我々はその都度，各自
が何らかの仕方で世界に投げ出されて存在する。そのあり方は，我々自身が既に理解
している様々な可能性（様々な世界内事物との関わり，我々自身を見つめるあり方，
等々）のどれかを我々自身が企投し，現実化させた限りのもの。我々が暗黙のうちに
了解している可能性が次々と現実化されるという仕方で，我々はその都度，存在して
いる（いわゆる被投的企投）。これはアリストテレスのデュナミス・エネルゲイアを
ハイデガー流の実存主義的存在論（「今」「ここ」「私」へのこだわり）へと焼き直し，
現存在分析論における範疇へと転用したもの。この転用は上述したヘーゲルの『哲学
史講義』と方法的に似る。『存在と時間』公刊後，ハイデガーはこうした焼き直しに
飽き足らなくなり，西洋哲学の基本概念を（意味変更を加えずに）ひたすら解釈する
ことに沈潜した。

　ハイデガーは若い頃，生物学者ユクスキュル（環境世界に置かれた生物が目的論的

---

(11)　ヘーゲルの弁証法がマルクスの発展史観やヒトラーの台頭へと与えた影響は無
　　　視できない。田辺元『種の論理』も同様の影響の産物。やはり絶対者（全体）
　　　の中に個を位置づける思想で，太平洋戦争期に国（全体）のため個人が生命を
　　　投げうつことを奨励するのに使われた。

な行動をする，という視座を基本とした）から強い影響を受けた。ライプニッツのモナドよろしく，それぞれの生物種がそれぞれに固有の仕方で環境世界を解釈し，能力発現して生きている，という思想である。ロレンツらが開拓した生物行動学の基盤にも能力発現という視点がある。生物の生態やヒトの認知能力が本格的に解明されるようになるのは20世紀になってから。現在では，ヒトを含む生物各種の能力発現がそれぞれのゲノム情報（分子生物学）とどう接合しているか，これを解明するのが生物学のフロンティア。

　最後に，必然・現実・可能にかかわる様相論理について。様相論理は20世紀，ルイスを経てクリプキにより可能世界意味論として展開された。公理的な統語論体系（述語論理など）を意味論解釈（存在領域すなわちオントロジーの対応づけ）する際，解釈に無限のバリエーションを与え，ここに必然・現実・可能を位置づける。すなわち，一つ一つの意味論解釈が可能世界を成し，現実世界はこれらのうち現実化しているどれか一つとされる。必然はあらゆる解釈において正しい文[12]。ライプニッツのアイデアに沿った理解だが，神は出てこない。様相論理は必然・現実・可能を神から分離し，単なる形式科学上の特性と見なす。こうした形式科学的な発想は一般にAIなど現代の技術革新を推進する原動力となっている。しかし，我々は各自，相変わらず生身の身体に縛られ，それぞれの「今」「ここ」「私」（能力の発現や行使の現場）を生きている。技術革新が次々と新たな疑似実体（VRやブロックチェーンなど色とりどり）を生み出し，法的・倫理的対応を求めてくる（昨今は情報倫理や脳倫理など）。和語で生きる者たちも「尊厳」や「人格」など法概念を駆使（権利を行使）して「今」「ここ」「私」を守るしかない。

和語の世界

　以上を振り返ると，「可能・現実」はトマスやライプニッツのpossibile・actualeに対する訳語（事態の論理的な可能性と現実性）。アリストテレスのデュナミス・エネルゲイアは「能力・発現」，近代機械論におけるpotentia・actusは「力・作用」が適訳語。両者は現代の法律や政治における「権利（力）・行使」にもつながる。原語は同一語彙だが，明治期に文脈次第でバラバラの訳語ができた。これではギリシア以来の欧州精神史に連なる自覚が生まれにくい。

　「能力」は事を為す力の意で古くから漢籍に見える。江戸後期の蘭学者が蘭krachtやvermogenの翻訳語に転用し，現在に至る。「発現」も「現れ出る」の謂で古来漢

---

(12)　詳しくは様相論理の教科書として神野慧一郎・内井惣七『論理学』参照。

籍にあり，漢訳仏典でも使われた（親鸞の『教行信証』や道元の『正法眼蔵』は「発顕」と同義で用いる）。「作用」は働きや努力の意で白居易の詩にも出てくる。明治以降は主に英 action の訳語となった。

　和語で訳すとどうだろうか。デュナミスの原義に相当するのは「ちから」の他，「あたふ」「できる」「得（う）」など。「ちから」は「ち（血，乳）」プラス「から（柄）」。「から」は起点を表す格助詞と同根，「家柄」「季節柄」「お国柄」など，物事を起点にそこから発生する性質一般を指す。「ちから」は血・乳に由来，原意は体を使う動作の源。転じて，頼り甲斐，行為動作能力一般，も指す。デュナミスと近いが，「ちから」に δύναμαι のような頻用動詞形はない。

　「できる」は「いでく（出で来）」の変形。原意は「出てくる」「出現する」「現れる」。自分が何かをするのでなく，何かの自発的な現出を我が身に引き受ける，その現出を見届ける，の意。欧州的な主体の能動的行為能力とは無縁。これが明治以降，英 can の翻訳語に充てられた。can はゲルマン語で「学んで知っている」が原意，中世から近代にかけて論理的可能性及び主体能力を表す語彙となった。明治の翻訳者たちは「できる」を can の翻訳語に仕立て上げるべく努めた。結果的に can を「できる」と訳すのが定番化したが，「できる」の背後に和語の発想（主体性皆無）は今も潜在する。can を「できる」と訳した途端，can に含意される主体性，能動性はザルから水が漏れるように喪失，日本語で再現されないまま。代わって，受身を重視する和語の発想が無意識に染み出してくる。

　「あたふ」は「あつ（当つ）」（命中する）と「あふ（会合遭）」の合成語[13]。的を射た状態（肯定的評価対象）に遭遇する（我が身に引き受ける），転じて正鵠を射ており理に適う，納得がいく，の謂。中古以降，漢文で「不能」の読み下しに否定形の「あたはず」が充てられた（命中状態に遭遇しない，的外れ，納得できない，の謂）。肯定形・否定形どちらも can のように主体的能動性を表現する語彙ではない。むしろ，「できる」と同様，あなた任せの他力本願的発想の語彙。この「あたふ」を下敷きに明治初期の日本人が「可能」を新造した。「可能」（あたふべき）にも同様の受身性が染みついている。もっとも，この顛末を現代人は忘却済み。「あたふ」「あたはず」も現代日本語からは消失した。

　「〜し得る」中の動詞「得る」はどうか。祖形は「う」。入手する，我が身で受けとめる（受身），が原意。自発・可能の意もある。和語の世界で重要な役割を果たす語（詳細は第8章で）。can のような主体に備わる能力を指す語ではない。can と同様，

---

(13)　「閉づ」と「あふ」で「途絶ふ」，「取る」と「あふ」で「捉ふ」，「襧ぐ」と「あふ」で「願ふ」など，同様の合成語は和語に多数ある。

論理的可能性を意味し得るが，「得る」の「可能」は元来，恩恵を我が身に受けるという利害関係。「得る」をcanの翻訳語として使うと，やはりcanの意味を再現できないザル語彙と化す。日本語を学習した欧米人やバイリンガルの帰国子女など，can的な発想が生活に染みついた人は，canのつもりで「得る」を口に出すだろうが，大多数の日本語生活者は違う。

　総じて，デュナミスやcanに発想レベルで対応する和語はない。それゆえ，明治期に漢語新造語で訳したのは理に適っている。だが，翻訳者たちがcanを再現する語彙として「能力」「可能」を提案し流布させても，能力を発動する主体という欧州的自己意識が日本に定着するわけではない。実際に，「能力」「可能」がcanの意味を再現できているのか疑わしい。

　エルゴンはどうだろうか。この語は能動的な働きかけ，及びその結果を指す。「労働」は身体を労し動かす，の意で荘子にあり。「仕事」は和語，鎌倉期にできた比較的新しい語彙。サ変動詞「す」の連用形と「こと」の合成語（「しわざ」と類義）。「す」は「する」の古形，元来は「香ぞす（香りがする）」のように周囲に漂うものを感じ受けとめる，の意（指示詞「そ」と近縁，第8章参照）。つまり，能動的な働きかけでなく，むしろ受身を指す。中古以降，人の動作の意が生じ，明治以降は英doの訳語にもされたので，「する」は主体的能動を表すと思われがちだが，実は背後に受身性が共鳴している（話者が主体的に為すのでなく，為されたことに話者が触れ，引き受ける，という発想）。「仕事」も労働や作品そのものというより，それを人による所業と感受する受け手（話者）の心を含意する語彙。和語の世界は能動性に乏しい。エルゴンは共同体における人々の地位・職能（軍人，職人，芸術家など）の分岐を前提に意義づけられる語彙だが，このような分業はそもそも上古以前の日本に未発達だった。

　「はたらく」は中古に登場した語彙，もとは「体を動かす」の意，語源は不明。動詞「はたる」（責め立てる，強く催促する）と関係するかもしれない。因みに，「動く」はアリストテレスが自然学で解明しようとした κίνησις〔キネーシス〕（動き変化，運動）に相当する和語彙だが，その原意は空間内の位置変化というより揺らぎ（稲穂が風に揺れる様子や心の動揺を指す語）。

　エネルゲイアに相当する発想の和語もない。「現実」「発動」「発現」など新造漢訳語を充てたのはやはり理に適っている。無理して和語にすると「働きの内にある」。四原因を試みに和語で言い換えると，「はじめ（始原因）がもと（質料因）へ働きかけ，もとが動かされ，もとに見え（形相因）が宿り，もとが目当て（目的因）へと到る」。何ともぎこちない。プラトンやアリストテレスはこうしたぎこちなさを承知で日常語を陶冶し，彼らの目指すものを伝えようと格闘した。この陶冶はギリシア語彙

による世界解釈や定冠詞など文法構造と連動し，イデア論的な世界観の明示につながった。これに匹敵する思考の伝統は日本で自生しなかった。侵入する外来種は専ら漢語が写し取り，和語の世界と棲み分けを図っている。和語は外来種からどう身を守っているのか。その核心はここで触れた受身性と関係する。**第 8 章で紐解きたい。**

第8章

能動と受動

　「能動」「受動」で思い浮かぶのは英語の構文。生物では細胞の物質透過が「能動輸送」「受動輸送」に区別される。電気工学では「能動素子」「受動素子」。教育ノウハウでは「能動教育（アクティヴ・ラーニング）」「受動教育」。「受動喫煙」という言葉もある。「能動」は積極的働きかけ，受動はされるがまま。「能動」「受動」とはそもそもどういうことなのか。

　「能動」は英 active，「受動」は passive の翻訳語。初出は田中義廉の『小学日本文典』（1874年，英文法書に倣って編纂された日本語文法教科書）。その3巻24章で彼は「教師が生徒を教ふ」のように教師の「作動が能く他の物に及達」することを略して「能動」，「生徒が教師に教えらる」のように生徒が「作動を受ける」ことを略して「受動」と呼んだ。英語には能動態・受動態がある。日本語では「する」「される」と訳すのが典型的だが，実は日本語に英語のような能動・受動の区別はない。これが何を意味するか，本章後半で考えたい。

　active・passive の源泉は二系統ある。一方は古代ギリシアの動詞ペア ποιέω〔ポイエオー〕・πάσχω〔パスコー〕。もう一方はディオニュシオス・トラクスの文法用語 ἐνέργεια〔エネルゲイア〕・πάθος〔パトス〕。まずは前者から紐解きたい。

古代ギリシアの用法

　ποιέω（不定形 ποιεῖν〔ポイエイン〕）の原意は「制作する」。ホメロス以降，ギリシアは詩人を多く輩出した。詩作こそが優れた意味での制作と見なされ，「詩作する」の意も生じた。プラトンの時代からは「する」（英 do に相当）という広義でも使われた。名詞形は ποίησις〔ポイエーシス〕（制作行為）や ποίημα〔ポイエーマ〕（制作物）。

　πάσχω（不定形 πάσχειν〔パスケイン〕）の原意は「被る」「受ける」「（何らかの目に）遭う」。ホメロスには痛みや惨事を被る，という用例が多い。紀元前5世紀以降は価値中立的に「何かを経験する」，更に物事が「云々の状態になる」の意でも使われた（とりわけ哲学の文脈で）。名詞形 πάθος も元来は降りかかる不幸（病気など偶発事），受ける仕打ち，境遇などを指したが，後には外的原因による心の可変的状態

一般，価値中立的な状態一般をも指した。

　ポイエインとパスケインは元来，「食べる」「歩く」と同様，それぞれ数ある動作行為状態の一種。相互に独立で対立しない。能動（する）・受動（される）という対立語（上部概念）として使われ始めたのは紀元前5世紀。プラトンには事物どうしの能動・受動（『ソピステス』『テアイテトス』），魂の能動・受動（『法律』）などの言い回しがある。ただ，彼は ἔργον〔エルゴン〕・πάθος（働きと受動，『パイドロス』），πρᾶξις〔プラークシス〕・πάθος（加害と被害，『法律』），αἴτιον〔アイティオン〕・πάθος（原因の作用とその受動，『エピノミス』）も同義のペアとして用いている。ポイエイン・パスケインは唯一無二の上部概念ペアではなかった。むしろ抽象度の高い上部概念に事欠き，手近な語彙を漁った中にこのペアが含まれていた，と言える。

　プラトンがパトス（受動状態）に言及する際の特徴的な文脈が二つある。第一は魂と身体の分離。両者にはそれぞれ時々刻々変化するパトスがある。身体のパトスは発育状態や外部から被った傷や病気など。魂のパトスは無知蒙昧状態，困惑状態，恋愛感情など。思慮深い魂は自律的で外界からパトスを受けにくい。何かを知ることも魂のパトス。二類に大別され，一つは魂が身体を通じて外界を感覚知覚する状態。もう一つは，魂が身体依存を脱して魂自身に立ち返るイデア観照状態。いわゆる線分の比喩が両者の違いを照射する（『国家』）。身体依存的な魂の状態として πίστις〔ピスティス〕（感覚に依拠する思考）と εἰκασία〔エイカシア〕（感覚記憶の想起），脱身体的な魂の状態として νόησις〔ノエーシス〕（イデアの直観）と διάνοια〔ディアノイア〕（イデアに基づく思考），計四種のパトスが区別される。善のイデアに導かれた魂は四つのパトスを脱身体へ向けて進む。四つのパトスは外界や魂自身（イデア）の働きかけで発生するが，この働きかけはポイエインと呼ばれない（ギリシア語の慣用に沿った語法）。つまり，この文脈でのパトスはポイエインとペア概念を成さない。また，魂や身体のポイエイン（能動）をプラトンはパトスのように区分・敷衍していない。

　第二の特徴的文脈は，ウシア（イデア）とパトスの対立。『エウテュプロン』でソクラテスは「敬虔さとは何か」と問いかける。「神々に愛されること」との答えを受けて，彼は「それは敬虔なるものに備わるパトスの一つであり，敬虔さのウシア（イデア）ではない」旨，応答する。このパトスは，事物の一時的かつ非本質的な状態。事物そのもの（ウシア）と対立する。ポイエインと対立する用例ではない。相手が何を提案しても「それは側面的規定であり，本質を突いていない」「それはイデアそのものでなく，個別事例にすぎない」と却下するのはいわゆるソクラテス的論法。プラトン対話篇に特徴的な論法で，「徳とは何か」などイデア探求に際して必ず用いられる。

アリストテレスの用法

　アリストテレスはこの二つの特徴的文脈を継承し，ポイエイン・パスケインを上部概念ペアとして頻用する。前者は『霊魂論』に関わり，第９章に回す。後者は『範疇論』に関わる。ポイエイン・パスケイン（パトス）は十の範疇に含まれる（第５章参照）。実体以外の九つ（どれも実体のあり方）は相互排他的に分類されているわけではない。たとえば所持（ἔχειν〔エケイン〕）は質（ποιόν〔ポイオン〕）の一種とされる（同書８章）。また，実体が受動するパトスはすべて実体の質とされる（同箇所，及び『形而上学』５巻14章）。他方，動き変化する事物の質は全てパトスだ，とも言われる（同３巻５章及び７巻13章）。混乱気味だが，整理するとパトスは狭義と広義に大別できる。狭義は能動の対立語（受動）。広義は『エウテュプロン』的なウシア（実体）の対立語（実体の一過性受動状態）。広義パトスは範疇のうち質・量・場所・時間・能動・受動（狭義）を包摂する。他方，所持は「何かが何かを所持する」，状態（κεῖσθαι〔ケイスタイ〕）は「何かが何かにより一定の状態に置かれている」の謂。どちらも実体（「何か」）どうしの関係と見なせるので，広義の関係範疇に包摂される（『範疇論』７章）。広義パトスは属性（attributum，第５章参照）に似るが，用語の発想が違う。属性は実体に備わる本質的特徴。広義パトスは非本質的で可変的な特徴。また，属性は外部から実体に帰せしめられたもの。広義パトスは実体そのものの受動状態。

　狭義パトス（受動）は自然学的な概念である。質料因は受動能力，始原因は能動能力を持つ（第７章参照）。両能力が発現すると動き変化が発生する。たとえば油は燃やされる能力，火は燃やす能力を持ち，両能力が発現すると燃焼（動き変化）が発生する。油を燃やしている火はまさに能動中，火に燃やされている油はまさに受動中。この受動中状態が，狭義パトスである。

　始原因については，これを能動能力と形容できない場合もある。生物の発生や成長における始原因（樫へと成長するどんぐりなど）はポイエイン（能動）しておらず，自然発生（γένεσις〔ゲネシス〕）の発端となっているだけ。自然発生と能動は違う（『形而上学』７巻７章）。また，思慮深い行為の始原因（魂）はその行為をポイエインする，とは言わない。ギリシア語は πράττω〔プラットー〕という別の動詞を使う（同６巻１章）。アリストテレスはポイエインを能動一般という上部概念（範疇）化したが，一切の始原因の働きを指す語にまで用法拡張してはいない。彼はギリシア語彙の日常用法を踏まえて無理のない範囲で哲学概念へと陶冶し，自説を構築した（アンスコムら20世紀英国の日常言語学派はこの姿勢を模倣した人々）。

　他方，広義パトスはソクラテス的な対話の主題となり得る事物一般について用いられる。自然学の文脈では，実体の可変的状態は全て広義パトス。或る人が歩行中に青

い空を見て喜びに浸るとき，歩行や青い空の感覚，喜びは全てその人の広義パトス（同9巻7章）。事物一般という文脈では，その事物そのもの（実体）でなく，その側面的規定が広義パトス。あたかも，探究という能動的働きかけを受動する探究対象が，我々に示してくる側面的な姿，という趣旨の語法。こうした受動的規定は実体なしにあり得ない（同12巻5章）。広義パトスは実体に対して時間の上でも根拠づけの上でも劣後する（同7巻13章）。実体を見極めたいがその広義パトスしか把握できず，実体自体は闇の中ということもあり得る。『トピカ』における定義・類・特有性・偶有性も広義パトス。偶有性は実体がたまたま宿すだけだが，定義や類は自体的に宿るので，これをパトスと呼ぶのは本来，不適切。だが，『形而上学』は定義や類（「人」に備わる「理性的」，「直線」に備わる「まっすぐ」など）を自体的パトス（5巻11章，7巻5章，10巻9章など）と呼んでいる。特有性は特有パトス（人に特有の「音楽を学ぶ」，動物に特有の「足」「翼」「雌」「雄」，同13巻3章及び『分析論後書』2巻13章など），偶有性は偶有パトス（人がたまたま陥る「赤面」，同1巻7章など）と呼ばれる。存在の意味を探究する形而上学は，存在としての存在（ὄν ᾗ ὄν〔オン　ヘー　オン〕）の自体的パトスを把握する試みとされる（『形而上学』4巻2章）。

　『霊魂論』では狭義パトスと広義パトスが交錯する。外界個物の能動能力と魂の受動（狭義パトス）能力が共に発動され，魂（実体）が広義パトス状態に置かれる。これが感覚や感情（第9章参照）。

アリストテレスから文法学へ

　アリストテレスの時代，文法学はまだなかった。文法は我々の使う言葉が示す規則性。近年ではソシュールの一般言語学やチョムスキーの生成文法など，言語の一般構造が脚光を浴びるが，伝統的に文法とは個々の自然言語に備わる規則性のこと。歴史的には，紀元前2世紀にギリシア語，後にラテン語，近世になって欧州各国語，の順に文法学が興隆した。印欧語は文の構成要素として動詞や名詞，前置詞などを区別し，また動詞の相（完了や未完了など，第2章参照）・話法（直接法や命令法など）・態（能動態や受動態など）や人称・時制，名詞の性・数・格を区別する。これら区別は個別言語を反省して得られたもので，「相」という概念は19世紀スラブ語文法学が創出，「法」という概念は様相論理の影響で20世紀に生まれた。アリストテレスは言葉が事物の名前だと素朴に考え，文法に立ち入らなかった。

　ギリシア語文法学は紀元前2世紀のアリスタルコスやその弟子ディオニュシオス・トラクスが祖とされる。彼らはアレクサンドロス大王が拡大したギリシア語圏（ヘレニズム圏）でホメロスなど古典作品を正確に継承すべく，アレクサンドリアを拠点に

活動した。アリストテレスやストア派の影響も受けていた。ディオニュシオスは最古の文法書とされる『文法技術』の著者と伝わる。彼は文の要素として品詞八つ（名詞，動詞，分詞，冠詞，代名詞，前置詞，副詞，接続詞）を区別し，名詞の特徴として性・数・格など五つ，動詞の特徴として話法，態，数，人称，時制など八つを列挙した。「格」や「態」などの文法用語は同書が創出した。「格」はギリシア語で πτῶσις〔プトーシス〕，動詞 πίπτω〔ピプトー〕（倒れる）の名詞形。ギリシア語の名詞は五通りに格変化（主格，属格，与格，対格，呼格）する。これが五方向に棒が倒れるイメージに基づく呼称。動詞は，話者がどんな思いを込めて使うかにより直接法，命令法，希求法，接続法の四つの話法（ἔγκλισις〔エンクリシス〕）があり，それぞれ異なる人称変化を持つ。ἔγκλισις の原意は傾斜。話法の違いが傾斜角の違いに喩えられた命名。

　態（διάθεσις〔ディアテシス〕）は主格が動作にどう関与するか，の違い。能動，受動，中動があり，それぞれが異なる人称変化を持つ。διάθεσιςは原意が並べること，転じて配列，状態を指す。アリストテレスは鉄の熱さ，冷たさなど個物の一時的状態を指してこの語を使った。ディオニュシオスも態を動詞の一時的状態と捉えてこう呼んだ。彼は能動を ἐνέργεια〔エネルゲイア〕，受動を πάθος〔パトス〕，中動を μεσότης〔メソテース〕（詳細は後段参照）と呼んだ。前者二つはアリストテレス用語。能動は「人が肉を切る」や「火が木材を燃やす」などにおける動詞の語形（不定形で τέμνειν〔テムネイン〕，κάειν〔カエイン〕），アリストテレス的に言えば人や火（始原因）を主格としてその能動能力の発動を表現する語形。受動は「肉が切られる」「木材が燃やされる」など，肉や木材（質料因）を主格としてその受動能力の発動を表現する語形（不定形は τέμνεσθαι〔テムネスタイ〕，κάιεσθαι〔カイエスタイ〕）。ディオニュシオスは自然学にコミットしないが，アリストテレスの始原因（能動能力）と質料因（受動能力）はギリシア語他動詞の主格と対格に相当することが多い。四原因説やポイエイン・パスケイン（パトス），デュナミス・エネルゲイアはこうしたギリシア語の文法形式・世界解釈と連動して理論化されており，文法用語に転用しやすかった。

古代ローマ

　ポイエイン（制作する）に相当するラテン語はfacio（「作る」）。法的状態を作り出す，の意で頻用された語彙で，ポイエインとは含意が異なる。上部概念的なポイエイン（する，能動）はago（**第7章参照**，名詞形actio）とも近い。

　パスケインに相当するのはデポネント動詞patior。「（重いものを）担う」「（苦痛を）被る」「耐える」と意味が広がり，「不当に苦しみを味わう」という法的含意も伴う。キケロの時代，patior の名詞形はなく，彼はパトスを perturbatio（心の乱れ）

や affectus, affectio と訳した。後者二者は前置詞 ad と facio の合成形 afficio（〜へと働きかける）に由来。「（働きかけで生じた）気持ち」「愛情」，ローマ法で「（働きかけで生じた）意思」の意でも使われた。patior の名詞形を新造したのはキリスト教。キリストの受苦や殉教者の苦しみを指すパトスの羅訳語が必要となり，完了分詞 passus から passio が造られた。

　弁論好きのローマ人は文法学に強い関心を示した。発端は前述のディオニュシオス。彼は壮年期にロードス島に移住，そこを訪れたローマ人スティローに文法学を伝授した。スティローは後にキケロの師となる。以後，ラテン文法学が興隆する。ラテン語もギリシア語同様，能動と受態を区別する。初期の学者は能動を modus faciendi, 受動を modus patiendi などと呼んだ。4 世紀には前者を actio，後者を passio（キリスト教用語の転用）と呼ぶ語法が定着した(1)。

スコラの用語法

　ボエティウスは『範疇論』におけるポイエイン・パスケインを facio（名詞形 factio）・patior と訳した。その約七百年後，メルベケは『形而上学』訳でポイエイン系語彙にしばしば ago 系語彙を充てた（5 巻15章で ποιητικός を activus と羅訳，など）。この訳語変更には二つの背景がある。一つは，創造（factio）を広義における神の行為（actio）と解するキリスト教義がこの間に確立されたこと。つまり，actio は factio を包摂する上部概念と化した。二つ目は大学の新設と文法学の開講。メルベケは範疇論・自然学的なポイエイン・パスケイン（facio・patior）に文法学の能動（actio）・受動（passio）を重ね合わせた(2)。

　トマスはこの用語法を踏襲する。その結果，神の actio と文法的能動・受動がトマスの範疇論，自然学そして倫理学を席巻する。彼は範疇論的なポイエインを actio，パトスを狭義・広義とも passio と言い換える(3)。『神学大全』1 部問41には次の旨が述べられている。すなわち，始原因と質料因の能力が発動されて動き変化が生ずる際，動き変化の発端が actio，動き変化の到達点が passio である。たとえば建築家が

---

(1)　ラテン語に中動態は存在せず，その名残としてデポネント動詞がある（変化は受動態と同様，意味も類似）。ラテン語文法学で態は genus，話法は modus と呼ばれた。格は casus（倒れること）とギリシア語から直訳された。

(2)　メルベケについては第2章注（5）参照。彼の生涯はドミニコ会士だったこと以外，謎に閉ざされているが，トマスのみならず幾何学者カンパヌスや物理学者ウィテローとも知的交流があったことは知られており，前半生において大学で自由七科を学び神学を専攻した当時第一級の知識人だったと推測される。

(3)　ボエティウス訳『範疇論』はトマスも使っていた。メルベケもポイエインを facio と訳す箇所は多々ある。

部材を切断する際，切断という動き変化の発端は建築家の actio。発端から動き変化が出現して部材へと到達し，部材が動き変化を被る（passio）。ややマニアックな表現だが，これは『自然学』の学説をトマスが文法学用語を使って分析的に表現したもの。主格から対格への他動詞的働きかけという文法学の視線が自然学に重なっている。建築は切断と違い，動き変化が部材に到達するだけでなく，更に先の到達点（建築物）に至って初めて終結する。しかし，「切断する（羅 seco）」と「建築する（羅 statuo）」はどちらも他動詞。トマスは両者を到達点（目的物）への働きかけという点で一括し，actio transiens と呼ぶ。

　倫理学については，アリストテレスが制作（ポイエイン）と行為（πράττω）を峻別した。前者はその始原因（制作者）が目的因（制作物）の外にある。後者はその始原因（行為者）が目的因（成されるべき行為）の内にある（自分自身の行為が目的）。制作は技術と自然学の問題，行為は倫理学の問題とされた。トマスはこれを踏襲，制作を factio，行為を actio と呼んで区別する（『対異教徒大全』2 巻 1 章など）。しかし，factio は結局，上述の通り actio transiens と言い換えられ，上部概念としての actio に包摂される。技術，自然，倫理，どの文脈でも人間は始原因となり，動詞の主格（actio の主体）として表現される点は同じ。文法学の視線は倫理学をも覆ってしまう。

　トマスにおける文法学の視線は神に極まる。彼の学説における causa や potentia・actus は自然学レベルと神レベルの二重構造を示していた（第 7 章参照）。actio も同じ。トマスにとって actio は自然学・倫理学的には始原因の能動。最も優れた意味での actio は神による創造。自然学・倫理学的な能動は，神が創造した被造物の能動であり，神の能動と二重構造を成す。

　なお，トマスにとって actio は actus とほぼ同義。両者の違いは㋐actus は範疇ではない，㋑自然学で動き変化が完了したテロス既達状態（actus すなわちエネルゲイア(3)）は actio と呼べない，この二点。アリストテレスはデュナミス・エネルゲイア（形而上概念）とポイエイン・パスケイン（自然学概念）を区別したが，両ペアを羅訳すると potentia・actus，actio・passio。どちらも神の actio（actus）を背後に持つ。神の臨在は全ての区別を飲み込んでしまう（これを強調するとプロティノスやエックハルトのような神秘主義になる）。

　こうした actio・passio の用法は概してトマス以降のスコラ哲学者たちにも継承される。文法的な能動（主格）・受動（対格）が，自然学的な能動（始原因）・受動（質料因），倫理的な能動（行為者）・受動（目的・客体），そして神学的な能動（神）・受動（被造物）を覆うように，スコラ的世界観の軸を形成する。

近世以降

　文法学的に刻印されたポイエイン・パスケイン（狭義パトス）を近世機械論者たちはトマスから継承する。広義パトスをトマスはaffectioやaffectusとも呼んだが，この語法も近世機械論者たちに受け継がれる。彼らとトマスの違いは，目的因と形相因の廃絶，コナトゥス概念の導入，因果関係の数理的表現（第6章参照）など，限定的。どちらもギリシア以来の伝統に連なっている。

　ホッブズやデカルトは実体概念と共に広義パトスもスコラから受け継ぐ。彼らもまた感覚や感情を実体（魂，身体）が被る広義パトスと考えた。ただ，スコラと違い，彼らの説明は機械論的。説明の仕方は両者それぞれ。ホッブズは機械論一元論に立ち，外的物体の能動を身体が受動して発生する運動が感覚や感情だと考えた。デカルトは二元論者。感覚は外的物体の能動を魂が（身体を通して）受動した結果。感情・情念は身体の能動（動物精気の運動）を魂（エゴ）が受動した結果。動物精気が血管を通って脳に至り，脳内の松果腺を刺激すると，魂に六つの基本的な情念（愛，憎しみ，欲望，喜び，悲しみ，驚き）が発生する（『情念論』）。逆に魂の能動が松果腺を刺激し，これを身体が受動すると，意志に基づく身体の動きが発生する。能動能力と受動能力の発現という『自然学』の説明図式が無批判的に使われ，魂・身体間に適用されている。方法的懐疑は掛け声倒れとの印象が深まるが，伝統に連なるとはこういうこと(4)。

　デカルトは思考実体（魂）と延長実体（身体）を分離し，この二つの実体間の能動・受動（橋渡し）が因果関係に他ならないと考えた。スピノザはこの二世界説を却下する。自己原因である神のみが実体である。神が自らに働きかけ（afficere），延長という属性において自らを変容させた結果が物体（身体を含む）である。つまり，物体は実体（神）のaffectioすなわち広義パトス。デカルトは感情や情念が魂（実体）の一時的受動状態（広義パトス）だと理解したが，これも誤り。実体（神）の変容態（affectio）である人間の身体が，神を起点とする因果系列の中で他の物体から作用を受けた一時的状態（affectus），これが感情や情念の正体。この状態にはpassio（受動感情）とactio（能動感情）の二種がある。前者は外界からの因果作用を受動して生じる喜びや悲しみなど（ホッブズらが考えた感情や情念）。身体が受動感情を持つときは魂も受動感情を持つ。後者は神の認識に伴う喜び（神への愛）。身体が能動感情

（4）　能動・受動についても，アリストテレス・ホッブズ的に外的事物そのもののあり方と見なすか（素朴実在論・唯物論），デカルトやロックのように観念的に構成された機械的自然のあり方と見なすか，哲学上は立場が分かれる。しかし，これは物理学そのものには影響を及ぼさない。

を持つときは魂も能動感情を持つ。身体と魂は同一事態の二面であり（並行説），両者の間に能動・受動を考えるデカルトは誤っている。スピノザはaffectusを上部概念化し，actio・passioをこれに包摂させる独自の語法を採った（『エチカ』）。

　この語法は神の実体視に起因する異端的なもの。他の近世思想家たちは概してホッブズやデカルトの語法に従った。ロックによれば，外界事物が身体へと能動，身体がこれを受動して観念が因果的に発生する（ホッブズ的）。同時に，我々は観念の世界の囚人（デカルト的）。実体と広義パトス，実体間の能動・受動（狭義パトス）は，観念複合の産物。ホッブズは社会契約論の文脈でも能動（行為）・受動（感情）を考察したが，こちらはロックもそのまま引き継ぐ。

　ライプニッツのモナドにはそれぞれvis activa（能動力）とvis passiva（受動力，抵抗力）が備わる（第7章参照）。二つの力が行使されることで物理的世界が各自のカプセルに投影され，現出する。また，二つの力は投影図内部に現出する多様なモナドの動き変化を支配する法則性でもある。

　ニュートンの第三法則は通称，作用（actio）・反作用（reactio）の法則。人が壁を押すと，壁は力を受ける（passio）のみならず，人へと逆向きで同じ大きさの力を反作用させる（二つの力はつり合う）。デカルトも物体の運動・静止をこうした力の衝突や均衡で説明した。actio・reactioペアは自然（物理）学に浸透，やがてactio（能動）・passio（受動）ペアに代わり標準語彙と化す。

　カントの理論哲学は，自然学的な能動（作用因の能動）と，超越論的悟性の能動（悟性範疇の能動的な適用，すなわち世界の具体的な認識）を区別する。後者はデカルトのコギトに相当。デカルトは「コギト」の一言で片付けたが，『純粋理性批判』は世界理解の土台としての主観性を詳細に分析した。分析結果はカントのオリジナルではなく『霊魂論』以来の伝統的な哲学概念を利用・改変・精緻化したもの。1781年の初版は範疇適用の素材となる感覚が外界事物からのaffectioだとしたが，6年後の改訂版はaffectioという語を排し，外界事物はロック的に不可知な物自体と形容される。我々は一人一人，カプセルから出られない，というライプニッツ的な独我論を徹底したことになる。カントは他に実践哲学の文脈でも能動（人格による行為）を主題化している(5)。

　ヘーゲルにとって能動・受動はホッブズやカント同様，実体どうしの自然学的な因果関係（『大論理学』）。同書はこれを本質論（現実性）に位置づけた。即自的な実体

(5)　超越論的主観性は実体でなく，その広義パトスは問えない。他方，カントは『人間学』でその情念（Leidenschaft，広義パトス）を理性に抗して目的のために行動してしまう傾向性と形容する。

に対してこれに能動的に作用する原因実体が定立され，元の実体は受動的実体へと対
自化される。さらにこの受動的実体が原因へと反作用する能動的実体へと転換し，因
果関係が交互作用となることで，即自かつ対自が実現する。能動・受動も正・反・合
に従い絶対者の体系中に定位されたことになる。

　後にフッサールは主観性による能動的総合（自我が関わる意識的な対象知覚）と受
動的総合（無意識の対象知覚）を区別し，後者の重要性を指摘した。これは心理学や
フロイトらの精神分析にも影響を与えた。フッサールの現象学は対象が「見えたま
ま」を把握すると標榜するが，これは一種の受動偏愛と言える。ハイデガーはこれを
継受，現象学を解釈学（Hermeneutik）すなわち神の使者ヘルメスの声を受動する営
みと形容した。また，『存在と時間』における被投的企投は，魂の能動・受動を彼流
に捉え直したもの，と言える（彼自身は能動・受動という伝統的語彙を忌避した）。

　現代物理学は数理的に展開されており，「実体・広義パトス」や「能動・受動（狭
義パトス）」という古典的な概念図式はあまり意味をなさない。しかし，能動・受動
は今も便利なレッテルとして様々なジャンルで使われる。たとえば電気工学の「能動
素子」（トランジスタやダイオード）と「受動素子」（抵抗，コイルやコンデンサ）。
電気エネルギーの消費・蓄積・放出など受動動作だけするものと，増幅・清流など能
動動作をするものとの区別である。生物学では細胞膜の物質透過における「受動輸
送」（物質の濃度勾配に従うだけの物質輸送）と「能動輸送」（エネルギーを使い濃度
勾配に逆らって行われる物質輸送，ナトリウムポンプなど）。心理学には「能動的・
受動的インプット（アウトプット）」，教育学には「能動学習」（最近流行のアクティ
ヴラーニング）と「受動学習」。言語学でもソシュールのラング・パロールは話者に
とってそれぞれ受動的・能動的と形容される。社会学系の用語として他に「能動的娯
楽」「受動的娯楽」，「能動喫煙」「受動喫煙」などがある。概して「能動」「受動」は
何らかの実体（物体や個人）が他者に与える作用，他者から受ける作用，というアリ
ストテレス由来のイメージで比喩的に使われる。

　文法学の能動・受動に関して言えば，これが印欧語に共通する文法特徴だとの認識
が19世紀の比較言語学により確立された。チョムスキーの普遍文法は能動・受動を表
層形態と解し，深層に想定される句構造規則（phrase structure rules）レベルでは違
いがないとする[6]。これはあくまで仮説（ここから新たな工学的ツールの開発につ
ながる可能性は否定できない，第7章参照）。欧州語の表層文法形態に能動・受動が
構造的に区別できるのは事実である。

　他方，能動・受動が欧州語に共通していても，能動・受動という区別に汎人類的な

（6）　チョムスキー『言語理論の論理構造』参照。

普遍性や客観性，必然性があるわけではない。実は，能動・受動は印欧語の一部に特有の，しかも後発的に（数千年程度前に）備わった構造。世界には能動・受動の対立を欠く自然言語も存在する。たとえば和語である。

「能動」「受動」「中動」と和語

　印欧祖語は能動・受動でなく，能動・中動の区別を基本とした。比較言語学的にそう強く推測されている。古代ギリシア語は中動と受動が併存状態で，前者が後者に置き換わりつつあった。中動態の人称変化は，一部を除き受動態のそれとほぼ同じ。元来は中動態の人称変化だったものが次第に受動態の変化と見なされるようになり，一部（アオリストと未来）だけ受動態特有の形態が新造されたらしい。この能動・受動・中動の併存期にギリシア古典文化が花開いた。当時のギリシア語を読むと，外見は同じなので中動態か受動態か判然としないことがある。併存状態はディオニュシオス・トラクスらの古典保全活動により文献上は続くが，日常語では古代末期に中動態が消失し，終焉を迎える。

　中動態とは何か。バンヴェニストは古代ギリシア語に棹差してこう特徴づける（『一般言語学の諸問題』）。能動態は，主格から発出してその外部で進行する動き変化を表現する形態（「燃やす，καίω〔カイオー〕」など）。中動態は，主格を場として進行する動き変化や状態，すなわち主格がその動き変化・状態の内部にあることを表現する形態（「横たわる，κεῖμαι〔ケイマイ〕」など）。中動態における主格は，当該の動き変化・状態が成立するために必要不可欠であり，その動き変化・状態をまさに被りつつある当のもの。中動態は，主格が外部から独立に自己の内部で完結させる（あるいは主格自身が受益する）動き変化・状態とも形容できる。主格から発出する動き変化であっても，主格がその動き変化に内在するなら，中動態が用いられる（「自分の体を洗う，λούομαι〔ルーオマイ〕」など）。

　他方，受動態は，自らが発出源でない動き変化・状態に，主格が巻き込まれることを表現する形態。主格は外的な他者が発出させた動き変化・状態を被ることになる。受動態の κεῖμαι は「横たえられる」，λούομαι は「洗われる」。つまり，能動・受動の対立は，動き変化・状態の発出源が主格かそれ以外かの対立。能動・中動の対立は，主格が動き変化・状態に外在的か内在的かの対立。両対立において能動の特徴づけは違ってくる。受動と対立する能動は，主格が発出源となる動き変化。だが，これは λούομαι のような中動態の一部についても言えるので，中動と対立する能動の特徴づけとしては的外れ。中動と対立する能動は，その主格が動き変化・状態の外部にあることの表現である。

『範疇論』のポイエイン（始原因）・パスケイン（質料因）は能動・中動，能動・受動，どちらの対立をも反映していると解せる。始原因は動き変化の発出源であり，動き変化自体は始原因の外部で生起する。質料因は始原因が発出させた動き変化に巻き込まれ，また動き変化がそもそも成立するために必要不可欠な前提，動き変化が進行する場でもある。質料因のこの中動態的な側面を指すのがヒュポケイメノン（第1章参照）。これは，それなしには始原因が形相をどこにも宿らせられない，テロスへと向かう動き変化がそもそも始まらない，形相がまさに宿る場，という趣旨の語。パスケインは「受動」と訳されるが，実際には質料因の中動態的な側面と受動態的な側面を共に表している。

古代ギリシア語において中動態はなぜ受動態に置き換わったのか。推測の域を出ないが，主格からの発出・非発出へのこだわりはアイティア（責任・原因）概念と深く関係すると考えられる（第6章参照）。すなわち，誰が行為の発出者かを追求し，それが人であれ神であれ，その責任を問い，また称賛もする。自然界の動き変化を決定づけている原因を特定する。ギリシア神話は，神々と人間と自然の全体を，アイティアの所在を含めて描き出す。自然的事物も人も神もこの全体の中に部分として位置づけられ，その位置を自らの運命として受け入れる。これは後にプラトンやアリストテレスが θεωρία〔テオーリア〕（神の目線で見た光景）と呼んだもので，ギリシア自然哲学の母胎となり，近現代物理学へもつながった世界観である[7]。同じ印欧系でも，アーリア人のヴェーダやペルシア人のアヴェスタが一方的に神々を崇拝するのみであるのと対比すると，極めて特徴的と言える。こうしたアイティアへの問いの浸透と軌を一に，中動態から受動態への転換が進んだ可能性がある[8]。

現代欧州語では，能動態は典型的には主格から対格への働きかけ（他動詞），受動態はこの対格を主格化して同じ働きかけを表現し直したもの，と理解される。つまり，同一の事態が能動と受動で表現できる。チョムスキーが両者を表層的な区別と捉えるのもこの理解に基づく。この能動・受動は，古代ギリシア語の能動・受動（主格からの発出・非発出）とは色彩が異なる。その定着にはキリスト教が強く関与したと推測される[9]。本書が何度も指摘した通り，スコラ的な世界観は神による創造と自然的因果系列の二重構造を基軸とする。神による創造は，同一の事態を現実世界で確定的

（7）　20世紀の米国人パトナムはニュートンの古典力学が "God's Eye View"（神の目線）からの自然記述であることを指摘する（『理性・真理・歴史』参照）。

（8）　ラテン語はギリシア語より早い段階で中動態を失い，デポネント動詞にその痕跡が残るだけとなった。これは，行為の発出源を特定し責任を問うローマ法が発展したことと軌を一にする文法構造の変化であると推測される。

（9）　チョムスキー自身はユダヤ人だが，特定宗教には与しない。なお，一神教的な神による創造を信奉する点でキリスト教とユダヤ教は同じである。

に成立させる（第7章参照）。この同一事態を，動作主（主格）から目的物（対格）への能動として記述しても，目的物（受動態の主格）の受動として記述しても，同じこと。キリスト教以前においては単に主格からの発出・非発出の違いであった能動・受動が，キリスト教義に組み込まれたことになる。

　こうした変遷を貫いて変わらぬ文法的特徴が欧州語には二つある。一つは，受動に対する能動の優位。古代ギリシア文法学以来，欧州語は他動詞と自動詞を区別する。後者はふつう受動態にならない。しかし，他動詞も自動詞も能動態となる点は変わりない。どの動詞も，能動態の主格に置かれる典型はアリストテレス的な始原因（実体），キリスト教では神とその似姿（人間）。主格の能動という文法構造は，ギリシア自然学とキリスト教を貫いて欧州の精神世界に深く根ざし，哲学のみならず心理，学術，そして法律を規定してきた。19世紀以降，欧米発の科学が徹底的な世俗化を推し進めた後も，自由意思を備える個人（主格）の能動という図式は人々の思考や行動を強く規定している。法律では契約自由，自由な自己決定といった原則が今も確固たる意義を持ち続ける[10]。

　もう一つは，能動・中動・受動を通じた主格の遍在。印欧語の文は主格を前提し，その人称（一人称〜三人称）や数（単数・双数・複数）に合わせて動詞が形態変化する（英語は変化をかなり喪失した）。能動・中動（受動）はそれぞれ別の変化をする。神や人を含むあらゆる事物が動詞の主格となり得る。主格が能動的・中動（受動）的に関与する動作行為状態関係の総体が，欧州語にとっての世界。中動から受動への移行も，主格主導を保ったままのものだった。

　この能動・受動のキリスト教・近代バージョンが，安土桃山期に，そして江戸末期以降は本格的に，日本に導入された。和語の文は主格を前提せず，能動・受動の対立もない（詳細後述）。しかし，翻訳者たちは能動・受動を日本語で再現しようとした。その結果，能動は「す」（現代語形「する」），受動は「（せ）らる」（現代語形「（さ）れる」）を典型的な翻訳語に充てる慣行ができた。両者はそれまで主に漢文読み下しに使われた語彙。「す」は元来，能動を表す語ではない（第7章参照）。「らる」も本来，欧州語的な受動を表す語彙ではないが，無理に受動の訳語へと充当された。現代日本で能動・受動は英文法用語として定着しており，日本語文法の範疇と見なす学者もいる。大江健三郎や村上春樹のような翻訳文体小説にも「する」「される」はしばしば意識的に活かされる。だが，能動・受動という形での世界解釈は和語から自生したものでなく，和語の世界を反映していない。日本語話者の実生活に定着してもいな

---

(10)　小坂井敏晶『責任という虚構』はこれを社会心理学の立場から分析している。國分功一郎『中動態の世界』も参照。

い。「学ぶ」「学ばれる」の対立は学校で学ぶが，実生活で「学ばれる」とは口に出さない(11)。

「る」「得（う）」「す」における自発・可能・受身

　古形「（せ）らる」の原意を確認したい。これは「す」の未然形と助動詞「らる」の複合形。「らる」は「る」の別形。「る」は四段活用動詞などの未然形に，「らる」は下二段活用動詞などの未然形に，後置される。「る」「らる」（現代語形「れる」「られる」，以下「る」で代表）は学校文法で用法が自発・可能・尊敬・受身へと区別される。「先人の苦労が偲ばれる」は自発，「この程度の峠なら楽に越えられる」は可能，「先生が壇上で話される」は尊敬の意。「財布を取られた」のように，受身は被害や不利益を表現することが多い。「る」は下二段活用（上代特殊仮名遣い(12)だと未然 re 乙，連用 re 乙，終止 ru，連体 ruru，已然 rure 乙，命令 re 乙 yo）。これは動詞「得（う）」（同じく e 乙，e 乙，u，uru，ure 乙，e 乙 yo）の先頭に子音 r が付加された形。つまり，「る」は子音 r と「得」の合成形と解せる。「得」は手に入れる，（獲得済みで）秀でる，できる，と意味が広がる。話者に未獲得だったものが手に入る，未実現だったものが実現される，という利害関係を指す語。その獲得・実現は，話者の努力や働きかけによる場合もあるが，成り行き任せの自然発生であることも多い。何れにせよ，話者は身を以てその獲得・実現を引き受ける（利害に与る）。これが「得」の諸用法に通底する含意であり，そのまま「る」の通底的含意でもある。すなわち，未実現が実現する（越えられる），その実現は話者の意思や努力によるものというより自然発生的なものであり（苦労が偲ばれる），話者はその自発的事態を我が身に引き受ける（財布を取られる，風に吹かれる）。「る」の尊敬用法は，話者の意思が介在する余地なき仕方で従順に（尊敬対象となる相手方の）動作行為を我が身に引き受ける，つまり相手方に敬意を表する文脈で「る」が使われることから派生したと推測される。

　「る」の用法の一つである受身（うけみ）は，現代欧州語の受動（能動と対立）とは違う。「る」が含意する受身（我が身への引き受け）に，引き受けさせる側の能動者は存在しない。峠越えを我が身に引き受けるとき，何かが我が身に峠越えを引き受けさせているわけではない。先人の苦労が偲ばれるとき，偲ぶ私に何者かが能動的な

---

(11)　英語でも "English is learnt by the pupils" などと言うことは日常まずない。だが，受動態で頻用される語彙は英語に数多い（done, accepted, 等々）。英語で受動態は文法構造として確立されており，日常頻用もされる。

(12)　上代日本語の母音は現在のようにアイウエオ5種でなく，イエオに甲乙を区別して合計8種あったと仮名表記から推測されている。

働きかけをしているわけではない。財布を取られて狼狽する状態は，何者かの能動を受動中の状態とは言えない。「る」は受身と呼べても受動とは形容できない。

　「る」の受身は古代ギリシア語の受動（自らが発出源でない動き変化を主格が被る）とも違う。和語の動詞はそもそも主格を要求しない（和語の格助詞はおそらく漢文の影響で接続助詞から派生した後発的なもの）。「る」「得」は受身の当事者（話者，聞き手，それ以外の明示された人や物）の目線を前提するが，その当事者を明確に名指す必要はなく，ましてやその主格としての表示は文法的に求め得ない（現代語では格助詞による主格表示が可能だが）。また，動き変化の発出源か否かという対立は，「る」「得」の意味成立に無関係である。「る」に前置される「超え」「偲び」「取り」「吹き」についても同様。

　他方，「る」は中動態と似た面を持つ。財布を取られた当事者（「取り」の自発を我が身に引き受けた当事者）は，取られるという事態に内在的かつ必要不可欠な仕方で関与する。「る」はこのことを端的に示す語彙。しかし，「る」の当事者は，「る」の使用に際してデカルトのエゴの如く臨在しヒュポケイメノンの如く前提されてはいるが，主格として明示される必要はない。中動態は，主格が動作行為状態に内在することを（人称変化パターンを伴って）表示する形態。「る」「得」は当事者（明示される必要はない）が動作行為状態に内在することを表現する語彙。発想は似るが，ギリシア語は主格を明示した言語化（言わば θεωρία 化）を文法的に求めるのに対して，和語は「る」の当事者の言語化を文法的に求めず，実際の使用局面でも言語化を回避しがち。また，中動（主格の内在）は能動（主格の外在）に対立するが，「る」「得」の当事者内在性（自発・可能・受身）は必ずしも外在と対立しない。では，何と対立するのか。

　和語には能動・中動，能動・受動という印欧語的な対立はなく，代わりに次の動詞グループ分けが存在するように思われる。一方は，四段・ラ変に分類される動詞群（グループＡとする）。「立つ」「置く」「思ふ」など欧州語で自動詞，他動詞，中動態動詞などと分類される動詞が区別なく含まれる。変化形は四段型活用（上代特殊仮名遣いでは未然から順に a，i 甲，u，u，e 乙，e 甲）。もう一方は，上二段・下二段・上一段・下一段・カ変・サ変・ナ変に分類される動詞群（グループＢとする）(13)。「切る」「責む」「恐る」など，やはり欧州語で自動詞，他動詞，中動態動詞などと分類される語彙が区別なく含まれる。全て語幹に「得」が後置された形で，変化形は「得」に準ずる。「立つ」などはＡ・Ｂ両グループに属する。Ｂの「立つ」は「立つ」プラス「得」の縮約形，現代語では「立てる」と語形変化している。

　「立つ」を例にＡ・Ｂの違いを照射しよう。Ａの「立つ」は四段活用，立つという動き変化を端的に指す。Ｂの「立つ」（「立つ」プラス「得」）は下二段活用，何かが

立つという動き変化が話者目線から見て実現し，その（自発的）実現を話者が我が身に引き受けること（つまり，何かが立った状態が話者の眼前に実現されること。誰がその状態を出現させたか，話者なのか第三者なのか，は不問）。Bの「立つ」は何かを立った状態にする，という欧州語の他動詞的な文脈で使われることが多い。

　「切る」でも違いを敷衍しよう。Aの「切る」は四段活用，切るという動き変化を端的に指す。Bの「切る」（「切る」プラス「得」）は下二段活用，切るという動き変化が話者目線で実現すること，切れた状態の（自発的）実現を話者が我が身に引き受けること（切ったのが話者か別人かは不問）。後者の「切る」は，何かが切れた状態になる，という欧州語の自動詞的文脈で使われることが多い。一般に，「得」を後置すると，Aグループの動詞が示す動き変化の自発的実現が話者に身を以て引き受けられることの表現となる。これが「得」に含意される自発・可能・受身。「得」を後置すると自動詞になるか，他動詞か，これは和語の発想と無関係な欧州語的発想の設問であり，無意味。また，AとBの違いは能動・中動の対立と似て非なるもの（主格を要求しない別の世界観）。

　次に，「す」（現代語形「する」）。第7章で指摘した通り，「す」は元来，周囲に漂う如く何かが出現することを指す。主格の対格への能動を表現する欧州語的な他動詞ではない。活用はサ変（上代特殊仮名遣いでは未然 se乙，連用 s(i)，終止 s(u)，連体 suru，已然 sure乙，命令 se乙 yo)(14)。連用形を音便の一種と見なせば，この活用は下二段と同一。つまり，「す」は子音 s（「そこ」「それ」中の指示詞「そ」に相当）プラス「得」。それまで感じられなかった香りが自発的に漂ってくるのを我が身が引き受ける，のように受身・自発・可能を表す語彙である。これが後に漢文訓読（漢語は格変化を持たないが語順で主格や対格を表示可能，和語と違い主格を明示する傾向にある）の影響で「主格が何かをする」という文脈に転用される。「対面す」など現代も頻用される「〜する」タイプの表現が多数現れる。

　欧文和訳が江戸末期から明治初期にかけて活発化すると，「す」（「する」）は広く漢

---

(13)　上二段は未然・連用・命令形で語根に i 乙が添付され（「落ち」「恋ひ」など），その後ろに添付される「得」の変化形（e乙）が音便で呑み込まれた変化形だと解せる。上一段も同様だが，語根が i 甲で終わる名詞そのもの（「着」「似」「干」「見」「射」「居」）であり，全変化形でこれが優勢化して「得」の変化形（e乙）が一見，消失している（終止形には「る」が添付される）。下一段は「蹴る（くゑる）」のみで，これは語幹 kuw に「得」が後置された形そのもの。なお，このグループ分けはあくまで和語の論理に関する哲学的仮説であり，歴史的に和語が辿った語彙変遷についての仮説ではない。

(14)　「す」には，本文で言及するもの以外に，上代語で尊敬の助動詞「す」（四段活用），中古以降に使われる使役・尊敬・謙譲・受身の助動詞「す」（下二段活用，上古期にはやはり下二段の「しむ」が用いられた），更に「る」と対立する四段活用の「す」（本文後段参照）がある。

字二字熟語と結びつき（「取得する」「処分する」など）欧州語の動詞（自他問わず）能動形を翻訳するための簡便なツールとなった。「受動する」という表現さえ出現した。現代の平均的理解で「する」は英doと同様，能動一般に相当するのだろう。しかし，この理解は表面的。こう理解すると「受動する」という語彙は自己矛盾に陥る。実際には，現代語の「する」にも「す」「得」が潜んでいる。このことは我々の意識に登らないが，我々の思考をかなり強烈に規定している。「対面する」は，「す」「得」に遡ると，「対面」の可能性及びその自発的実現を我が身で受けとめる，の謂。すなわち，「対面」という小宇宙空間が発話者を場として開けること。「受動する」も同様。こうした「得」の論理，能動・受動の対立とは全く異なる自発・可能・受身の論理は，古典的な和語だけでなく，現代日本語の翻訳文体の背後にも空気の如く漂っている。欧州語の能動を翻訳再現したつもりで，実は古来の「得」の論理に支配されている。

「得（う）」の論理と日本の共同体倫理

　このように「す」「（ら）る」は欧州語の能動・受動を日本語で再現するツールとしての機能を押しつけられ，「する」「（ら）れる」に変形して今に至る。現代の国語学者たちは多くが日本語文法を能動・受動という文法範疇で解釈することを当然視している。能動・受動はあらゆる個別自然言語に妥当する普遍性を有すると解される傾向すらある。この傾向は間違っている。能動・受動は欧州語という特殊自然言語に後発的に自生したローカルな構造。能動・受動，自動詞・他動詞という枠組みで和語を解釈できないわけではないが，それは優れて後知恵的。漢文訓読や欧文和訳を通して和語が表層的に変化を遂げた結果である現代日本語の，表層部分に対する後付け解釈でしかない。

　「得」の論理と能動・受動のミスマッチを，「解く」を例として敷衍してみたい。現代日本語では「彼が謎を解く」「謎が彼によって解かれる」など欧文の能動・受動翻訳調の表現が可能である。古語の「解く」には四段（グループA）と下二段（グループB）がある。前者（「帯解きて」など）は能動，後者（「帯解けて」など）は受動，と欧州的な上部概念を使って解釈するのは暴力的。四段の「解く」は確かに能動という解釈を許容する。しかし，和語に能動・受動の文法的対立はなく，「能動」という形容は誤解の元。端的な動き変化（動作行為状態）とでも呼んだ方がよい。他方，下二段の「解く」は，その動き変化の自発・可能・受身（話者による引き受け）を指す。「帯解けて」では「解く」が話者のみならず明示的な「帯」にも引き受けられている。つまり，下二段の「解く」は欧州的な受動と表面的に似た文脈で使われ得る。この類似性を活かして"The belt is undone"を下二段の「解く」で訳す（現代語だと「帯

が解ける」）ことも可能だったろう⁽¹⁵⁾。しかし，実際にはそうならなかった。それは，下二段の「解く」が「得」の論理に従う語彙であり欧州語の受動とは違うことが，翻訳者たちに直感されたからだろう。結果的に彼らは "is undone" を直訳する「解かる」（現代語で「解かれる」）というぎこちない表現を新造した。これは四段「解く」の未然形プラス「（れ）る」。つまり，やはり「得」の論理に従う語彙。欧州語の受動をBグループの動詞語彙（自発・可能・受身）と違えて表現する意図で代替翻訳表現を作ったが，結局は「得」の論理に従う語彙しかできなかった。和語を用いる限り，我々は「得」の論理に絡めとられる。それに代わる選択肢がない。現代日本語の話者も「得」の論理から逃れられない⁽¹⁶⁾。

　能動・中動・受動という文法構造は主格を明示する思考を話者に強要する。アリストテレスの自然学的なポイエイン・パスケイン，そして実体概念も，その産物。これが因果関係と手を携えて現代の自然科学発展につながり，また自由で平等な個人（人格）を基礎とする現代の法秩序も生み出した。その所産は明治以降，日本へも本格導入され，科学技術分野に限ってみれば，数学的ツールの普遍性や具体的なモノの世界の変革を通して，確実に定着もしてきた。しかし，日常語や人文・社会科学のような抽象度の高い領域では，そう簡単ではない。欧州語からの翻訳活動や，欧州語に親しんだ作家による文学作品などを通して，日本語は江戸期と比較して外見的に大きく変化した。多くの語彙が新造され，また多くの語彙は江戸期までの意義づけを失い，欧州原産概念の翻訳語に生まれ変わった（自然科学用語や法律用語など学術用語に多い）。だが，主格思考は日本に広まらない。文法的にこれは仕方ない。能動・受動を翻訳しようにも，手持ちの道具は主格を求めない「得」の論理に従うものばかり。欧

---

(15)　"I solved the problem" は「私は問題を解いた」と直訳できるが，「私は問題が解けた」「私は解けた」「問題は解けた」とも表現可能。「解けた」は「解く」と「得」の合成形。「得」の論理の発想をそのまま英語化すると "Solving has fallen down on me and the problem" または "Solving has been gotten on me and the problem" などと表現され得よう。類似例で「僕お菓子取られた」（幼児の発言）は英語だと "Someone took my candy" だが，「得」の論理をそのまま英語化すると "Taking away has realized itself on me and the candy" あるいは "Taking away is fallen down on me and the candy" などとなろう。欧州語の受動と「得」の論理は全く違った世界解釈。「得」の論理は『日葡辞書』の時代から欧州語の受動を表現すべく適用範囲を拡張した。他方，欧州語が日本語を訳すと「得」の論理を能動や受動に変換する。双方，自らの文法を譲ることなく（譲りようもない），自らの文法に従って相手を誤解していることになる。

(16)　使役の助動詞「す」（現代語では「せる」「させる」）も下二段で「得」の論理に従う。すなわち，動き変化の自発・可能・受身が原意。明治以降は「動かす」（英 move の訳語），「驚かす」（英 surprise の訳語）など欧州語の他動詞（能動）の訳語にも転用された。こうした訳語にも「得」の論理が潜む。なお，上古和語の使役は「しむ（強）」，やはり下二段で「得」の論理に従う。

州語化との語彙共通化がどれほど進んでも，日本語話者の日常は「得」の論理で充満したまま。欧州的な法の支配（主格的な個人の能動・受動が基盤をなす）が日本になかなか定着しないのもこれが一因だろう。のみならず，「得」の論理は，ときに話者の目線共有を聞き手や周囲に強要する無言の圧力を醸し出す。同調圧力や雰囲気に流される生き方（いじめが根絶できない原因）が強固に根を張ることになる(17)。この空間に，能動・受動，実体・属性，原因・結果などの概念装置を土台に個人（法的人格）という理念を掲げ，これを実現すべく社会を改善してきた欧州思想のダイナミズムを植えつけるのは至難の業（「得」の論理は話者が個人すなわち主格となることを構造的に求めない）。それ以前の問題として，我々には「得」の論理の強靭さを自覚することすらそもそもできていない。明治以降，欧州由来の概念（特に科学技術や法的思考）が曲がりなりにも導入され，我々一人一人を取り巻く生活環境は劇的に向上してきた。その恩恵を更に享受し続けることを日本の一般市民は願っているはず。そのためには，まずは「得」の論理の遍在を自覚し，その長所・短所を見極め，欧州由来の概念装置の力を今後も借りて短所を地道に除去していくしかない。

最後に，ポイエインとパスケインに対応し得る和語を確認したい。前者の原義（主格から見て外的なものを制作する）に相当する和語は，厳密に言えば，存在しない。「主格から見て外的」を含意する和語彙はない。意味的に近似する「つくる（作）」（第6章参照）は「つくす（尽）」とペア（「移る」「移す」，「足る」「足す」，「寄る」「寄す」などのペアと同類）。「つく（突，付）」と「る」の合成語である。四段活用（Aグループ）で，語末の「る」は，上述の「得」が付加された「る」とは別物。しかし，合成形の「作る」（「移る」「寄る」，更に「余る」「返る」なども）は意味的に自発・可能・受身である(18)。「作る」は人が力を込めた結果の自発・可能・受身（取り繕う，努めて装う）。「田作り」は田に手を加えた状態の，「仏つくる」は木材を突いて出来上がる仏の形の，「お造り」は鳥や魚を捌いた結果の，自発・可能・受身。これはポイエインと異質な発想（漢語や欧州語の翻訳語と化した「つくる」に慣れた現代人はこの原意を完全に忘却済み）。

「為す」はよりポイエインに近いかもしれない。こちらは「成る」とペア。「為す」

(17)　「得」の論理は他方，チームワークや和の精神など，日本で美徳とされるものと極めて親和的（第9章以降参照）。また，古代ギリシア的な θεωρία，キリスト教的な「神が創造し，神の眼差しの下にある世界」という発想は，和語にない。和語で神は，人と住処が違う異界の存在。能の謡はしばしば異界の開けを題材とする。これは超越者として真理を保証する近代の神とは程遠い。

(18)　Aグループの内部にも，Bグループ的な自発・可能・受身を意味する一群の語彙が存在する，ということ。本文で述べた通り，Aグループのうち「る」「す」で終わる対立語は合成語であり，サブグループとして細分できると考えられるが，詳細について本書で立ち入ることはできない。

の「す」は四段活用，使役や強制（「しむ」と類縁）の意。制作より語義が広い。主格から見て外的という含意はない。

　パスケインの原意に相当するのは「被る」「負う」「受く」など。「被る」は「かがふる」（四段，「頭上に帽子や命令などをいただく」が原意，「かがむ（屈）」と「る」の合成形）が「かうぶる」「かうむる」と時代を追って変化した形（他に「かぶる」も「かがふる」から変化した形）。「負う」（四段）は背負う，担ぐ，が原意。「受く」（下二段）は「浮く」と「得」の合成語。自分の意のままにならぬ浮遊状態の自発・可能・受身を表現する。転じて，聞き入れる，授かる，病に罹患する，と意味が広がる。「得」「る」「らる」もパスケインに相当し得るが，両者の類似点と相違点は前述した。

　いずれにせよ，これら和語がポイエイン・パスケインに相当するペアを形成することはなかったし，このペアの如く上部概念化してそれが思想的伝統を形成することもなかった。このペアは実体と属性，原因と結果などと連動した欧州語の主格思考の象徴。欧州語はこれら幾つもの概念ペアを文法構造（人称変化や格支配）と組み合わせて独特の構造的世界観を析出させた。対する和語の文法構造は極めて原始的。しかし，両者の違いは優劣の差でなく，生活戦略の差である。実際，和語の受容能力は極めて高い。欧州語の言説と知的産物の導入を和語は漢語の並行利用によりこなしてはきた。本書が指摘したいのは，この導入に際して発生する摩擦，無理，そしてひずみ。西周の新造した翻訳語を使い続けるにせよ，文法的に不可避な「得」の論理に絶えず細心の注意を払う必要がある。能動・中動の対立から派生した欧州的な能動・受動は，その主格思考性からして，和語との親和性を欠く。その自覚を我々は，科学や法律においてのみならず日常的にも，言語活動を営む限り持っておいた方がよい。

第9章

理性と感性

「理性的な人」は，感情に流されず合理的に物事を考える人。学問は人間の理性的な営み。「理性」は西周が英語のreasonに充てた翻訳語。理性とはそもそも，何であるのか。

「感性が豊かな人」は，感覚が鋭敏で細かいところに目が届き，感受性に富んだ人。「感性」は西が英語のsensibilityに充てた訳語。感性とはそもそも，何であるのか。

「理性」は西の新造語。原語reasonは名詞にも動詞にもなる日常語。『和英語林集成』は「道理」「ことわり」「みち」「ゆえ」「せい」「わけ」，動詞では「考える」「分別する」などと日常語で訳した。西は哲学におけるreasonを専門用語と見なし，新造訳語を考案してこれに充てた。

「理性」の類義語に「悟性」がある。明代に「利口な性質」の意で用例があり，これを西周が英understandingの訳語に転用した。原語は動詞形understand（分かる，理解する）と並んで幼児も使う日常語。西は哲学におけるunderstandingをやはり専門用語と見なし，「悟性」と訳した。

「感性」は古来漢籍にあり，江戸期の日本にも「深く感じる」の意で用例がある（「かんしょう」と発音）。原語のsensibilityは外界からの刺激受容能力を広く指す日常語（感受性，感覚，感情など）。西は哲学におけるsensibilityを専門用語と見なし，「感性」をその訳語に転用した（「かんせい」と発音）。

「感性」の類義語に「感覚」がある。これは江戸末期の新造語。蘭学者が考案，後に英sensation，更に英senseの訳語に転じた。後者はこころ，気持ち，意味，感情，感覚などを指す日常語。哲学におけるsenseは専門用語と見なされ，「感覚」という訳語をあてがわれた。

「感」は心の動き，「理」は物事に備わることわり。漢語文化圏では「理」を巡って様々な思想が展開されたが，これを「感」と対立させた思想は自生しなかった。欧州で理性と感性を初めて明確に対立させたのがプラトンとアリストテレスのイデア論。この対立は，現代の科学や法律を生み出した世界観の土台を成す。それ以来，感性はもっぱら身体と関係する心の能力と見なされてきた。理性については，これを心の能力とする考え方（特に近代，カントが好例）と，人間の心から独立した世界・宇宙に

備わることわりとする考え方（特に古代，及び近現代の自然科学），二つが拮抗する。

　「心」を意味する英語は mind や soul など。これらは「心」以外に「精神」「霊魂」「魂」とも訳される。「心」は心臓の形を示す。「精神」は「精」（米を磨くこと）と「神」（稲妻が示す天の威光）の組み合わせ，磨かれた心の意で諸子百家に用例がある。「霊」は雨乞いの儀式，転じて神霊一般を指す。「魂」は雲気。「霊魂」は唐代にたましいの意で用例があり，日本にも早くから入った（「たましい」「こころ」など和語については章末で）。これらが明治以降，mind や soul の翻訳語に転用された。転用前の漢語の原意はほぼ忘却されている。

　感性と理性が備わる人間の心（魂，精神）とは何か。如何に把握されるべきものか。科学と法律の背後にある西洋哲学を動かしてきた大問題である。

古代ギリシア

　mind や soul に相当するギリシア語は ψυχή〔プシュケー〕。原意はいのち，転じて身体から分離可能な魂や自己意識。動詞 ψύχω〔プシュコー〕（冷ます，乾かす）と語形が似る。プシュケーは動物的な呼気，ψύχω は呼気を吹きかけて冷まし乾かす，という仕方で両者は関係するかもしれない（資料が少なく確証不能）。ならばこの語は動物限定で，植物は適用外。他方，オルペウス教団やピュタゴラス学派はプシュケーの輪廻転生（人や動物，植物となって生まれ変わる）を信じ，ソクラテスやプラトンもこの思想を共有した。アリストテレスは転生思想に直接コミットしないが，プシュケーが植物を含む全ての生命の原理だと考える点でやはりこの思想潮流内にいる（後段参照）。この潮流は，動物限定の語彙だったプシュケーを全生物に適用される上部概念へと変転させたのかもしれない。

　reason に相当するギリシア語は λόγος〔ロゴス〕や νοῦς〔ヌース〕。前者は動詞 λέγω〔レゴー〕の名詞形。この動詞はもともと（果実や花などを）「摘む」「選択的に摘み取る」「数える」の意だが，紀元前6世紀以降，転じて「意図的に何かを選んで口に出す（話す）」という意味で使われ始めた。この当時のロゴスは次の意味で μῦθος〔ミュートス〕の対立概念だったことはよく知られている。すなわち，ミュートスは人前で公式になされる言明（神を称える祝詞や演説，詩の朗唱など）で，ステータスは恣意的な私的発言であるロゴスより高い。これが紀元前5〜4世紀になると逆転する。ロゴスは森羅万象を支配する真なる法則性を選りすぐって表現する語であり（ロゴスに元々あった「数える」「数で表わせる比率」などの含意が幾何学の隆盛と共にこの意味を際立たせたのかもしれない），対するミュートスはただの作り話だ，という理解が広まる。これを広めたのは自然哲学の系譜にあるプラトンやアリストテレス，そ

してソフィストたち。後者はミュートスに囚われない弁論で相手を論破し，この流れに寄与した。

　ヌースはホメロスにおいて感覚や判断，理解など心の作用を広く指す。動詞形 νοέω〔ノエオー〕も目で見る，耳で聞く，心でつかむ，判断する，などの意。日常語だったはず。これをプラトンが感性と対立する理性（イデア直観能力）を指す語に意味限定した。この限定的な語法はアリストテレスに受け継がれる。

　感性はギリシア語で αἴσθησις〔アイテーシス〕。動詞形は αἰσθάνομαι〔アイスタノマイ〕。中動態でのみ使われ，能動態はない。感覚知覚する，五感で察知する，の意。語源は ἀΐω〔アイオー〕（聞く，見る，覚知する）。この語は詩に使用例が残るのみ。ここから変形して αἰσθάνομαι ができたと推測される。視覚や聴覚から五感全体への用法拡張がいつか不詳だが，紀元前5世紀には拡張が確認できる。ヒポクラテスにも拡張用例がある。五感全体への拡張は，身体を冷徹に観察する医学で発生した可能性がある。

プラトンのプシュケー（魂）

　プラトンにとって，生きた人は身体と魂の合成体。身体は滅失するが，魂は不死だ，と彼は信じた。生きた人の魂は身体を通じて感覚（五感や快苦など）を得る。感覚は受動（パトス）の一種で，身体と魂の協働により発生する。感覚は多様に移り変わるその都度の世界のあり方を我々に示すのみで，その世界の原因・根拠であるイデア（感覚を超越した真理）を捉えることはできない。我々は感覚を信ずることなく，イデアを把握するよう努めねばならない。プラトンはこの把握を νόησις〔ノエーシス〕，把握されたイデアを νόημα〔ノエーマ〕，イデア把握能力をヌースと呼ぶ。イデア把握とは魂そのものへの回帰，魂の浄化，魂による身体の支配，知を愛すること（哲学），とされる（『定義集』）。

　イデアの希求は人生を幸福へと導く。これを照射するためにプラトンは魂の三分割を持ち出す。『国家』はポリス（都市国家）と個人を類比的に観察する。ポリスの存続と繁栄にとって重要なのは知恵・勇気・節制。これらを完備したポリスには正義が実現される。同様に，個人にとっても知恵・勇気・節制は重要である。この三つはそれぞれ魂の知性的部分（イデアを愛し探究把握する部分）・気概的部分（血気盛んさ，喜怒哀楽に関わる部分など）・欲求的部分（食欲，性欲，物欲など）にその源泉がある。気概的部分は知性的部分に従うこともあれば，欲求的部分になびくこともある。前者の場合，魂はよきものとなり，後者の場合，悪しきものとなる。プラトンは前者を強く推奨する。『パイドロス』は魂を二頭立ての馬車，すなわち知性的部分が御者

となって気概的部分と欲求的部分という二頭の馬を制御しながら前進する馬車に喩える。これはイデア希求の実践を聞き手に訴えるための喩え話である[1]。

　人を身体と魂（精神）の合成体とする理解は，ギリシア語や英語など自然言語の語彙に引っ張られたfolk psychology（魂の民衆的理解，すなわち素朴心理学）であり，認知科学や脳科学により克服されるべきだ，としばしば主張される[2]。脳科学では魂（精神）を物質的なもの（身体）に還元し，物理的・生化学的な法則性で説明し尽くそうとするホッブズ的な唯物論が幅を利かせる。これに対抗する人々も，魂に残された独自の領分はクオリアなど極めて限定的だと考えている。学術的に素朴心理学が克服されつつある面は確かにある。だが，プラトンの歴史的意義を見誤ってはならない。彼は限られた母語の語彙を駆使してイデア論という二世界説的な構造（理性と感性の分離）を切り開いた。脳科学の背後にある唯物論も，真理の希求たるイデア論を母胎として出現した。プラトンの素朴心理学が回り回って唯物論的世界観を生み出したことにこそ，我々は注意を向けねばならない。

アリストテレスの『霊魂論（魂について）』

　『霊魂論』はプラトン同様，魂と身体を区別する。人は魂によって生き，感覚し，思考する，という語法も同じ（同2巻2章）。しかし，同書は魂を自然学の文脈で観察する。生物の動き変化や成長を生み出す始原因は魂，質料因は身体，形相因と目的因も魂（同2巻4章）とされる。魂は，生物が動き変化し成長する原動力として，身体（質料）に働きかける。身体がこれを受動することで，生物の動き変化や成長（第7章のエネルゲイア[1]と[2]）が発生する。魂はまた，質料（身体）に宿り，生物を生物たらしめている形相でもある[3]。更に，生物の動き変化は全て魂を身体につなぎとめ生命を維持する目的でなされる。魂が身体に宿る限りで，生物はその都度このテロスに到達済み（エネルゲイア[3]）。この説明は四原因説の見事な適用事例となっている。同書2巻1章はあらゆる生物に共通する魂の定義を示す。すなわち，生まれながらに手足などを具備し，生きる能力（デュナミス）を持つ物体（身体）が，生命が

---

(1)　ピュタゴラスも魂を分割したらしい。ディオゲネス・ラエルティウス『ギリシア哲学者列伝』8巻30章によれば，彼は理性，感性，感情の三部分に分け，前二者は人間と動物に共通，感情は人間特有，と考えた。理性（イデア）を優位に置くプラトンとは異なる区分けである。

(2)　1980年代に米国人スティッチにより提唱された考え方。

(3)　アリストテレスは類種ヒエラルキー（ポルピュリオスの樹）上で人間を理性的動物，動物を動く生物，生物は魂を持つ物体，と分析する。魂は物体（身体）に宿り生物を生物たらしめる形相である。

維持された状態（エネルゲイア⑶つまりエンテレケイア）にあること。魂は睡眠中の身体にも宿る。その定義にはエネルゲイア⑶が相応しい。

　『霊魂論』はプラトンに倣って魂を部分へと分割する。しかし，同書の視座はあくまで自然学。魂の部分として栄養能力，感覚能力（及びこれに付随する表象・欲求能力），思考能力，運動能力が列挙される（2巻2章）。これは主に始原因としての魂の区分である。それぞれの能力（デュナミス）が発動されて身体へと働きかけ，生物の成長，感覚や思考，動き変化が発生する（エネルゲイア化）。栄養能力は他動詞τρέφω〔トレポー〕の用法に沿って把握される。この動詞は「子に食を与える」「家畜を養う」「太らせる」といった日常語。生物を成長させる始原因（魂）はτρέφωの主語（主格），質料因（太らされていく身体）はτρέφωの目的語（対格）で表現される。魂が栄養素τροφή〔トロペー〕を取り込み，これを使って身体を成長させる。その際，栄養素は与格⁽⁴⁾で表現される。ちょうど大工が道具を使うように，魂が栄養素を用いて身体に働きかけ，身体がそれを受動することで生命が維持され，繁殖目指して生物が存続する，というイメージ。『霊魂論』はギリシア語彙τρέφωに潜む世界解釈（主格から対格への他動詞的な働きかけ）と調和した説明を行っている。四原因説による栄養能力の説明は，ギリシア語彙の世界解釈を鏡像反射した素朴心理学と言える。

　感覚能力は次の意味で両義的である。まず，魂がない生物は死んでおり，何も感覚しない。感覚は魂があるから生ずる。この意味で，魂は身体に働きかけて感覚を生じさせる始原因である。他方，感覚は外的世界が感覚器官に働きかけることで初めて発生する。この文脈では，感覚の始原因は外的事物，これを受動する質料因は魂を持つ生きた身体（感覚器官）である。アリストテレスは動詞αἰσθάνομαιに沿って感覚能力を捉える。この語は基本的に属格支配（τῶν κακῶν αἰσθάνομαιで「悪い事柄を見聞きする」）。属格から何かを受け取る，つまり魂ある身体が外的事物から感覚を受け取る，という発想（素朴心理学）の語彙。『霊魂論』はここに形相と質料の区別を当てはめる。すなわち，外的事物からの働きかけを感覚器官が質料となって受動し，魂が外的事物の形相を受動し，共有する。これが魂における感覚能力の発動（エネルゲイア⑷）。感覚能力は建築家の建築能力と同様，いつも発動されているわけではない。睡眠時の視覚能力のように休眠状態のときもある⁽⁵⁾。

　思考能力にも感覚能力と同様の両義性がある。まず，死んだ人は何も考えない。生

（4）　道具を表示する具格的与格という用法，英語ならwithやbyで表現する。
（5）　3巻1～2章は動き変化，数，量，大きさなどの共通感覚に言及するが，これも本文で記した感覚能力についてのギリシア語的な素朴心理学に従う。なお，感覚の他，思考や幸福も発現すると動き変化を伴わずにテロス既達状態となる（エネルゲイア⑷）。これも素朴心理学的な見解。すなわち，ギリシア語で感覚や思考，幸福などの動詞は現在形と完了態が同じ事態を指す。

きた魂ある人だけがものを考える。この意味で，魂は身体という素材に働きかけ，身体（脳）を土台として思考を生じせしめる始原因。他方，外的世界が感覚器官に与えられ魂が形相を受動しないと，思考は始まらない。海や青さを現実に（エネルゲイア(4)的に）誰かが五感で体感しないと「海」や「青い」などの名すら成立せず，人は思考を開始できない。感覚経験があれば，現実に海が眼前になくても，記憶に基づき青い海の表象像（記憶された形相）を思い浮かべ，これを使った思考を展開できる。表象像を思い浮かべるのは魂の能動的作用。だが，表象像そのものは記憶に残る感覚（形相）であり，その源泉はやはり生身での外界の感覚。思考は感覚像や表象像を素材として展開される。外界事物を受動しないと思考はなし得ない。思考のこの面は受動理性（νοῦς παθητικός〔ヌース　パテーティコス〕）と呼ばれる(6)。これは νοέω（何かを考える）の他動詞性と連動した素朴心理学的な呼称。この観点では，我々の思考（理性）は外界に対して専ら受動的である。後にロックがここに着目した経験論を展開することになる。

　他方，上述した思考の能動的側面は能動理性（νοῦς ποιητικός〔ヌース　ポイエーティコス〕）と呼ばれる。能動理性は表象像を自由に組み合わせて非実在の事物（一角獣など）を想像し，これについて思考することもできる。この観点では，我々が外的事物について思考する際も，直接的な思考対象となっているのは質料的・外的な事物そのものというより，思考作用に内的な形相（νοούμενον〔ノウーメノン〕）と言える。この形相は思考作用（νοοῦν〔ノウーン〕）と同一だ，と『霊魂論』は主張する（3巻4章）。すなわち，森羅万象は思考された限りにおいて思考の内にある。能動理性はこうして自らの働きかけにより様々な思考を自由に展開し，思考の世界を広げていく。これはデカルトやヘーゲルの合理的観念論に受け継がれる考え方。νοέω の他動詞性という素朴心理学に，プラトン的なイデア論を付加した理論構成となっている。

　能動面に着目すると，理性は身体から分離できる（3巻5章）。理性は個人の能力に留まらず人間全体に共有される能力であり，永遠かつ神的と形容される。個人が持つ思考能力は，感覚能力同様，その都度の外界からの感覚に依拠しつつ発現と休眠を繰り返す。各人においてその都度発現する思考は千差万別。「ソクラテスは猫だ」「その器を取ってくれ」「痛い！」など，何でもよい。出生直後の人には思考能力がまだ備わらない。人は何度も思考をエネルゲイア化させて訓練し（親や教師に矯正されて），いつか慣習として思考能力を定着させる（2巻5章）。思考能力もエネルゲイア優位の枠組みで把握される。

（6）　感覚や形相は魂が中動態的に引き受けるもの。受動理性はこの意味で中動理性と訳してもよい。

　人間を個人でなく全体と見なすと，理性的思考の所産は形相的な知識（エピステー
メー，第3章参照）となる。これは個人や世代を超えて継承され，人間全体で共有さ
れる。エピステーメーは各個人から分離可能な永遠不変かつ神的な真理，しかもデュ
ナミス状態でなくエネルゲイア状態にある真理。その永遠不変性は後世，ベーコンや
ポパーにより覆された。だが，知識の反証可能性について見通しを持たなかった古代
ギリシア人を責めても無意味だろう。可謬性を割り引いて考えれば，アリストテレス
が考えたエピステーメーは，現代の科学的知識が専門家集団の努力を通して不断に拡
張されていく先にあるテロスに，ほぼ相当する。ロックの経験論やヘーゲルの絶対者
のみならず，現代の科学哲学も『霊魂論』が示したギリシア語の素朴心理学の延長線
上にある。

　表象能力は，感覚された形相が記憶され，これをその都度の感覚とは独立に記憶像
（φάντασμα〔パンタスマ〕）として思い浮かべ，理性に思考の素材を提供する能力。表
象（φαντασία〔パンタシア〕，英phantasyやfancyの祖形）は他動詞 φαίνω〔パイノー〕
（何かを人目にさらす）や中動態 φαίνομαι〔パイノマイ〕（光を浴びて眼前に現れる）
の名詞形。原意は「光の下での現れ」（プラトンはこの語をイデアすなわち理念的な
「見え」とは違い，感覚的個物の「見え」の意で用いた）。記憶像の想起は受動でなく，
魂内部で自己完結した中動態的なもの（やはり素朴心理学的な理論構成）。感覚は形
相の受動という意味で誤り得ないが(7)，表象は誤り得る（記憶違い）。

　運動能力は欲求能力と結びついている。欲求能力は表象能力と同様，感覚に依存す
る。『霊魂論』は欲求能力を欲望，気概，意志に三分する。感覚は身体に快や苦をも
たらす。身体は快を欲求し，苦を避けようとする。これが欲望である。また，身体は
その都度，興奮や冷静など様々な状態にあり，これに応じて魂にも怒りや怖れなどの
状態が発生する。これが気概である。更に，感覚に基づいた思考により，行為につな
がる実践的な意志が生み出される。意志は欲望や気概を制御することができる。

　アリストテレスは一般にエネルゲイアがデュナミスに先行し，より優位にある，と
主張する。魂の能力についても同じ。この主張は，栄養能力や感覚能力については不
合理な面もある。栄養能力は栄養摂取（現実態）を繰り返すことで身につくというよ
り，遺伝情報に基づいて生物に生得的に備わると考えるのが自然だろう。確かに，感
覚能力はエネルゲイア化を繰り返すことで開花し，研ぎ澄まされもする。新生児は視
力がほとんどなく，出生後に外界からの視覚刺激を受け続けることで視力をつけてい

---

(7)　デカルトにも継承される語法（第2章参照）。感覚の無謬性は現代心理学で実
　　験的に否定されるが，『霊魂論』では αἴσθησις の素朴心理学（ギリシア語にお
　　ける定義）に従って肯定視されている。

く。しかし，新生児でも明るさ程度は識別できると言われている。アリストテレスは思考能力の学習定着からの類推で感覚能力や栄養能力についてもエネルゲイア優位思想を押し通す傾向がある。卓見と言える面はあるが，度を超すと拡大解釈のそしりを免れない。

　では，魂の部分とは，どんな意味で「部分」なのか。栄養的部分や感覚的部分は，腕や足が身体の「部分」であるのと同じ意味で（すなわち物理的に分断可能という意味で）魂の「部分」であるわけではない。ギリシア語が魂の能力を栄養や感覚，理性など語彙的に区別する限りで『霊魂論』は各々を魂の部分とみなすが（素朴心理学の典型例），どのような意味で「部分」であるのかは難問だ，と述べて答えない（同書3巻9章，部分と全体については**第10章参照**）。

古代ローマ

　プシュケーに相当するラテン語はanimusやspiritus。前者は「息づかい」が原意。意思や知性，感情など広い精神作用を指す。動詞形animoは息を吹き込む，鼓舞する，と意味が広がる。魂を部分に分割する習慣はローマになく，キケロが紹介しても定着しなかった。英animalの原意は「呼吸する物」。

　spiritusは動詞spiro（原意は「息を吐く」，転じて「生きている」）からできた名詞。高揚した精神状態を表す語。inを前置したinspiro（英inspire）は，神々が人に息を吹きかける，転じて霊感を吹き込む，の意。ローマ人も生と死の識別基準は呼吸だと考えた。

　理性や感性に関連するラテン語彙はmens, sentio, intellego, reorなど。mensは英mindの祖語。memini（思い出す，英rememberの祖語）やmetior（計測する，計量する，評価する，英meterの祖語）と類縁。思い出す能力，判断力，が原意。人間の理性的能力やこれに基づく意思を広く指す。他の語と結びついて複合語も作る（testor「証言する」と結びつきtestamentum「証言する能力があるもの」すなわち「遺言状」など）。

　動詞sentioは感覚やこれに基づく理性的思考を広く指す。聞き分ける，見分ける，体感で理解する，理性的に考える，と意味が広がる。名詞形sensus（英sense）は感覚や意味（理性で理解される内容）。キケロはこれをαἴσθησιςの訳語としたが，「意味」という用法は現代英語まで残る。複合語consensus（同意）はローマ法で多用された。別の名詞sententia（英sentence）は判決の意。

　intellegoはinter（英inter）とlego（集める，まとめる，希λέγωや羅lex「実定法」と同語源）の合成語。集めて一つにする，心で把握する，理解する，気づく，感

じる，識別する，などと意味が広がる。無分別状態から分別状態への転換，感覚から
理性的知解まで広い範囲の精神作用を指す。これをキケロが希 voéω の訳語とした
（プラトン的なイデア観取，並びにこれに基づく感覚知覚）。voéω の訳語として彼が
用いた語彙が他に三つある。第一は percipio（英 perceive）。per（完全に，貫徹し
て）と capio（手でつかむ）の合成語，元来は「がっちりつかみ取る」「獲得する」
「占拠する」「占領する」「（果実を）拾い集め尽くす」と意味が広がる。ローマ法では
果実の収取行為を指した。第二に，nosco（voéω や英 know と同語源）。原意は「面
識がある」，転じて「経験済み（知っている）」「理解している」。名詞形は notio（英
notion，ローマ法では「把握する」という趣旨で審問を指した）。第三は cognosco。
con と nosco の合成語。「相手と知り合いになる」「調査して知るに至る」「理解する」
「学ぶ」「知っている」と意味が広がる。名詞形 cognitio（英 cognition）は notio とほ
ぼ同義。

　intellego の名詞形は intellectus（英 intellect）。キケロの死後，帝政期に新造された
語彙。後にボエティウスがヌースの訳語に使用した。φαντασία に相当するラテン語
彙は元来存在しなかった。羅訳語として，名詞 imago（似姿，何かを描いた絵）から
帝政期に imaginatio（英 imagination）が新造された。こうしてギリシア語の翻訳借
用が進み，ラテン語は飛躍的に語彙が増えていく。

　デポネント動詞 reor は人の精神作用を表現する語彙のうち最も生活に密着した古
来のもの（第2章参照）。「考える」「思う」が原意，「分別する」「計算する」「判断す
る」と意味が広がる。res はその名詞形（考えられたもの，の意）。完了分詞 ratus か
ら別の名詞 ratio（英 reason の祖形）が派生，ロゴスの羅訳語に転用された。類義語
に動詞 scio がある。こちらは原意が「割る」「割く」「分ける」。和語で古形「分く」
から「分かる」が派生したように，scio からは「理解する」「知る」の意も派生する。
名詞形 scientia（英 science の祖形）はエピステーメーの羅訳語となった。

キリスト教から中世スコラへ

　キリスト教の勃興当時，ユダヤ人は既に故郷を追われ，ヘブライ語は退潮し旧約聖
書は七十人訳（ギリシア語訳）が影響力を持っていた。アウグスティヌスはプラトン
のイデア論を使って神の似姿説や三位一体説を展開した。七十人訳で「似姿」は
εἰκών〔エイコーン〕や ὁμοίωσις〔ホモイオーシス〕。これらはプラトンがイデア（原
型）に対する個物を形容して使った語彙である。羅訳するとそれぞれ imago と
similitudo。アウグスティヌスによれば，ちょうど個物がイデアの似姿であるように，
人間は神の似姿であることになる。こうしてキリスト教義がラテン語彙の意味を再度，

組換えていく。res は被造物，ratio は神の言葉（ロゴス）と解され，intellectus は神に備わる理性，そして神の似姿たる人に備わる理性として捉え直される。spiritus は神の聖霊へと転義する。神が父・子・精霊という三つの位格（persona，原義は「声が響き渡ること」，転じて仮面劇で役者がかぶる仮面，劇中の登場人物などの意）を持ちながら実体としては一つであるように，人間も意志・記憶・理性という三つの位格を持ち実体としては一つである，とされる（『三位一体論』13巻20章）。後にボエティウスは人間の persona をローマ法的に単一的なものと考え，理性的本性を備えた個別的実体と規定した。これがトマスからカントへと継承され，後世「人格」と和訳されることになる。

　ボエティウスは『霊魂論』を羅訳しなかった。同書は東ローマからイスラム経由でカトリック圏に紹介され，アルベルトゥス・マグヌスを通じてトマスの関心を惹く。彼はメルベケにギリシア語原典の羅訳を頼んだ。メルベケはプシュケーを anima，αἴσθησις を sensus，αἰσθάνομαι を sentio や percipio，ヌースを intellectus あるいは mens，φαντασία を imaginatio と羅訳した。

　トマスは『霊魂論』を自説構築に利用するが，人間が神の似姿である点は譲れない。似姿でしかない人間は，神を完全に知り尽くすことはできず，外的個物を知り尽くすこともできない。この二重の限界（第2章参照）を踏まえ，トマスは古代ローマで感性・理性の区別なく使われた動詞群（キケロがプラトン的な意味変更を試みた語群）に『霊魂論』流の意味改変を施す。感覚知覚・理性的理解どちらの文脈でも使えた percipio を，トマスは前者の文脈に限定する。concipio（前置詞 con プラス capio）はローマ時代，原意の「つかむ」「受け取る」から「把握する」「理解する」「たくらむ」「感情を抱く」と意味が広がっていたが，トマスはこれを悟性的な概念把握の意に限定する。上述の nosco や cognosco も悟性的把握の意に限定する。notio，perceptio，cognitio，notitia は元々ほぼ同義の日常語だったが，トマスはこれらを哲学的に意味陶冶した。彼はラテン語にキケロ時代，アウグスティヌス時代に次ぐ第三の翻訳借用期をもたらし，その成果（新手の素朴心理学）は近代欧州語に引き継がれる[8]。

　他方，トマスはアウグスティヌスの imago や similitudo をそのまま継承する。彼は個物（イデアの似姿）の感覚表象を指して repraesentatio（代表）とも呼んだ。この語はトマスにおいて頻用語でないが，スコトゥスやオッカムを経てホッブズ以降の近世哲学で重要な概念となった（ハイデガーを経由した20世紀フランス思想でデリダらによる批判の標的にもなった）。

（8）　トマスにおけるこれら語彙はキリスト教的な内外対立に彩られ，どれも人間知性の「内」的対象との関係を指す語となっている。

近世における魂と心

　近世の機械論は理性・感性という魂の二側面を抜本的に把握し直す。典型はホッブズの唯物論（『リヴァイアサン』）。外的物体が我々の身体に作用し，神経系を通じて脳や心臓に抵抗が生じることであたかも外界に何かが存在するかの如き表象像（fancy）が現出する。これが物体の感覚知覚（perception）の機械論的な実相。外界からの作用なしにこうした像が現出するのが空想像（imagination）。表象像や空想像に名前を付けると言語が発生する。我々は言語記号により外界個物を代表（represent）させて思考する。repraesentatio はトマスにおいて感覚による代表だったが，ホッブズのそれは言語記号による代表。ホッブズの機械論はオッカム唯名論の延長線上にある。「感覚と外界個物が形相を共有する」とするアリストテレス説を受け，オッカムは形相因が人工的な構築物だと指摘した。ホッブズは機械論的世界の正しい理解を妨げるという理由で形相因をこの共有説と共に棄却する。身体と区別される魂（soul[9]）は空想の産物であり，名前にすぎない。デカルト的な観念（idea）も同様。この世に存在するのは物体だけで，これがとめどなく運動を繰り返すのみ。物体の中でも人間の身体は特異的。そのコナトゥス（第7章参照）が上記の如く像を発生させ，感覚や思考を生み出す。『霊魂論』における感性と理性は魂の部分だが，ホッブズは両者を機械論的な説明で身体へと還元してしまう。

　デカルトは機械論者でありながら，知識の確実性を担保するために観念論へと進む。彼はエゴが明晰判明に知覚（perceptio，把握）する観念（idea）だけが知識の名に値すると考えた。ホッブズは観念を形相（感覚像）と同一視して却下し，知覚を機械論的に説明するが，『省察』は「観念」「知覚」をさしあたり無批判に（しかも何れも古代ローマ的に感覚知覚・理論的理解どちらの文脈でも）使う。そして，感覚像（言わば感性的観念）は却下し，合理的に構成された明晰判明な観念（言わば理性的観念）だけを選別する。すなわちエゴ，神，合理的に再構築された延長実体などの観念である（第2章参照）。

　他方，知覚については，明晰判明か否かを問わず観念は知覚される，と連呼されるだけ。『省察』は知覚を定義せず，トマス的な感覚知覚より広義（エゴや延長実体の観念を知覚することも含む）で用いる。その上で，どんな観念であれ知覚される以上は知覚主体（コギトのエゴ）を前提する，と論を運ぶ。このエゴは『霊魂論』の魂とは違う。後者は動き変化する個物（生物）の始原・形相・目的因。前者は観念知覚

　（9）　ゲルマン語で魂の理性的・情緒的側面を指す。古代ゲルマン人は湖や海が出生前や死後の魂の住処と考えており，英 sea と同語源の可能性もある

（感覚，思考）が各人において発現する土台，しかも誰にとっても同じであるはずの「私」（文法的一人称）。この「私」はそれ自体，各自が内省的に（生得）観念として知覚する限りのもの。「知覚」という概念がなし崩し的に適用範囲を拡大され（古代ローマ返りの用法），エゴと共にデカルト観念論を支える特権的な地位に置かれていることが分かる[10]。

　この観念的なエゴは実体（res cogitans）と見なされ，やはり観念的な延長実体（res extensa，身体もその一つ）と対置される。両者は一見，『霊魂論』の魂と身体に似るが，捉え方は違う。後者は魂（形相，第二実体）が身体（質料）に宿ることで生物の動き変化が発生する，という自然学の文脈にある。デカルトのエゴと身体は松果腺において相互に作用し合う二つの観念的実体。両者が同じ一つの因果関係に服することの不可解さは第6章で指摘済み。

　スピノザはこの不可解さを回避し，エゴと身体を実体視せず，両者の間の因果関係も認めない。因果関係は機械論的自然の内部で妥当する法則性で，身体は服するがエゴには無関係。彼は「理性が実体の属性を知覚（percipio）する」というスコラの言い回しを堅持するが（『エチカ』1部定義4），これを「人間精神が外界個物の形相（観念）を知覚する」と解するアリストテレスとデカルトに共通のビジョンを倒錯的として捨てる。実体は神（すなわち自然）以外にない。思考と延長は神（実体）の属性。延長する事物（因果系列中の機械論的自然）は，延長属性における神の自己変容。この事物の理性的知覚（把握）は，人間精神（エゴ）が持つものではなく，思考属性における神の自己変容。つまり，実体の属性を知覚把握する理性は，神自身である。言い換えれば，機械論的自然そのものである神が，自分自身を理性的に知覚把握する。我々は各自，この神的理性に与り，これと一体化すべく（神の観照すなわち真理の観照），努力研鑽せよ。これぞよき人生（書名『エチカ』の由来）。自由意思を持ち日々思い煩うデカルト的エゴは錯覚の産物である。

　ロックは人間の魂と身体を医師の目で見る。外的個物が身体の感覚器官に作用して外的感覚が発生し（内的原因による内的感覚もある），これがタブラ・ラサに刻印さ

---

(10)　ホッブズのperceptioは「外」の一元論に立って機械論的に説明されるが，デカルトのそれは「内」の一元論の立場で観念把握として理解されている。全く定義が違い，両者が批判し合っても水掛け論になる。前者から見れば，後者はperceptioという怪しげな心理的疑似実体に依拠して無意味な議論を展開していることになる。後者から見れば，前者が何を主張してもそれはその人の観念把握（perceptio）の吐露でしかない。近世哲学ではこうした我流の用語定義が花盛りだった。これを冷淡に拒絶することもできるが（スピノザは長らく拒絶されていた），どの思想家も伝統的な概念にそれぞれの視点から一ひねりを加えたのであり，現在の欧州人にとってはその総体が重要な知的遺産となっている。明治以降，これは日本にも輸入されたが，和語の世界を生きる者にとってはやはり輸入品であり，自らのアイデンティティには無関係なままである。

れて観念が生まれ，観念が結び合わされて思考が生まれる。これはホッブズ同様，
『霊魂論』の受動理性に沿った魂の捉え方。ただし，ロックは観念の世界に閉じ込め
られた当事者の視点に固執する。アリストテレスやホッブズがナイーヴに実体視した
外的個物は，ロックにとっては観念的な構築物。自らの構築物に依存する受動理性，
というぎこちない理論構成となる。また，ボエティウス以来やはり実体視されてきた
人格（person）も，内的・外的経験を踏まえた観念的な構築物にすぎない。人格の
同一性基準は各自の自己意識に尽きる。各々が自己意識に基づいて一人の人格である
かの如く振舞い，お互いの人格をも認めて社会生活を営んでいるだけ，ということに
なる。

　ライプニッツも観念の世界に閉じ込められた当事者の視点に立つが，経験論は採ら
ず，構成された世界へのゆるぎなき信頼に立って，むしろ魂の複数性を問題視する。
機械論的世界は，受動的な感覚知覚（perceptio）を土台として能動的に思考
（apperceptio）する魂（モナド）の内部に投影された限りのもの。各モナドには外界
事物や他者が見えており，これらは動き変化を絶やさない。同時に，各モナドは他者
のモナドから見られており，他者にどう映っているかは他者の魂にしか分からない。
各モナドが映し出す世界が相互に一致する確証はどこにもない。ここでライプニッツ
は神の予定調和を持ち出し，信仰にすがって世界の一致を保証する。世界への信頼は
最終的に信仰に基づく。

　カントはライプニッツと異なり，信仰なしで知識がどこまで可能かを問い詰めた。
そして，機械論的一元論を承認しつつ，この一元論世界の認識を可能としている制約
を主観性に求めた。アリストテレスはこうした制約として範疇を区別して指摘したが，
これを魂とは関係づけなかった。すなわち，彼にとって魂は生物の動き変化の原因で
あり，範疇と無関係な自然学の主題だった。カントは伝統的に「魂」と呼ばれてきた
ものが実は世界の構造化・言語化を可能にしている制約だと考えた。それは実体では
なく，『純粋理性批判』が敷衍する複雑な構造を呈する。論理や範疇もこの構造の一
部である。同書は Vorstellung という語を多用する。ふつう「表象」と和訳されるが，
曖昧な概念。ライプニッツの知覚（perceptio），デカルトの観念（idea），トマスの
repraesentatio や conceptus，何れの後継概念でもあり，感覚知覚像，空想像，悟性
概念，どれをも指す（やはり古代ローマ返りの用法）。また，カントは imaginatio を
Einbildungskraft（構想力）と独訳し，美学的な領域へも拡張して分析している
（『判断力批判』）。

　カントは理論哲学を独我論的に構築し，魂の複数性を実践哲学の守備範囲へと追い
込んだ。彼はロックに抗して人格（Person）をボエティウス同様に実体視し，物理
的身体（複数性を伴う）を備えた形而上的存在（道徳律や法律を自らに課して遵守す

る主体，すなわち普遍的な価値の所在）とみなした。ヘーゲルは魂の複数性を理論哲学に呼び戻し，カント独我論の克服を試みる。彼は絶対者（共同体的な理念）に着目し，共同体における相互承認が個人（人格）を成立させ，人格の相互尊重が倫理や法規範を生み出す，と考えた。彼の体系中では個別的な魂（個人）が倫理や法と同様，絶対者の自己展開の一コマとして位置づけられる。代わって絶対者が新手の魂（Geist）として浮かび上がる。全てを包摂する絶対者（理念）の観照が希求され，理念により保護されるべき各個人はむしろ脇へ置かれ凋落してしまう。今日の科学哲学が個人の保護を大前提とした上で社会的協業を重視するのとは対照的である。

　ハイデガーの『存在と時間』もフッサールの独我論を共同体で克服する試みだった。同書は理性と感性を備えた個人の魂という伝統的端緒を捨て，人間の共同現存在を強調する。しかし，その分析は死への覚悟や被投的企投などキルケゴール風の実存主義に陥り，独我論から脱し切れなかった。同書刊行後，彼は哲学史解釈に没頭し，魂について新たな見方を提示することはなかった。

　同じ頃，同じく共同体に照準を合わせた科学方法論が主にオーストリアで隆盛する。ポパーは科学的理論の反証可能性を提唱した。科学者共同体が感性的な観察データを基に理性的な仮説形成とその検証を繰り返し，データにより反証された仮説が消去されることで科学理論が一つの真理目指して収斂していく。科学的知識は個人の魂を超えた集合知。カルナップは感性的データが社会的分業により構築される理性的な概念枠組みで説明されると考えた。社会民主主義者だった彼はナチスの台頭を避けて米国に渡り，現地でクワインの批判を受ける。クワインは感性（各人が受ける感覚刺激）を含む全てが理性的構築物（理論）であり，全体の中でのみ意味を持つ，と主張する（ヘーゲルとは異なる経験知の全体主義）。しかし，この集合知は感覚入力により改変され得る。感性・理性という魂の伝統的二分法は形を変えて受け継がれている。

現代における心の問題

　19世紀後半のヴントやジェームズ以降，魂（プシュケー）についての経験科学として心理学（英 psychology）が哲学から独立した。初期の心理学は多くの伝統的な哲学概念をそのまま使い，新たな概念も導入しつつ（フロイトのイドや無意識などもその一例），内省や外的行動観察により魂（心）についての因果法則（経験知）を見出そうとした。この知見を心にトラブルを抱えた人の援助（精神医学，臨床心理）や実生活の改善（教育心理や群衆心理など）に応用する実践面も早くから意識された。

　20世紀になると心的インプット・アウトプットを情報処理プロセスと見なして脳科学や人工知能研究と協働する認知心理学が登場した。神経系はシナプス連鎖によるネ

ットワークを成す。感覚刺激が入力されると電気信号となって内部を伝播し中枢で処理されて認識や行動へとつながる。このような物理学・生化学的モデルで人の心が完全に説明し尽くせるか否か，見解は割れている。説明し尽くせないとする立場が持ち出すのがクオリア。これは，わくわく感や頭痛，色など，各自が主観的に体感する質感のこと。私が見ている赤いりんごを，その場に居合わせた友人が同じ赤さで感じているか，私には分からない。ましてや超音波を発してその反響で周囲の世界を知覚するコウモリが近くを飛んでいるとき，コウモリにそのりんごがどう体感されているか，私には分かりようもない(11)。しかし，私も，友人も，コウモリも，そのりんごの赤さのクオリアを体感しているはず（各々モナド的に）。脳科学的な説明モデルが全てだ，としてクオリアの存在を否定する立場もあるが，多くの人は体験上，クオリアの原初的所与性に納得している。すなわち，機械論的な実在世界（人間個体を含む）を経験科学的な手法で客観的に確定させていっても，そこに定位し切れないものとしてクオリアが主観の側に残る，と考えている。このせめぎ合いは，人が生身の身体に縛られて各自別個の生を営む限り，今後も続く。

　人工知能は計算機をベースにしてソフトウェア構築を重ね，ディープラーニングを機械に実現させるところまで発達してきた。神経系モデルなどヒトの物理的ハードウェアに近似した形で人間の情報処理能力をシミュレーションするモデルも提案されている。これら成果は，現時点で我々の生身の身体に縛られた「今」「ここ」「私」を機械で置き換えることに成功していない。だが，そうした機械の開発は進んでいる。将来的に，我々の自己意識を完全に情報化して身体から機械へ移し変え，我々が自己意識の上で死ねなくなる（情報空間上で永遠に生き続ける「人格」と化す）可能性が開かれ得る。可死的な身体を医学的に延命するより，この方が技術的にも簡単となる時代の到来が予想される。そうなれば無痛社会(12)への欲求は完全に充足される。その代わり，感覚や身体動作，生殖は完全に無意味になる。社会や法律も全く違ったものになり，「殺人」という概念も変わるだろう。人工知能に尊厳ある人格を認めるか，人工知能に人類（元は身体に縛られ「今」「ここ」「私」を生きていた人格の集団）が滅ぼされるリスクをどう評価するか，といった問題もある。情報空間とそれを維持するハードウェアという機械論一元論的な世界が実現しても（機械による機械の再生産），価値規範問題は絶えない。そうした未来が予測できる現在，感性・理性という古代ギリシア由来の区別は化石的にも感じられる。しかし，生身の身体上で自然言語

---

(11)　ネーゲル『コウモリであるとはどのようなことか』参照。
(12)　痛みを一切なくすことが個人の福利や医療の最終目的である社会。森岡正博『無痛文明論』が現代社会をこう特徴づけた。

による思考を続ける時代は今後もしばらく存続する。素朴心理学をあるがままに尊重して分析する現代哲学者も多々存在する(13)。

和語の世界

　和語で生命や精神を指す語は幾つもある。「いのち」は「往ぬ」（過ぎゆく，過ぎ去る）と「うち（内）」の合成語と推測される。ならば，過ぎゆく内に留まる，まだ死んではいない，が原意。古来の用例では人を含む様々な生物について，死ぬ前の限られた時間，そのはかなさを表現する。プラトン的な不死なる魂，アリストテレス的な動き変化の原動力，理性・感性への能力二分などとは異質な語彙。

　「たま」は美しいもの，かけがえのないもの（玉）が原意。転じて，かけがえのないものとしての命を比喩的に表現する（霊，魂）。動植物に広く使われ，身体から抜け出して放浪もする。この点，プラトン的な転生する魂（身体と対立）に近い。だが，「たま」の能力を理性・感性に二分する分析は和語で自生しなかった。「たま」に備わる力と不可触性が強調されるだけ。「たましひ」は「たま」と「強ひ」の合成語。「強ひ」は「強ふ」（上二段，「強いる」の意）の連用形。「強ふ」は使役の「しむ」（下二段，他者が我が意に服した状態の可能・自発・受身が原意）と類縁。上代の「たましひ」は「たま」から溢れ出る強さ，分別，才能や機転（特に対人関係で発揮される力）を指した。これが明治以降，プシュケー系の欧州語彙（理性・感性の二分を伴う）の訳語に転用され，語源の忘却につながった。

　「こころ」は「くくる（括る）」の母音交代形。括られ閉ざされた内面の思い，が原意。謎かけをする落語家に「そのこころは」と問うのは，閉ざされた意図を明かしてほしい，という懇願。夏目漱石の『こころ』もそうした閉ざされた内面を開き明かしていく小説（明かし切れるものではない，というのがそのメッセージ）。やはり感性・理性という分析を受け付ける語彙ではない。これが英mindの訳語に転用された。それぞれの原意を考えるとミスマッチだが，気に留める人はいない(14)。琉球語で魂を表す「まぶい」は「真振り」，人としてなすべき振る舞いが原意。和語とは切り口を異にする語彙。

　朱子学における気（万物の元になる精気，空気，生気，気持ち，心の働き）も心に関連する漢語として鎌倉仏教や武士道に影響を与えてきた。現代でも「元気」「本気」

---

(13)　英語を分析したものとしてグライス『論理と会話』など参照。
(14)　言葉による思考を展開する限り心は私秘的なものでありえない，という論調が現代の西洋哲学では主流（ウィトゲンシュタイン『哲学探究』など）。

など多用される。朱子学は理気説。気に理が形を与えるという思想だが，質料形相説とは全く異なる。理性・感性の区別とも異質。仏教や武道ではむしろ理性・感性の区別を超越して無心になり，気を集中させることに力点が置かれる。

　「感性」「感覚」に相当する和語はない。全感覚を包摂する上部概念を和語は持たない（ヒポクラテス以前のギリシア語状態）。ましてや，感覚から理性への入力，という発想の語彙はない。五感の各々を表す語彙も欧州語と含意が違う。「見る」は視覚の他，支配を含意する（漢語「見」は「視界に入る」，転じて「臣下として仕える」すなわち服従の意になる。この意では「まみゆ」と訓じられた）。「聞く」は聴覚の他，服従を含意する（漢語「聞」は「聴覚的に受容する」のみならず「（相手に）聴覚的に受容させる」の意）。ὁράω〔ホラオー〕や ἀκούω〔アクーオー〕，see や hear に支配・服従という含意は希薄。

　嗅覚は「にほふ」「かをる」など。前者は嗅覚に限らず，強い五感刺激を受けた状態。「にふ」（映える，輝く，花が美しく咲いている）と「合ふ」の合成語と推測される。後者は漢語「香」と「ある」（存在）の合成語と推察される（漢語「香」は神に捧げるべく焚かれる香，因みに「臭」は犬の鋭い嗅覚）。触覚は「さはる」「ふる（触，振，降）」など。前者は障害物が現前すること（下二段「障ふ」と「あり」の合成形），後者は動き変化を伴う身体接触（漢語「触」は純粋な接触）。何れも感覚というより身体反応を指す。味覚とされる「あぢはひ（あじわい）」は「あぢ」（五感で覚知される性情，「切れ味」「持ち味」など）と「はひ」（「這ふ」の連用形。延び広がる，の謂）の合成語。茶道具を褒める際にも「あぢはひ」と言う。「うまし」も物事を経験して満足すること一般。和語に「味覚」に相当する語彙はない。「あまし」「からし」など個別的な味覚語彙は昔からあった（漢語「味」はまさに味覚）。

　和語の感覚語彙は総じて『霊魂論』が整理する前の未開状態のまま。感覚と感覚対象の分化もない。これは和語の原始性を示すというより，『霊魂論』によるこの領域の語彙整理（素朴心理学）が後世の欧州哲学を如何に強く縛ってきたかを示している。同書は現代の心理学や脳科学の母胎となったのみならず，法律の土台にある人間観（理性的な心と感性的な身体を備えた自由と責任の主体，すなわち人格）をも構成している。しかし，同書の概念整理は唯一無二のものではない。和語の未整理状態，理気説による概念整理，仏教による整理(15)，そして『霊魂論』の整理，優劣の差はない。ただ，『霊魂論』は自然学（動き変化の原因追及）であり，これは現代の科学的世界観や法律的人間観にそのままつながっている。

　アリストテレスやキケロは感覚や思考を「持つ（ἔχω〔エコー〕）」，あるいは「つかむ（羅 capio）」，に類する言い回しを多用した。ἔχω は『範疇論』で範疇の一つ。capio 由来の合成語 conceptus（つかんで合わせられたもの，英 concept），同じく

percipio（つかみ切ること，英 perception）は伝統的な哲学用語となった。身体動作を指す語彙が比喩的に心の能力を指す語彙へと転用されるケースは多い（感覚や思考を物理的に「持つ」「つかむ」ことは不可能だが）。抽象的な事象を表現する語彙に事欠けば，生活密着語を意味陶冶して転用する。プラトンやアリストテレス以来の欧州人の知恵である。和語で「持つ」「つかむ」「とらえる」あるいは「さわる」「ふる」がこうした転用を受けることはなかった。

　「理性」に相当する和語彙もない。「思ふ」は「おも（面，母）」と「合ふ」の合成語と推測される[16]。母親の面立ちが原意。親密な対人関係を前提する語で，顔つきをする，心中であれこれ心配する，懐かしむ，愛おしむ，願う，想像する，と意味が広がる（漢語「思」「想」は「心」が構成要素。考えを巡らす，の意。「思想」は古くから漢籍にあるが，「思考」は明治初期の新造翻訳語）。「思ふ」と「ゆ」（受身・可能・自発）の合成語「おもはゆ」の縮約形「おぼゆ」は記憶を指す。「思ふ」と下二段「出づ」の合成語「思ひ出づ」は想起を指す（何らかの想念の自発・可能・受身を表現，「得」の論理に従う）。室町末期になると「思ひ浮かぶ」などの表現も登場する。

　「分（別）かる」は古形が下二段「分（別）く」，分（別）かれた状態の自発・可能・受身（「得」の論理に従う語彙）。ここから理解の意が派生した。道が分かれる，血筋が分かれる，などが原意に沿った用例。主体の能動を表現する語彙ではそもそもない（漢語の「分」「別」は物理的分離の意。「分別」は「理解する」の意で，「理解」も「悟り識る」の意で古来漢籍に用例あり）。

　「考える」は古形が「かむがふ」。語源は不詳。「勘合」（割賦の符合）と「得」の合成形である可能性がある。「勘合」は歴代中国王朝が倭人などの朝貢を受ける際に用いた外交上の割り符の照合（正使であることの確認）で，この呼び名は唐代まで遡る。だとすれば，「かむがふ」は符合することを確かめる，調べて正しい結論を得る，の意で奈良時代頃から朝廷関係者が用いていた可能性がある。正しく符合することの確認完了が原意なので，たとえば「ただいま考え中」という用法は当初なかったはず。

　「知る」は何かを了解している，制御できる，支配する，が原意。暗黙知も含意す

（15）　仏教はインド哲学の伝統に従い，眼識・耳識・鼻識・舌識・身識という五つの感覚由来の知識（いわゆる五識），そして意識という思考由来の知識を区別する。これはギリシア的な感性・理性の区別と一見似るが，仏教では五識と意識が識（梵 vijñāna）として一括視され，あらゆる識の克服が目指される。仏教は魂の自然学的解明を目指すのではなく，科学のように感覚を通した世界の理性的認識を目指すのでもなく，そうした解明や認識がしょせん執着に基づくもので結局は空しいと諦念する処世術であり，西洋哲学とは方向性を真逆にする。なお，インド哲学は和語と違い，アリストテレス同様に感覚と感覚対象（色・声・香・味・触）を区分する。これはサンスクリットとギリシアが同じ印欧語族として主格思考を共有することの素朴心理学的な反映といえる。
（16）　坂部恵『仮面の解釈学』はこの語彙について興味深い思弁を展開する。

る。普遍的なエピステーメーやその能動的獲得を指す語ではない。漢語「知」は認識の意。「知解」（認識すること），「知性」（或る人のさとい性質），「知識」（世の道理を知ること），「知覚」（知り悟ること）は古来漢籍（主に漢訳仏典）で用いられた語彙。

和語の世界と共同体の倫理

　『霊魂論』は古代ギリシアの医学・自然学を背景として感性・理性を概念的に陶冶した。その素朴心理学的な成果は後世欧州の一般市民を啓蒙し，日本にも紹介された。両者の統合体としての人格概念も然り。しかし，理性・感性という概念的二極分化は和語の世界に根づかない。人格概念も宙に浮いたまま。喜怒哀楽に浸り，人と関わり「たましひ」を示しつつときに疲弊もし，またあるときには閉じた心を開いて美しきものを愛で，歌を詠み，技を磨き，小宇宙的な世界に耽溺する，万葉以来の日常がひたすら繰り返されている。外来の翻訳概念の流通を輸入業者（翻訳者）が試みても，一般市民は概して関心を示さない（一時的に流行することがあってもじきに忘却される）。生活の具体的改善に役立つもの，便利なものなら飛びつくが（16世紀の鉄砲，現代のコンビニやスマホなど），そうでないものに食指は動かない。我々の日常はかくも啓蒙拒絶的，保守的である。保守されているのは，「得」の論理に守られて共同体（家族，学校，地域，職場，国家，等々）で自発する価値規範。共同体は，長期にわたり半ば制度的に（伝統的な家柄のように）存続するもの，その場その場で自発偶発するもの（今年のクラスの雰囲気），様々である。各々の内部で成員（先祖の場合もある）の顔色を伺い，その場その場の流れに身を任せ，出る杭は打たれ，いつか自らその価値規範を体現するようになる。ムラ社会的な価値規範を備えた共同体において，人は「人格」として平等ではなく，共同体中で自発偶発する地位と同一視され，地位で値踏みされる(17)。同調圧力の強さから一時逃避でき，解放されて心を開きくつろげる空間が，小ぢんまり確保されていたら，それでいい。嫌なら，フーテンの寅の如く共同体を出て世捨て人になるしかない。

　第8章で敷衍した「得」の論理が支配する和語の世界には，こうした同調圧力に身を置く心はあっても，ギリシア自然学的な魂，ローマ法的な人格，キリスト教的被造物としての人格，近代欧州が掲げた自由で平等な尊厳ある人格（法的に守られるべき

---

(17)　家庭や学校のクラス，友人サークル，会社の職場など小規模共同体の内部で自然発生する地位（往々にして序列を伴い，虐待やいじめの温床となる）。出身学校（学歴）・所属する会社（一流企業社員）・居住地（被差別部落や六本木ヒルズ族）などいわゆる社会的地位（「セレブ」や「上級国民」など）。今も日本で人は概して人格（person）として尊重されず，身を置く地位と同一視される傾向が強い。

存在）はない。個人としての自己認識や主体的能動性を理念的に和語の世界に移植・定着させようとする啓蒙は極めて難しい。それは人々に強い緊張を要求する人間観の抜本変更だからである。そんなことに付き合う暇も気力もない，実利を追う日常の合間に歌でも詠む方が心根に合う。こうした糠に釘を打つような一般市民の反応に，明治以降の日本で啓蒙を試みた知識人は一様にフラストレーションを感じてきた。啓蒙はそこかしこに跋扈する共同体の強靭な反発力に跳ね返され，今に至るまで成功していない。今後も成功しないだろう。だが，同調圧力が時にもたらす理不尽さ（最近でも電通過労死事件や近畿財務局職員自殺事件など枚挙に暇ない）から身を守る必要性はほとんどの日本人が感じるはず。その盾となってくれる近代欧州的な法律は過去百年かけて少しずつ日本の社会に浸透し，我々の生活環境を改善してきた。啓蒙というより実利的な観点で，つまり自分自身や大切な人々の身を守るために，こうした浸透を進める努力，法的文脈で人格概念を道具的に使いこなす努力を我々は地道に続けた方がよい(18)。

---

(18)　本章は理性と感性を主題としたため，人間精神の意思的側面（行為や法律と不可分）についてはあえて触れなかったことをお断りしておく。

第10章

普遍と特殊

「普遍的」「普遍性」という語はどんな学術分野でも使う。「一般的」も類義語。個別的な実例でなく，広くあてはまる法則的なこと，の意。「普遍」「一般」とはそもそもどんな意味なのか。

「特殊」は「普遍」や「一般」の反対語。範囲を狭く限定する，という意味の語。だが，「個別的」も「普遍」や「一般」の反対語。「特殊」と「個別」は似ているが違う。これらの用語はどんな背景から生まれたのか。

「普遍」は『哲学字彙』が英 universal に充てた訳語。「あまねく」を意味する古来の仏教語の転用。原語の淵源はアリストテレスの論理学用語 καθόλου〔カトルー〕。κατὰ μέρος〔カタ　メロス〕(英 particular)，καθ᾿ ἕκαστον〔カタ　ヘカストン〕(英 singular) と三つ組をなす。西周はこの三つをそれぞれ「全称」「特称」「単称」(何れも新造語) と訳した。

『和英語林集成』は universal を「一般」と訳した。「一般」は一様な，一切合切，などの意で江戸期以来の日常頻用語。『哲学字彙』は「一般」を general (genus「類」の形容詞形) の訳語に充てた。類は種 (英 species，形容詞形は special) と対語，アリストテレス論理学で類種ヒエラルキー (ポルピュリオスの樹，第 4 章参照) を成す。general と universal は使用文脈が異なる語だが，共に「一般」と訳されたり，別の訳語を充てられたりと，錯綜気味。

special は「特別」「特殊」(たとえば一般相対性理論に対する特殊相対性理論) などと訳される。particular も「特殊」「個別」，singular は「独特」「個別」などと訳される。三語とも訳語が似通う。particular, singular, special はアリストテレスにとってそれぞれ意味が違う。日本語ではなぜ訳語が似通うのか。実は古代ローマでこれらの混同が発生，その影響が全世界で今も続いている。

本章では「普遍」「特殊」及びその周辺諸語について来歴を詳らかにする。

καθόλου, κατὰ μέρος, καθ᾿ ἕκαστον

まずはこの三つの意味確認から。καθόλου は前置詞 κατά〔カタ〕と ὅλος〔ホロス〕

の合成語。κατά は「下へ（に）」（英 downwards）から転じて「～に向かって」「～に合わせて」「～に関して」「～について」と意味が広がる。これと用法が完全に一致する前置詞は羅独仏英に存在しない。

　ホロスは英 whole と同語源，「まるまる全部」「丸ごと」の意。日常語で，「ひとかたまりのパンを丸ごと」「半年間ずっと」「一つのポリス全体が」などの用例がある。欠落がないという含意がある。英 all に相当する πᾶς〔パース〕とは意味が違う。こちらは集合のメンバー全て，の意。「どの人も皆」「各地域が全て」などの用例がある。

　メロスは「分け前」が原意，μόριον〔モリオン〕「一部」や μόρος〔モロス〕「運命」と同根。神々が各人に割り振った運命的なもの，という含意がある。動詞形は μείρομαι〔メイロマイ〕，「（名誉など自らの正当な分け前を神々から）割り当てられている」の意。中動態のみで能動態はない。メロスには具体的事物（たとえば建物）の一部，（誰々の）順番，などの意味もある。「誰にでも訪れる死というメロス（運命）」という言い回しもある。森羅万象は自らの運命に服する。運命は各々を包み込む場のように進行し，各々がそこから脱する術はなく，甘んじて引き受けるしかない。古代ギリシアにはこうした中動態的な宿命論が支配していた。

　ホロスとメロスは対立語になることが多い。数の1がホロスなら2分の1はそのメロス。五人兄弟がホロスならそのうち二人はメロス。誰かの発言の一部がメロス，全体はホロス。先の宿命論もホロスとメロスの対立例。我々は一人一人，宇宙やポリス（ホロス）の中に部分（メロス）として位置づけられる。これが我々にとっての運命（メロス）である。メロスはホロスを前提する。プラトンが希求したイデアは，我々が逃れ難い運命，すなわちホロス（不死なる魂）の中にあるメロス（個々のイデア）として，定冠詞に読み入れられた。人類が自然を前に無力だった古代において宿命論は汎世界的に強力だったが，ギリシアの中動態的な宿命論はイデア論の土台となった可能性がある[1]。

　καθ᾽ ἕκαστον は κατά と ἕκαστος〔ヘカストス〕の合成語。後者は英 every に相当。ἑκάς（離れて，それぞれ）あるいは形容詞 εἷς（一つの，英 one に相当）から派生したと推測される。ホロス・メロスと関係づけるなら，ヘカストスはホロスをメロス以

---

[1]　現在最有力視されているクルガン仮説によれば，印欧祖語の話者たちは約6千年前までヴォルガ川下流域に居住，そこから方々へ散った。その中で，黒海西岸を南下して約4千年前にエーゲ海に至ったのがギリシア人。その後，彼らはフェニキア人の背中を追って地中海一円に乗り出す航海民族となった。自分の意志で左右できない運命を甘受する思想は，航海民族的なものなのかもしれない。第3章で言及した神の眼差しの下での立ち尽くし，第4章で述べた帰依を迫る一神教的な厳格さ，第6章で敷衍した因果法則の厳格さはどれもイデアの中動態的な運命論に淵源があると考えられる。

上に分割し，行き着いた単位（個別，要素）。メロスを更に細分化して初めてヘカストスに至る（メロスが個別の集合体である）場合，メロスがそれ以上細分化不能でそのままヘカストスとなる（メロス自体が個別である）場合，どちらもあり得る。

プラトンにおける全体と部分

　プラトンは様々な文脈で全体（ホロス）と部分（メロス）に言及する。たとえば魂を三分割しても，魂の本性はその全体を視野に入れてのみ理解できる（『パイドロス』）。徳の部分と全体についても，徳が全体として何であるかを考えねばならない（『メノン』）。国（ポリス）についても，一部の人たちでなく国民全体の幸福が目指されねばならない（『国家』）。身体の一部を治療するためには，身体全体への配慮が必要である（『カルミデス』）。どの文脈でも，全体が部分に優越する。イデアを全体の中で果たす働き・役割と捉える目線（第 7 章参照）も，こうした全体優位思想の表れ。

　『パルメニデス』冒頭でプラトンはイデアと個別の関係をホロス・メロスになぞらえる。パルメニデスは問う。イデアが個別者に分有される際，イデアは一つのホロス（全体）として保たれたままか，それとも個別者の数だけメロス（部分）に分かれる（いわば分身する）のか。どちらだとしても困ったことになる，とパルメニデスは指摘する。対話篇の中で若きソクラテスはこれにあっさり同意するが，プラトンの真意はむしろ次の点にある。すなわち，難題を抱えているが，イデアはやはり一つの全体であり，同時に自らを各個別者の数だけ分身させている，と言わざるを得ない。イデアのこの二重性格を名指すために，後にアリストテレスは καθόλου（普遍）という語彙を新造した（後段参照）。「普遍」という語に長年親しんでいる我々は，普遍という事象を指すのに「普遍」とひとこと言えば足りる。しかし，プラトンはこの語彙を持たなかった。「個別」についても同様。彼は普遍と個別の対立を定冠詞と複数形に棹差して自覚し，ホロス以外にもエイドスやウシアなど様々な日常語に訴えて四苦八苦しながら，人々に理解させようとした。

アリストテレスにおける全体と部分

　全体は部分より優位，という発想をアリストテレスも忠実に受け継ぐ。その教説は師より手が込んでいる。『形而上学』5 巻（全体と部分の定義）と 7 巻10章（両者の関係）を概観したい。

　5 巻25章はメロス（部分）に次の 5 つの用法を区別する。(1)量的なものを分割した結果（たとえば数 2 は数 3 のメロス）。(2)その分割の果てに到達される単位・要素

（この意味で，3のメロスは2でなく1である）。(3)形相に関して，類を分割して出て
くる種（この意味で，人間は動物のメロス）。(4)個物（形相質料結合体）を形相と質
料へ分割したとき，そのうちの質料（この意味で，青銅像のメロスは素材としての青
銅）(2)。(5)形相に関して，その本質・定義を構成する要素（この意味で，人間のメ
ロスは「理性的」と「動物」）。(5)の意味では類が種のメロス，(3)の意味では種が類の
メロス。近現代の用語では，(3)は種が類の部分集合を成す（ポルピュリオスの樹の下
側が上側のメロス），(5)は種の内包に類が部分として含まれる（ポルピュリオスの樹
の上側が下側のメロス），ということ。また，『パルメニデス』の意味でのホロス（形
相）はメロス(4)に対立。すなわち，形相はホロス（全体）であり，これを宿す個物は
いわばその分身（メロス(4)）として多数存在する。

　続く26章はホロスの用法を二つに大別する。(1)メロスが欠落なく全部揃っているこ
と（たとえばクラスの全員の出席）。(2)多くのメロスが集合してひとまとまりをなす
こと。後者は（2-1）馬や人などが集合して生物の全体をなすような場合，及び
（2-2）腕や足，胴が一体となって一つの身体をなすような場合，に区別される。
（2-1）は種を包摂する類（メロス(3)に対立），（2-2）は要素を合成した質料的全
体（メロス(1)(2)に対応）。『パルメニデス』におけるホロスは，多くの個物（メロス）
に欠落なく宿り，同時に一つのまとまり（類と種差が欠落なく組み合わさった全体）
として保たれる形相。ホロス(1)(2)の両性格を持ち合わせている。

　7巻10章は定義と関連させて部分と全体を考察する。定義とは，実体に対する述語
づけの一種（**第5章参照**）。実体は第一実体（形相質料結合体）と第二実体（形相）
に大別される。第一実体はその個別性ゆえに定義は不可能である。第一実体の全体と
部分と言う場合，その部分とはメロス(1)(2)(4)のどれかになる。たとえばソクラテスの
メロス(4)は魂と区別されるソクラテスの身体，メロス(1)は彼の身体の具体的部分（手
や足など），メロス(2)は四元素。他方，第二実体は類種ヒエラルキーに沿って定義が
可能である。第二実体の全体と部分と言う場合，その部分とはメロス(3)(5)のどちらか。
第二実体の外延的部分はメロス(3)，内包的部分はメロス(5)。「人間」の定義の部分は
「理性的」や「動物」，定義の全体は「理性的動物」。『霊魂論』は魂の栄養的・感覚
的・理性的部分などに言及するが，これらがどの意味でのメロスなのかは明言されな
い（**第9章参照**）。

　全体が先か，部分が先か。「部分」をどう理解するかで答えは異なる，と7巻10章

（2）　個物は形相質料結合体であるから，「質料と形相がその部分だ」とつい言いた
　　　くなる。しかし，アリストテレスは形相を部分と呼ばない。形相なしだとバラ
　　　バラになる質料を，形相は一定の形へとまとめ上げ，個物を成立させている。
　　　この意味で，形相が個物の部分であるとは言いづらい。

は述べる。第一実体については，質料に由来する個別性に着目すれば，部分が全体より先。たとえば，目の前にある幾つかの具体的な鋭角を組み合わせて，具体的な直角を作ることができる。また，具体的な眼前の手や足，胴体が組み合わさりソクラテスの体ができている。この場合の部分はメロス(1)(2)に相当する。

　他方，第二実体が質料を一つの全体（人間の形相を宿したソクラテス）へとまとめ保っているという意味では，部分（質料，メロス(4)）より全体（質料形相結合体）が優位かつ先である。しかも，第一実体は質料の単なる総和には留まらない（『形而上学』8巻6章）。人間は指や手足の単なる寄せ集めではなく，それ以上のもの。すなわち，栄養を摂取し，感覚や記憶に基づき考えて行動し，ポリスにおいて各人固有の役割を果たすべき（それが美徳とされた）理性的動物である。同様に，家は部材の単なる総和ではない。雨露しのぎ暖を取り外部から家族を守る，という家が果たす役割は，部材の総和に還元不可能。人間生活の中で家に期待される固有の働き，果たすべき役割（**第7章のエネルゲイア(3)**）というプラスアルファが部材の総和に付加されている。質料に形相が宿る，とはこういうこと。総じて，アリストテレスは全体が部分に勝る（たとえばポリスは個人に勝る），部分は全体の中で初めて意味を保つ，と考えた。プラトンのイデア論も同じ考え方。アリストテレスはイデア論を個体重視で修正しただけ。両者とも古代ギリシアの中動態的な運命論（全体の中で自らに割り振られた運命を引き受け，自らを全体の中に位置づけることで初めて自らの意味を見出す，という世界観）の体現者(3)。分割して統治せよという近代的な要素還元型思考とは真逆の方向性である。

　第二実体についても，定義という観点で全体は部分より先。鋭角（部分）の定義は直角（全体）の定義に依存し（鋭角とは直角より小さい角である），手（部分）の定義は動物（全体）の定義に依存する（手とは動物にとって云々の役割を果たす部分である，同書7巻11章）。また，人間（部分）の定義は動物（全体）の定義に依存する（人間とは理性的な動物であり，動物とは魂ある物体でありかつ動くもの）。この全体優位観もプラトンのイデア論譲り。

（3）　全体の中で果たすべき役割を果たす，という美徳倫理（共同体主義）は，欧州で近代になって掲げられた「自由で平等な個人」という理念的人間観（ビジョン）により置き換えられつつあるものの，今も抹殺はできない（最近の米国人マッキンタイアーやサンデルの著作を参照）。日本でも「自由で平等な個人」という理念を明治以降，法律により導入したが，伝統的な美徳倫理は根強いまま。しかし，日本と欧米の美徳倫理には決定的な違いがある。後者は古代ギリシア以来，主格思考と連動した強固な自己意識に伴う明確な個体概念（普遍の対立概念として）を持つ。前者にはこの意識が（「得」の論理に従い）希薄。個が美徳に従う以前の問題として，そもそも個としての自己意識の発生自体が抑圧されている。これは同調圧力に屈する，所与の現状に迎合して生きる，といった生活姿勢に直結する（本章後段参照）。

　では，『パルメニデス』における全体（形相，第二実体）と部分（第一実体，個物）
では，どちらが先か。アリストテレスにとっては当然，個物である。だが，個物は形
相を宿すことで初めて成立する。この矛盾的状況を表現する語が καθόλου（カトルー，
普遍）。この新造語は，個物を包摂する全体としての形相を指す（『範疇論』5 章）。
だが，形相は個物から離在しない以上，結局，この形相を宿す個物を欠落なく全て指
すことになる。ソクラテスからそのカトルーである形相「人」に目を転ずると（エパ
ゴーゲーで，**第 3 章参照**），人である全員が視野に入る（『形而上学』7 巻13, 16
章）(4)。

　本書で何度も指摘した通り，形相は個物を他ならぬその個物として成立させている
原因。形相因は個物に必然的に宿る。たとえば，我々が知る古代ギリシアの哲学者ソ
クラテスは，必然的に形相「人」を宿す。これを明示するのがカトルーに含まれる前
置詞 κατά（前述）。『形而上学』5 巻18章はこの前置詞を意味分析して次の五義を区
別する。すなわち，(1)形相因を指す用法（「それがゆえに彼は善人だ」という際の
「それ」，すなわち彼が宿す善の形相），(2)質料因を指す用法（「ものの表面には色があ
る」における「表面」），(3)目的因を指す用法（「何のために来たのか」における「何
のために」），(4)始原因を指す用法（「何から間違いが生じたのか」における「何か
ら」），(5)位置や場所を指す用法。四つは原因を指す用法で，カトルーは(1)の実例であ
る。アリストテレスが目指すのはエピステーメー，すなわち普遍的な原因の認識。
κατά は彼にとって重要な前置詞だった。

　現代の様相論理では，ソクラテスが人間であるのはたまたまで，ソクラテスが猫で
ある可能世界も存在する（**第 7 章参照**）。クリプキによれば，固有名は全ての可能世
界で同一個体を指示し，「人間」や「猫」などその属性は可能世界次第で自在に変化
する（『名指しと必然性』）。アリストテレスから見ると，これはばかげている。ソク
ラテスは形相「人間」を宿すことで初めて我々が知るソクラテス（古代ギリシアの哲
学者）として成立する。ソクラテスが猫なら，それは我々が知るソクラテスとは別物
（**第 3 章参照**）。また，「ソクラテスは人だ」と考えるのは悪霊に我々が騙された結果
だ，というデカルト的な懐疑も無意味。ソクラテスが人であるのはエピステーメー。
ウィトゲンシュタインと共に言えば，それはソクラテスについてどんな可能世界を想
定する際にも前提される「ソクラテス」という語のルール。すなわち，もしそれが間
違いであるのなら，我々の知的活動が，精神そのものが，瓦解してしまうような，岩
盤的知識の一部である(5)。こうした文脈で個物からその形相へとエパゴーゲーで目

（4）　この語は個別との対立において初めて成立する。個別を眼中に入れずひたすら
　　イデアを求めたプラトンがこの語を持ちえなかったのは当然ではある。

を転じ，その形相を必然的に宿す他の諸個物を全て見据える用語がカトルー。

　カトルーは「人間は動物である」のように主語化され得る。こうしてできた命題は全称（καθόλου）・特称（κατὰ μέρος）・不定称（ἀδιόριστος〔アディオリストス〕）の三つに大別される（『分析論前書』1巻2章）。日本語では明治以来，第二実体としてのカトルーを「普遍」，命題の種別としてのカトルーを「全称」と訳し分けるが，アリストテレスは「全ての個体をもれなく射程に入れる」という点で両者は同じゆえにどちらもカトルーと呼んだ。全称は，主語となる第二実体が宿る全ての個体をもれなく視野に入れる命題（「全ての人間は白い(6)」など）。特称はこれら全体から視野を狭め，その一部のみに言及する命題（「一部の人間は白い(7)」など）。不定称は，これら個体の全体か一部か特定個体かを明示しない命題（「人間は白い(8)」など）。全称（カトルー）と特称は，普遍（カトルー，第二実体）を主語とする命題の種別であり，普遍（カトルー，第二実体）と個別（第一実体）の区別とは別物である。

　他方，καθ’ ἕκαστον は「それぞれを原因として」すなわち質料因を射程に入れた表現（κατά (2)の用例）。感覚される個物（第一実体）の質料的側面を照射する（『形而上学』1巻2章，『分析論後書』1巻1章）。アリストテレスは個物に言及する命題（「ソクラテスは白い」など単称命題）を全称・特称との関係で詳細分析しなかった。個物はエパゴーゲーの出発点として重要だが，エピステーメーの対象にならず，シロギスモスの対象にもならないからである（第3章参照）。エピステーメーは普遍についての知(9)。全称・特称はエピステーメー内部の区別（同1巻18章）。「特称」は個別（質料）を連想させる「特」を含み，誤解を招く訳語。「部分普遍命題」とでも訳した方がベターだった。

　これに対して，γένος〔ゲノス〕（類）と εἶδος〔エイドス〕（種）はどちらも普遍（カトルー，第二実体）。どちらも主語となり，全称命題も特称命題も作れる。類・種の

（5）　第3章注（1）参照。様相論理的には，「太郎は人間だ」は現実であっても必然ではなく，「太郎はライオンだ」は現実でなくとも可能ではある。これは，統語論体系の意味論的解釈（モデルの対応づけ）という形式科学と連動した考え方（第7章参照）。他方，アリストテレスにとっては，「太郎は人間だ」は我々が日常的な言語生活を営む上で正しいと認めざるを得ない命題，つまり「今」「ここ」「私」と結びついた我々の自己理解や世界理解の基盤。形式科学はこの基盤性の問題をさしあたり無視することで初めて成立する。

（6）　ギリシア語では πᾶς ἄνθρωπος λευκός（英 all the humans are white）。ὅλος でなく πᾶς が使われる。この日常表現を形相因に照らして新造語カトルーで説明するアリストテレスの理論構成はエピステーメーを目指してのやや強引なもの。πᾶς の実際の用法はもっと柔軟なものだったと推測される。

（7）　ギリシア語では ἄνθρωπος τις λευκός，τις は英 someone に相当。τις は単数形だが，該当する「一部分」はギリシア語の用法上，一人でも複数人でもよいとアリストテレスは解したことになる。

（8）　ギリシア語では ἄνθρωπος λευκός。πᾶς も τις も付加されていない。

区別は四原因にも適用される。たまたまの原因（個別的建築家はたまたまの始原因，個別的大理石はたまたまの質料因，個々の彫像はたまたまの目的因），端的な原因（建築術は始原因，大理石は質料因，彫像は目的因），類的原因（技能は類的始原因，彫像素材は類的質料因，よく生きることは類的目的因）が区別される（『自然学』2巻3章）。端的な原因も類的な原因も，その認識はエピステーメー。つまり，どちらも普遍的なもの。

　カトルーは後に古代ギリシア哲学で汎用語となり，プラトンのイデアをも指すようになった。形容詞 καθολικός〔カトリコス〕も新造された。

古代ローマ（ラテン語圏）

　κατά に完全に一致するラテン語の前置詞は存在しない。de，contra，ad，per など文脈により様々な前置詞が対応する。

　ホロスに同語源の語は salus（完全無欠，健康）や solidus（固い，全体の，英 solid）。用法が近いのは totus（英 total の祖語）。全ての部分を包摂する全体，の意。帝国全土，などの用例がある。後述の universus も類義語。定冠詞のないラテン語にイデア論のような考え方は自生しなかった。イデアを指す用法は totus にない。πᾶς（英 all）に相当するのは omnis（ローマ法の頻用語）。

　メロスに対応するのは pars。動詞 pario（動物が子を生み出す，植物が花を咲かせ実をつける，つまり新たな部分を増殖させる，の意）に由来。分かれて生み出されたもの，が原意。メロスとはかなり意味が異なる。メロスにあった中動態の運命論はpars に含意されない。後者は単に分岐しただけのもの。ローマ法で相続分や法定分の意でも使われた。ラテン語はギリシア語より早く中動態を失った。ローマにも法と神々に身を委ねる運命論的な発想はあるが，運命を前にした意思の無力さという中動態的な世界観はない。家長や女性，子供など各自の地位に期待される美徳を体現しながら実直に働き，努力して困難を乗り越える。必要に応じて意思を表示し，法に訴えて自らの権利を守る。ローマ人は法の支配の下，運命を自ら切り開き，強大化してい

---

(9)　たとえば個々の月食でなく月食一般の原因についての知（『分析論後書』2巻2章）。これは仮説的可謬性を伴う。日常的な言語生活における語や命題の役割について探究したウィトゲンシュタインは，こうした可謬的な命題を流れる川の水に，そして「太郎は人間だ」（本章注（5）参照）のような命題を動かし難い（だが絶対に動かないわけではない）河床に喩えた（『確実性について』99節）。アリストテレスが河床と流れる水を区別しないのは，彼がエパゴーゲーの上昇先（イデア）を全て不動の河床と見なすプラトン同様のイデア論者だったことの証し。

った[10]。

　ヘカストスに対応するのは singulus，「それぞれの」の意（英 single の祖形）。語源的に simplex（単純な，英 simple）や simul（一緒に，ひとまとまりの），動詞 seco（切断する）と同根らしく，原意は切り離された切片，と推測される（pars の類義語）。ローマ法では個人や個々の物の意で使われた。

　アリストテレス用語の羅訳語も確認したい。カトルー（普遍）は帝政期に universalis という新造語が充てられた。形容詞 universus から作られた語。この形容詞は unus（「ひとつ」）と versum（「向けられた」）の合成形で，多くのものを同方向へと向ける，一つにまとめる，の意。家族全員，ガリア全土，全世界，などの用例があるローマ古来の頻用語。universalis は「全てのものが同一方向へ向けられた」という趣旨でカトルーを訳出する。他に καθολικός が翻字された catholicus という形容詞もできた。

　κατὰ μέρος（一部分）には帝政期に particularis という新造語が充てられた。pars に縮小辞を添付した particula（小さな部分）から派生した語。

　καθ᾽ ἕκαστον（個別）は singularis と羅訳された。singulus から派生の形容詞で，こちらはキケロ時代からあった。「一人ずつ」「一つずつ」「分かれて」「単独で」，転じて「傑出した」の意。「分かれて」という含意は pars 系の語と共通。それゆえ，particularis と同義語化しやすい。

　γένος の原意は生まれ（genesis「生成」と同根）。転じて，子孫，血縁集団，種族などを指す。これをプラトンはイデアを指す語に転用，後にアリストテレスは（種を包摂する）類の意で用いた。キケロは genus（γένος と同根・同義）と羅訳した。アリストテレスは γένος（類）と εἶδος（種）を区別したが，プラトンは区別しなかった（どちらもイデアのこと）。キケロは genus（形容詞形 generalis）をプラトン関連文脈でイデア，アリストテレス関連文脈では類（種と対立）の意で用いた。その結果，後のラテン語で genus や generalis にプラトン用法とアリストテレス用法ができる。帝政期になるとアリストテレスのカトルーの羅訳語 universalis（普遍）が新造され，やがてプラトン的な意味での generalis と同義語化する。これが universal・general が共に「一般」「普遍」と訳されることになった発端。

　εἶδος はキケロが species と訳した（第2章参照）。この語もプラトンのイデア，アリストテレスの種（類と対立），二義的となった。アリストテレスにとって種は普遍

---

(10)　ローマでも総じて個人より共同体（全体）における地位（部分）が重視されたが（キケロ『義務について』参照），法的には各個人の自由（liberus）や意思（affectio，affectus，第8章参照）も一定範囲で尊重された。

（universalis）だが，species はラテン語で具体的なものが示す個別的な外見を含意する。この含意に引きずられ，帝政期に新造された形容詞形 specialis はやがて universalis（generalis）の対立語と化し，singularis の同義語に，そして芋づる式に particularis の同義語にもなっていった。つまり，species はギリシア哲学の翻訳語に徹しきれなかった。これはラテン語によるギリシア語翻訳借用の失敗例。英 special・particular・singular が似たような和訳語を持つのはこのためである。

　アリストテレス由来の genus（複数形 gerena）・species ペアはローマ法でも「普遍（一般）」「特殊」の意で頻用されるに至る。後者は文脈次第で個別・種どちらの意味でも使われる曖昧な用語となった。

ポルピュリオスとキリスト教

　キケロ的用語法はラテン語世界で継承されていく。本章の文脈で重要なのはポルピュリオスとキリスト教。前者はアリストテレス用語を使って独自の問いを立てる（第5章参照）。種や類，特有性などはプラトンが考えたように個物から離れて存在するのか，アリストテレスが考えたように離在しないのか，あるいは概念的に分離できるだけなのか。もし離れて存在するなら，それは物質的なものか，非物質的なものか。こうした問いはそれまで明確に提起されたことがなかった。ポルピュリオス自身，答えてはいないが，彼の問題提起はボエティウス訳を通して中世の普遍論争を惹起する。ボエティウスは概してキケロの訳語を踏襲。ポルピュリオスがこだわった ἄτομον〔アトモン〕（個物）は individuum と訳された。

　カトルーはキリスト教でも重要な概念。新約聖書の編纂や正典化は専らギリシア語圏でなされた。三位一体論の端緒を開いたアタナシオスや異端とされたアリオスはギリシア語圏の人。初期のギリシア教父たちは形容詞 καθολικός を「イエスのいる所どこにも教会あり」という趣旨で，あるいは被造物を包摂する宇宙を指して，用いた。後発のラテン教父たちも形容詞 catholicus を同じ文脈で多用した。4世紀以降はローマ皇帝の関与の下で教会の組織化が進む。教会は自らを上述の意味で catholocus と形容した。東西教会の分断が進むと西側ローマが Ecclesia catholica（カトリック教会）を名乗り現在に至る。

スコラ

　カトリック圏の普遍論争は11世紀頃から本格化する。「普遍が個別から離在する」とするアンセルムスらの実念論と，「存在するのは個物だけ，普遍は我々が付けた名

前にすぎない」と考えるロスケリヌスらの唯名論が拮抗した。これに関連する哲学用語にはキケロ的混濁が伴い続ける。

　トマスは universalis（普遍）を generalis（類）の同義語と見なす。彼はアリストテレスが『自然学』で区別した端的（種的）な原因と類的原因をどちらも causa universalis（generalis, communis）と呼び，たまたまの原因を個別的原因（causa propria）と呼んでこれと対比した（『自然学注解』2巻6講）。この語法はデカルトに引き継がれる。

　また，トマスは particularis を(1)普遍に対する特殊，(2)形相を分有する個物，この二義で使う。アリストテレスの κατὰ μέρος は普遍を主語とする特殊命題，つまり(1)だが，トマスは particularis を(2)の意味でも頻用する。理由は particularis という語形にある。この語は participatio（イデアの分有）と同様，pars（部分）からの派生語。プラトンによれば，イデアの分有により成立するのは個物。つまり，pars 系の語彙には個物という連想が働きがち。これにより，トマスのアリストテレス受容はプラトン的にデフォルメされる[11]。彼以降，particularis は(1)(2)両義の語として継承されていく。

　更に，トマスは specialis を(1)種（類と対立，あるいは個別と対立する形相），(2)個別，どちらの意味でも使う。普遍と個別の区別をあからさまに無視する用語法である。(2)の用法はキケロによる翻訳借用失敗の後遺症で，ラテン語特有（後遺症は現代欧州語でも続いている）。また，キリスト教義そのものにも関係する。教義上，個物と普遍はどちらも被造物であり，その区別は神による被造性という観点では霞んでしまう。より重要なのは，そもそも唯一神が世界（普遍と個物）を無から創造したこと。このような創造は元来，セム系の人々に特徴的な考え方で，印欧語族に元来は希薄だった。ギリシア自然哲学もこれと無縁（制作という観点はあるが，無からの創造はない）。プラトンはアルケーとしてのイデア（形相）から無へと遡及することはなく，アリストテレスにとっても普遍と個別の違いが哲学の最大問題だった。

　コップの中の嵐とは言え，普遍論争は諸家の立場を分岐させる。普遍は個物と切り離して概念把握できる（conceptus）が，res として離在するわけではない，という立場をトマスは採った（いわゆる概念論）。スコトゥスも似た立場だった。他方，初期オッカムは唯名論に立ち，被造物として存在するのは外界の個物だけ，普遍は人間の知性の構築物でしかない，我々は個物にも普遍にも名前を付けて思考するからこの

---

(11)　特称命題をラテン語で表現すると aliquis homo est albus。つまり，ギリシア語同様（本章注(7)参照），主語が単数形。このことは particulars を個別と解する風潮を強めた。

相違を忘却しがちなのだ，と主張した。これは近代の機械論，観念論，そしてクワインのホリズムに代表される現代の科学理論，何れの先駆にもなる。外界に存在するのは個物のみ，という考え方はホッブズ流の機械論と親和性が高い。また，普遍が人間の心の中にしかない，という考え方はデカルトやロックの観念論にもつながる。個物の被造物としての所与性を疑わない点はナイーヴだが，普遍が知の構築物であるとする考え方はクワインと似る。後者が想定する真なる科学的実在の総体（第2章参照）は社会的に維持される知的構築物である。

　オッカムの『大論理学』はスコラ論理学の代表的教科書。彼は言語と実在（個物）を区別し，全称・特称を言語（命題）上の区別と考え，ポルピュリオスと共に単称命題の重要性を強調した。同書は三段論法を表示（significatio，魂が感覚知覚した個物に名前を付ける作用）や代示（suppositio，現前していない個物を語が文脈次第で代表するメカニズム）の理論などで補完している。論理学は大学の教科として存続するが，市井で自前の理論構築に没頭した近世哲学者たち（デカルトやホッブズら）はこれを無用の長物と見なして黙殺した。

近世における普遍と個別

　ホッブズはオッカムと多くの考えを共有する。この世に存在するのは個物（particular, singular）のみ。普遍（形相因）は人為的構築物。我々は個物に名前を付けて言語化し（「ソクラテス」など），名前に依拠して普遍を仮構する（「ソクラテスは人間である」など）。つまり，普遍は名前の名前にすぎない。オッカムは人為的構築物を肯定視したが，ホッブズは否定視する。これが中世と近世（機械論）を分ける境目となる。ホッブズにとって普遍教会（universal church）を名乗るカトリック教会，そして教皇の普遍的な権力は，否定されるべき仮構の産物（カトリックを離脱した英国国教会圏だから許された発言）。あらゆる人にとって普遍的に妥当する（universal to all）と言えるのは，全員の合意で決めた社会契約だけ。

　デカルトは普遍（形相）だけでなく，個物の存在をも疑った（方法的懐疑）。しかし，結局は合理的に構成された個物（延長実体，ただし無限分割可能）の観念が明晰判明だと考え，個物の存在を承認する（第2章，第5章参照）。延長実体は普遍的な因果関係（causa universalis）に服す。この因果関係は身体と魂（エゴ）を股にかけて支配する。デカルトは形相（古典的な普遍）を捨てるが，因果関係の普遍性はスコラ同様に信じ続ける（第6章参照）。また，『精神指導の規則』第4規則は真理を発見する方法として普遍数学（mathesis universalis）を提唱する。これは個別的な学問ジャンルを超えた普遍的方法，すなわち法則性を量化して解明する方法論（不明な量

は記号で代替，というヴィエトの代数的アイデアを受け継いだもの）。アリストテレスの普遍（形相）概念の比喩的転用例の一つ。デカルト以降，自然学における普遍概念はこうした拡張的文脈（普遍的法則性とその個別事例）で生き残る[12]。

　彼の死後，アルノーらがスコラ論理学に取って代わるべく『ポール・ロワイヤル論理学』を刊行した。観念を基本タームとして三段論法を捉え直す書で，観念と外界個物のナイーヴな内外対立（第2章参照）を基調とする。観念の内包（comprehension, 表現内容）と外延（étendue, 外的個物）が区別され，内包が個別（ソクラテスなど個物を代表）と普遍（人間など個物の集合体を代表）に分類された。これに対して，ロックは外界個物も観念による構築物だと主張した。彼によれば，個物と普遍は（普遍的な因果関係も）経験が後発的に形成した観念にすぎない。どちらも懐疑にさらされることになる。

　ライプニッツは懐疑を拒否，個物と普遍を形而上的次元に定位する。物理的個物は分析の果てに形而上的なモナドに帰着する。普遍的な因果関係はモナドが服する法則性（作用因はモナドに備わる力）。しかもモナドは普遍（述語）の束であり，普遍に還元される（形而上的な普遍実在論）。彼はデカルトの普遍数学のみならず13世紀のルルスや16世紀のラムスの計算機思想を継承，普遍的記号学（characteristica universalis）と演繹の計算化（calculus ratiocinator）を構想した。未展開に終わったが，理念的には現代の記号論理学と自動計算機（コンピュータ）を先取りするもの。内包に intensio（英 intension），外延に extensio（英 extension）という現代的呼称を与えたのも彼である。

　カントは講壇哲学者としてアリストテレスが意図した普遍（独 allgemein）・特殊（besondere）・個別（einzeln）を正確に理解し（特殊を個物の意味で用いず，Vielheit すなわち多と解した），講義もした。他方，『純粋理性批判』はこれらを量の範疇（純粋悟性概念，第5章参照）に位置づける。時空の中で我々に与えられる感覚的所与が，量という観点で普遍（全体）・特殊（部分）・個別（単一）という型枠を押し当てられ，普遍命題・特殊命題・個別命題として理解される。普遍には相対的普遍（範疇に従い経験科学が見いだす普遍的因果法則，一般命題）と絶対的普遍（アプリ

---

(12)　ヴィエトは自らの理念を logistica speciosa「記号を使った計算」と呼んでいた。この species はアリストテレスの形相（種）でなく，具体的外見，記号の意。なお，アリストテレスにとって普遍・個別は人間が言語化した限りの素朴な実在世界が示す構造であり，近世的な観念論・実在論・唯物論などの対立（キリスト教に影響された対立）の彼岸にあった。近世唯物論は概して普遍を仮構と見なし，観念論は普遍・個別とも観念の構築物と見なす傾向にある。クワインが考える実在（第2章参照）も社会的な共有物としての真なる理論の総体であり，ロック的な経験論的観念論の系譜にある。

オリな判断の型など主観性に備わる超越論的構造）がある。因果関係（個別的・普遍的）も範疇と解される点は第6章参照。

　カントは普遍・特殊・個別を命題の種別として捉えたが，ヘーゲルはこれを命題（判断）以前の概念把握（Begriff）の種別として焼き直す。『大論理学』は第三部冒頭「主観性」の章を把握・判断・推論に三分，このうち把握を普遍・特殊・個別へと更に三分する。普遍的把握（たとえば人間）を否定すると，これが分割され特殊的把握（たとえばギリシア人）が生ずる。これが再度否定されると，個別的把握（たとえばソクラテス）が生ずる。個別的把握と普遍的把握が総合されて判断が生ずる（「ソクラテスは人間である」など）。また，『法哲学講義』によれば，個別すなわち個人（主観的精神）は普遍すなわち国（客観的精神，法）に包摂される。個人から家族へ，更に市民社会へ，そして国へ，という個別から普遍への階梯も指摘される。他方，国どうしの関係において（対外的に）国は普遍でなく個別的。同一物が臨機応変に個別となり，普遍にもなる。ヘーゲルは絶対者（理念）の体系内のあちこちで普遍・特殊・個別を語呂合わせ的に適用する。この体系は，個が理念に包摂される，とするギリシア的運命論の焼き直し。各人が理念との合一を目指して自らを高め努力せよ，と彼は言いたかったのだろうが，彼の主張は抽象的理念（共同体）を前面に出し過ぎており，個人軽視の全体主義を惹起しかねない。晩年の彼は事実上，プロイセン強権主義と共に歩む御用学者だった。我々は自由や人格，尊厳などの理念が個人軽視を許さないものであること，そしてこの理念がいまだ世界で遍く実現されているわけではないことを知っている。ヘーゲルの意を汲みつつ，これら具体的理念の実現（法化社会の実現）を目指して歩みを続けるしかない。

　ヘーゲルの肩を持つわけではないが，次の点には触れておいてよいだろう。カトリック教会は普遍教会（しかも特殊を許さない唯一の普遍教会）として各信者のあるべき普遍的な姿を規範として提示した。中世以降，再発見されたローマ法を使ってこれを法律化もした（教会法，これが後に近世世俗法の発展を促した）。信者は神の似姿として意思を発揮し，普遍に合致する生活へと身を律した。プロテスタントはこれと別の理念（第2章参照）を掲げた。ロックの自由や財産，これを補うべきルソーの平等，カントの尊厳（人格）などが近現代法や自由市場経済を導く理念となった。ヘーゲルはこれら理念が現実を導くべき普遍的価値であることを強調した（たとえ弁証法という似非論理に依拠したものであったにせよ）。こうした理念が日本でも慣れ親しまれている現代の法律経済の骨組を成す。定冠詞に潜む神に見張られた緊張感（現代欧米人の生活にも根づくイデア論）は中動態的な運命論の残影だが，今ではキリスト教・プロテスタント的な自由意思と調和したものとなっている。

近現代の論理学

　19世紀末，フレーゲが現在の一階述語論理に相当する構造の公理化に成功した。彼は特称命題（「一部の人間は白い」など）の代わりに存在命題（「白い人間が存在する」など）を基本ツールにした。両者は似ているが，前者の否定は「一部の人間は白くない」（やはり特称），後者の否定は「白い人間は存在しない」すなわち「全ての人間は白くない」（全称命題）であり，意味が違う。正しい述語論理文を全て証明できる公理体系を構成する上で，特称命題は不要かつ役立たず。以後，論理学から葬り去られることになる。また，フレーゲはアルノー以降，観念の内包とされていた普遍（形相）を外延的に述語関数（集合）と捉え直す。統語論と意味論（外延，オントロジー）の分業体制が整った1930年代，内包は論理学から完全放逐される。ラッセル的な命題（主張内容）や意味内容など観念に類する疑似心理的存在は確定不能であり，論理学に不要。類種ヒエラルキーも集合どうしの関係に解消される。統語論的な記号連鎖を意味論解釈する，すなわち要素の集合からなる存在領域を真理条件として対応させればよい。存在領域に入る要素は伝統的な意味での個体である必要はなく，何でもよい（デモクリトス的な原子論かデカルト・スピノザ的に無限分割可能か，といった哲学的コミットもゼロ）。現代の意味論（オントロジー）にとっては要素とその集合という形式のみが問題。類種ヒエラルキーよりはるかに一般化・形式化された仕方で集合どうしの包摂関係に着目し，意味論をより豊かにする動きもある（レシュニェフスキが提唱したメレオロジー）[13]。

　こうした所産と比べると，定冠詞・複数形という古代ギリシア語の文法構造を反映した普遍（全体と部分）・個別という概念はあまりに原始的。確かに，外延的発想でできた現代の形式科学内部にこの普遍・特殊ペアや普遍・個別が直接的に占める位置はない。個物を普遍（イデア・形相）が成立させている，という古代ギリシアの問題意識は，現代では人間の認知行動の経験科学的説明という課題に取って代わられた。しかし，大局的に見れば，普遍・個別ペアは，科学や法律を発展させた欧州思想の原動力たるイデア論そのもの。このペアはデカルト以降，普遍的法則性と個別事例の区別という拡張された文脈において，科学技術や法の支配の発展を構造的に指導してきた。形式化された現代論理学もこの流れの中で析出したもの（形式科学はまさに一般法則性と個別事例の対立図式により構造化されている）。全称文も元を辿ればアリス

---

(13)　形式科学により再構成された知の体系を社会的共有物たる実在と見るか（クワイン），デカルト的な生得観念の延長と位置づけるか（チョムスキー），これも実在論と観念論の水掛け論。哲学的にはどちらの方向性も可能。

トテレス的な普遍である。欧州語における定冠詞や複数形という文法的特徴がこうした構造的な世界観を生み出した。この所産に匹敵するものを，ギリシア・欧州文化圏以外の地域は生み出すことができなかった。

　他方，古代ギリシア由来の普遍・個別ペアが近世の機械論や現代の形式科学により相対化され，その原型（形相を宿す個別というビジョン）が破棄されたのも事実である。このペアは，大局的に見ても，古代ギリシアが生んだローカルな析出物。和語と対比するとまた別の相対化が可能である。

和語の世界

　和語は名詞に単複の区別がなく，冠詞もない。普遍・個別の対立に当たるものが文法上自生することも意識化されることもなかった。端的に言って，和語は普遍・個別という相の下に世界を見ない。明治以降，この対立の所産が欧州から日本に大規模に流入した。日本語生活者はこれを巧みに漢語翻訳語で写し取り，生活に活かし，国土の風景を一変させていった。これは和語の世界にこの対立が定着したことを意味しない。この対立は知識として理解されてはいても，和語の世界を全く侵食していない。

　英 the cat は特定単数の猫（個物）あるいは普遍としての猫。a cat は不特定単数の猫（個物）。cats は複数の猫（複数の個物）。冠詞を持つ欧州語はこうして文法的に普遍と個別を表現し分ける。和語は「ねこ」という名詞に対して，その単数性を強調する場合は「一匹の」など数詞を添付，その特定性を表現する場合は指示詞「この」「その」などを添付し，複数を表現する場合は指示詞を複数化（「これら」「それら」），あるいは「ら」「ども」などを名詞に後置する(14)。普遍としての猫を際立たせるなら「そもそも猫というもの」など長い修飾をする。「ねこは耳が短い」と言った場合，「ねこ」は単数・複数・普遍のどれとも解釈可能。和語を普遍・個別ペアで解釈すると，こう形容するしかない。

　欧州語の定冠詞はもともと和語なら「そ」（「それ」「その」）に相当する指示詞だった。「そ」の語源は不詳だが，サ変動詞「す」（第8章参照，「得」の論理に従う語）の命令形「そ」と同根の可能性がある。もし同根ならば，「そ」は近接する自発的可能性を引き受けよ，と話者が聞き手に促す表現であることになる。何れにせよ，「そ」は状況（話者）依存性が高く，発話行為現場に縛られる語彙。他方，プラトンのイデアはこうした依存性から独立し自存する普遍的存在（今風に言えば客観的実在）。ギ

---

(14)　「ら」は親愛感や漠然とした状態化（ここら，きよら，など），「ども」は謙遜・卑下を表現する接尾辞であり，欧州語の複数形とは異質とも見なせる。

リシア人はこうした存在を中動態的な宿命（θεωρία〔テオーリア〕）として投影し，元来は状況依存性が高い指示詞をその徴表（定冠詞）に転用した。「そ」はこうした転用を受けなかった。しかし，和語で普遍を無理に表現する際に使われる「そもそも」は，「そ」と「も」（係助詞）の合成語「そも（其も）」の重音化。どんな個別自然言語も，事物の本質的特質への言及には指示詞を援用するしか方途がないのかもしれない。

　ホロスに相当する漢語「全体」「全部」の「全」は，玉の境地に入ること（完全無欠性）。「全体」はからだの全て，「全部」は何巻にも及ぶ書物の一揃え全て。和語の「すべ（全）て」は下二段「すぶ（統）」の連用形と接続助詞「て」の合成語。「すぶ」は（複数のものが）まとめられた状態の自発・可能・受身が原意（「得」の論理）。転じて，支配統治の意にもなる（「すめらみこと」）。四段「すむ（澄，清）」と同語源。こちらはまとまることで動きや混濁が消失する，が原意。転じて，乱れた状態をなくす，従わせる，の意も生じる。「すぶ」には（まとめられるべき）全体が前提されるが，この全体とはまさに無秩序・騒乱状態。これを指す和語彙はない。この状態に初めて秩序と平穏がもたらされることが「すべて」の原意。ホロス（メロスと対立）とは意義づけが異なる。

　「ひと」はホロスに近い。「ひと仕事」「ひとえだ」などの「ひと」は或るものを全体視し，ひとまとまりとみなす語彙。数の「ひとつ」，「人（ひと）」の語源でもある。「まるごと」「まるまる」などの「まる」も対象を全体視する語彙。「まるごと」は「ひと」よりホロスに近いかもしれない。しかし，「ひと」も「まる」も部分から構成されるという含意はない（「こと」の分析を和語が拒否するのと類比的，第5章参照）。人体が部分から構成される，という発想も希薄。「ひと」や「まる」は，部分と対立する全体（個物と対立する普遍）へと意味転化が可能な語彙ではない。

　他に「まったく」「みな」もホロスに近い。前者（古形「またく」）は形容詞「またし」（破損欠損なく完全，安全無事の意）の連用形，語源は不詳。「みな」の「み」は「身」「実」と同じく上代特殊仮名遣いで乙音（水，見る，みことは甲音），語源不詳だが「結実した実の全体」が原意かもしれない。どちらも部分から成る全体という発想の語彙ではない。普遍への意味転化は期待できない。

　メロスの漢訳語「部分」は，何巻もある書物の一部，が原意。「分」は刀で断ち切るさまを描く象形文字。これら漢語に中動態的な運命論は含意されない。和語でメロスと発想が近いのは「わけ」。下二段「わく（分，別）」の連用形で，物事が分かれていく道筋，いきさつ，また分けること（分配），を指す。かつて皇孫が分家して「和気」姓を名乗ることがあった。収穫物の配分や血筋の分岐は和語も昔から意識した。しかし，「わけ」は「ひと」「まる」（全体）よりむしろ「もと」（本，元）と対立し，

メロス的な運命観も含意しない。身体を軸にした左右一方向を意味する「かた（片，方）」も一部の意になり得るが，対立語は「もろ」（両側）。全体と対立する部分ではない（「おほかた」は両側を集計した大部分であり，全体ではない）。

　ヘカストスに近い和語はやはり「ひと」。つまり，「ひと」は単位（個別）であり同時に全体でもある。メレオロジーで所与の集合が一つの全体に，また他の要素にも，なるのと類比的。こうした融通無碍な語彙を基礎に据える自然言語から，ギリシア的な全体・部分，普遍・個別という対立（及びこれを使った世界の構造分析）は発生しづらい。「それぞれ」は上述の「そ」（近接自発）と接尾辞「れ」の合成形の重音化。「おのおの」は「おの」（私）の重音化，一人一人の私が，の意（人にしか用いない）。

　個物は全体（形相，イデア）が宿ることで初めて成立し，その意味で全体の中で位置づけられ，運命づけられている。全体の中で部分が果たすべき役割が決まっており，それをつつがなく果たすことが美徳（かくあるべし）。こうした古代ギリシアの中動態的な世界観は，ローマ化・キリスト教化を経て近現代科学の要素還元的な方向性（自由で平等な個人という近代欧州の人間観や外延・集合を中心に考える現代の形式科学もこの方向性を体現する）により克服されたかにも見える。だが，要素還元的な自然科学や法の支配もイデア信仰が母胎となって生み出されたことを本書は敷衍してきた。量子力学のような確率論的世界は要素還元思考の行き詰まりを示す，とも指摘されるが，確率論も数学的構造というイデア的法則性の追求結果である点に変わりはない。こうしたイデア追及的な世界観は，そもそも和語の世界と親和的でない。全体と部分を対立させ，部分を支配する全体を観照（θεωρία）し，この全体の中に自らを主格思考により位置づけて自己制御に活かす。これが科学技術と法の支配に共通する発想である。ギリシアの全体主義的な美徳は，同調圧力に屈するという和語の世界の美徳に外見上，似ている。だが，和語の世界には主格思考（個を前提する）がない。日本における同調圧力への迎合は，各自の部分（個）としての自己意識に因るものでなく，「得」の論理に支配された無私の自発・可能・受身である。全体における部分（個）としての自覚を持ちつつその全体を写実的に描き出し，これを各自が引き受けるのでなく，何らかの価値規範が一つの全体として自発し，話者と聞き手が共同体化して共にこれを「得」の論理で引き受ける。一人一人が心中穏やかでなくても，狼狽えながらであっても全員が右向け右となる。その淵源は弥生的な稲作への協力強要なのか，縄文的な畏敬と感謝を伴う自然との同化なのか，それ以外なのか，不明である。何れにせよ，我々は主格思考が根づきにくい和語の限界を自覚し，その限界を踏まえつつ法の支配を一層定着させ，一人一人の尊厳がより守られる環境整備（地球環境の保護を含めて）を今後も地道に続けるしかないだろう。

あとがき

　近代欧州で発展した科学技術や法の支配は，プラトン的なイデア信仰（二世界説）の伝統において花開いた。イデア信仰は，文法構造と一体化したギリシア・欧州文化圏の宗教と言える。それは，世界を支配する理念的法則性（自然法則）の存在を信じて，これを実体・属性モデルや普遍・個別モデルにより言語化（現代科学においては専ら数理化）し，その解明結果を応用して物質的世界を人為的に変更していく。また，世界を支配すべき理念的法則性（法的価値）をやはり実体・属性モデルや普遍・個別モデルにより描き出し，これを掲げて一人一人がその恩恵に浴する社会を構築すべく，現実を変革していく。こうした欧州起源の理念による導き（近代の観念論や実在論は何れもその亜流）が現代の人類を地球規模で席巻している。かつて日本は鎖国を解き，その所産を短期間で消化吸収するという課題に直面した。課題は概して成功裡に果たされ，日本は現在，科学技術大国となり，法の支配も近隣諸国と比べればかなり浸透した（欧米諸国と比べると周回遅れだが）。だが，所産を生み出す原動力である理念信仰（欧州哲学）そのもの，そしてその母胎である欧州語の文法構造（主格思考，定冠詞，能動態・受動態など）は，日本語に導入できるものではない。実際，導入されておらず，導入する必要もない。和語の世界に生きる人々は文法構造上，イデアの民であり得ない。今後もイデアの民でないままだろう。これは価値評価でなく事実問題である。

　本書が敷衍した「得」の論理，そしてこれに守られて多層的・小宇宙的に自発する（あるいは制度化して伝統的に継承される）多様な共同体の価値と規範（美徳倫理の一種）は，強靭である。根絶できそうになく，根絶する必要もない。ただ，この倫理には長所も短所もある。長所はチームワーク，和の精神，絆など。短所は，雰囲気に流される，出る杭は打たれる，主体性のなさ，見て見ぬふりをする，等々。短所は時に破壊的な結果をもたらす。いじめを見て見ぬふりして人を自殺に追い込む。誰も何も言い出せないままずるずると太平洋戦争に突き進む。忖度で人命が失われても経済に強い政権なら国民は見て見ぬふりで恩恵を受け続ける。知らぬ間に一定の雰囲気（内実は現状追認という価値規範）が醸成され，これにあらがうこと自体が白眼視されるようになる。知らぬ間に自生してきた共同体の価値規範に迎合するうちに足元をすくわれ，最後は皆で悲惨な目に遭っておしまい。責任者の追及には及び腰で，事を荒立てず，時と共に全てが忘れ去られるのを人々はうなだれて待つ。同じようなことが歴史上，何度も繰り返される。和語の世界の住人は，痛い目に遭ってもそこから学ぶのが苦手なようである。欧米諸国は19世紀までの度重なるペストなどの流行，そし

て1918年のスペイン風邪流行から多くの教訓を得て，いざと言うときの感染症対応のための法制度を整備してきたが，日本は一切を忘却しており，新型コロナに狼狽える局面が目立った。より良い生活空間を次世代に残すため，過去から学び，短所はその都度，是正していった方がいい。

　では，どう是正するのか。もちろん，是正は絶えず行われている。近代欧州は主格思考と理念信仰により「自由で平等な尊厳ある個人」という理念的人間像を自生させ，これを実現すべく法の支配を社会に浸透させ，人々の生活環境を改善してきた。この理念的人間像は日本でもとりわけ日本国憲法（マッカーサーの置き土産）で掲げられ，わずかずつながらその浸透が図られて現在に至る。この人間像は，「得」の論理の背後にある共同体の価値や規範とは，水と油の関係にある。こうした共同体の成員は「自由で平等な尊厳ある個人」でなく，本書第9章で述べたように各共同体において自然発生する地位そのものと言える。日本国憲法は，理念の民でないこのような「日本国民」の実生活において，その効果を未だに十分発揮していない。憲法上の理念を実現すべく労働者保護の様々なルールを規定する労働法が，つい最近まで弱者の泣き寝入り（過労死や過労自殺を含む）を食い止める効果がほとんどないザル法だったのはよい例である（労働法が存在しなかった戦前と比べればもちろん労働環境保護に大きく寄与したとは言えるのだが）。法の浸透をこのように阻止するのが，「得」の論理の負の一面なのだろう。しかし，それも様々な事件や世論喚起，必要に応じての法改正などを通して，ゆっくりと改善される方向にはある。かつての公害問題も長い時間を経て解決へと向かった（今も完全解決はされていない）。今後も同様の地道な歩みを積み重ねるしかなかろう。

　現代の欧州文化圏は自然科学的な世界観と目的論的な法の支配をカント的な二世界説で併存させている。日本語を語る者は，（どれほど日本に居住する外国人が増えようと，日本語が存続する限り）避けがたい「得」の論理にカント的な二世界説を加え合わせて，言わば三世界説的な並存を図る，しかも自然科学的世界観と目的論的な法律を理念というより道具として使いこなす，こうした歩みを進めるしかないのだろう。自然科学の理念（真なる法則性）は十分に道具として会得された。法律の理念（自由，平等，尊厳など）は道具として未熟，「たてまえ」に留まる部分が多い。法の支配を地に足がついた仕方で根づかせていくためには，その時々において社会が直面する理不尽さや問題点を直視して，そこから教訓を引き出して将来へと活かしていく，これを繰り返すしかない。新型コロナは，憲法上保障された様々な自由が如何なる要件でどこまで合理的に制限されてよい（されるべき）かについて，日本国民が予防的立法につながる議論を怠ってきたことを露呈させた。福島第一原発事故の際にも似たようなことがあった。焦らずに一歩一歩前進するしかない。

　そのために，まずは一人一人が何ものにも目を閉ざさず世界を正しく認識する努力を重ねることが必要である（これが可能となる前提として，貧困の解消や教育の普及，情報の真贋を見極める能力の定着などが必要になる）。そして，その事実認識に基づいて，誰もが自由で平等な尊厳ある人格として尊重される世の中を実現すべく（これはすなわち，自分自身や大切な家族，友人の身を守ることに他ならない），自分の良心に照らして自分で判断すること。自分で判断し，行動する癖をつけること。法律を道具として使いこなす，とはこういうことだろう。これは日本語生活者だけの問題ではない。理念の民でない世界中の人々が，日本語生活者にとっての「得」の論理と同様の，自らに独特な無意識の（おそらくは自然言語に制約された）世界観をもっているはず。それをそれぞれが自覚し，欧州の理念信仰が培ってきた科学技術と法律を道具だと割り切って使いこなしていければ，世界の未来は多少，明るくなるだろう。

　本書の第1章から第6章までは元々，中央大学法学部通信教育部の雑誌『白門』に掲載したものである。今回書籍化するにあたり，原型をとどめぬ程度に改稿し，第7章以降を付け加えた。通信教育部長の遠藤研一郎教授には書籍化に際して許諾をいただき，ここに深い感謝の意を表したい。法学部生は特定分野のスペシャリストでなく，ジェネラリストたれ，とよく言われる。現代社会が直面する問題は科学技術の社会的応用から引き起こされるものが多い。生命倫理や環境問題などが好例である。法学部卒業生には，実社会で発生する紛争を解決するためにも，高校までに学修したあらゆる教科を常識として身につけていることが期待される（特に生物学の基礎知識の重要性を強調したい）。これらの教科，そして法学のみならずあらゆる学問領域は，哲学においてつながっている。本書でそのことを実感し，多くの学問領域に対する興味関心を絶やさぬ動機づけにしてもらえれば幸いである。著者は中学高校の頃，物理の教科書に出てくる「力」という概念があまりに唐突かつオカルト的で，馴染めなかった。数学の「極限」という概念にも違和感を覚えた。この感覚は，本書で記した大局的な観点からこれら概念を見つめ直すまで，解消されなかった。同様の感覚を持つ人々に本書が役立ってくれたら，なお幸いである。

　最後になるが，本書は著者が学生時代にハイデガーから受けた知的刺激を形にしたものである。彼は生前，日本から次々とやって来る留学生に対して「私は欧州哲学の伝統をその内部に立って反省しているだけだ。日本には日本の伝統があるはずだ。なぜわざわざ私のところに留学に来るのか。なぜ日本で自らの伝統を振り返ることをしないのか」という旨を述べ，いぶかったらしい。全くその通りだ，と著者には感じられた。本書はこのハイデガーの示唆に，主として文法に着目しつつ一定程度，応答したもの。思想に着目して反省すべき点も多々あるが，こちらは別の形で世に出したい。

参考文献一覧

〔1〕 哲学者とその著作
　本書が言及した西洋哲学者の和訳文献一覧を時代順に掲載する。

〔古代ギリシア〕
プラトン（紀元前427年―紀元前347年）
　『プラトン全集』（岩波書店）が全著作を収録。
　2000年代から西洋古典叢書（京都大学学術出版会）で新訳が刊行途上。
　この他に岩波文庫や光文社古典新訳文庫に一部著作の邦訳あり。
　入門書：藤沢令夫『プラトンの哲学』（岩波書店）1998年
　　　　　納富信留『プラトン　哲学者とは何か』（NHK出版）2002年
アリストテレス（前384年―前322年）
　『アリストテレス全集』（岩波書店）が全著作を収録。
　2000年代から西洋古典叢書（京都大学学術出版会）で新訳が刊行途上。
　『新版　アリストテレス全集』（岩波書店）も新訳を刊行途上。
　この他に岩波文庫や光文社古典新訳文庫に一部著作の邦訳あり。
　入門書としては山口義久『アリストテレス入門』（筑摩書房）2001年
エウクレイデス（ユークリッド）（紀元前300年頃？）
　『原論』（共立出版）2011年
　入門書：斎藤憲『ユークリッド「原論」とは何か』（岩波書店）2008年
セクストス・エンペイリコス（2世紀から3世紀頃）
　『ピュロン主義哲学の概要』（京都大学学術出版会）1998年
プロティノス（？―270年）
　『エネアデス』（中央公論新社）2007年
ポルピュリオス（234年―305年）
　『エイサゴーケー』．『世界の名著』15巻（中央公論新社）1980年
パッポス（4世紀前半頃）
　『数学集成』（未邦訳，原典 Πάππος：Συναγωγή）
　16世紀の羅訳（Pappus：Collectiones mathematicae）は Internet Archive（https:
　//archive.org/）からアクセス可能
古代ギリシア哲学全般についての入門書としては
　ロイド『初期ギリシア科学』（法政大学出版局）1994年

『後期ギリシア科学』（法政大学出版局）2000年

加藤信朗『ギリシア哲学』（東京大学出版会）1996年

〔古代ローマ〕

キケロ（紀元前106年—紀元前43年）

　『キケロー選集』（岩波書店）

　この他に岩波文庫などに一部著作の邦訳あり

　入門書：角田幸彦『キケロ』（清水書院）2014年

アウグスティヌス（354年—430年）

　『告白』（中央公論新社）2014年

　『三位一体論』：『アウグスティヌス著作集』28巻（教文館）2004年

　『創世記注解』：『創世記逐語的注解』（九州大学出版会）1995年

　入門書：出村和彦『アウグスティヌス』（岩波書店）2017年

〔スコラ〕

アルベルトゥス・マグヌス（1193年？—1280年）

　『アリストテレス自然学注解』（未邦訳，原典 Albertus Magnus：Physica はカナ
　ダ・聖ジェローム大学HPで閲覧可能

　（http://www.albertusmagnus.uwaterloo.ca/）

トマス・アクイナス（1225年？—1274年）

　『神学大全』（創文社）（刊行途上，原典 Thomas Aquinas：Summa theologica）

　本書で言及された著作はスペイン・ナバラ大学の Online 版で閲覧可能

　（https://www.corpusthomisticum.org/）

　入門書としては山本芳久『トマス・アクイナス』（岩波書店）2017年

ドゥンス・スコトゥス（1266年？—1308年）

　『オルディナティオ』（未邦訳，原典 Ordinatio，フランシスコ会HPで閲覧可能

　（https://www.franciscan-archive.org/scotus/）

ウィリアム・オッカム（1285年—1347年）

　『大論理学』（邦訳：『オッカム「大論理学」註解(1)〜(5)』（創文社））1999—2005年

ビュリダン（1295年？—1358年）

　『科学の名著(5)中世科学論集』（朝日出版社）1981年

〔近世〕

フランシス・ベーコン（1561年—1626年）

『ノヴム・オルガヌム』（岩波書店）1978年

ホッブズ（1588年―1679年）

　『物体論』（京都大学学術出版会）2015年

　『リヴァイアサン』（岩波書店，中央公論新社など邦訳多数）

　入門書：田中浩『ホッブズ』（岩波書店）2016年

デカルト（1596年―1650年）

　『世界論』：『方法序説，哲学原理，世界論』（中央公論新社）2001年所収

　『方法序説』（岩波書店）1997年

　『幾何学』（筑摩書房）2013年

　『精神指導の規則』（岩波書店）1950年

　『省察』（筑摩書房）2006年

　『哲学原理』（岩波書店）1964年

　『情念論』（岩波書店）2008年

　入門書：小林道夫『デカルト入門』（筑摩書房）2006年

アルノー（1612年―1694年）とニコル（1625年―1695年）

　『ポール・ロワイヤル論理学』（未邦訳，原典 Arnauld, A. et Nicole P. : La Logique
　ou l'art de penser（1662））は第5版（1683年）がフランス国立図書館HPで閲覧可
　能
　（https://gallica.bnf.fr/ark:/12148/bpt6k83926h.capture）

スピノザ（1632年―1677年）

　『エチカ』（岩波書店，中公クラシックスなど邦訳多数）

　入門書：上野修『スピノザの世界』（講談社）2005年

ロック（1632年―1704年）

　『人間知性論』（岩波書店）1972―77年

　『市民政府論』（『完訳　統治二論』（岩波書店）2010年に所収）

　入門書：富田恭彦『ロック入門講義』（筑摩書房）2017年

ニュートン（1643年―1727年）

　『自然哲学の数学的原理』（邦訳は『プリンシピア』（講談社）2019年

　入門書：和田純夫『プリンキピアを読む』（講談社）2009年

ライプニッツ（1646年―1716年）

　『モナドロジー　他二篇』（岩波書店）2019年

　入門書：山内志朗『ライプニッツ』（NHK出版協会）2003年

リード（1710年―1796年）

　『人間の知的能力について』（未邦訳，原典 Reid, Thomas : Essays on the

intellectual power of man（1785））は Internet Archives（https://archive.org/）か
らアクセス可能。

　入門書：長尾伸一『トマス・リード』（名古屋大学出版会）2004年

ヒューム（1711年—1776年）

　『人間本性論』（邦題『人性論』（岩波書店）1995年）

　入門書：泉谷周三郎『ヒューム（新装版）』（清水書院）2017年

カント（1724年—1804年）

　『純粋理性批判』（岩波書店，光文社古典新訳文庫など邦訳多数）

　『実践理性批判』（岩波書店）1979年

　『判断力批判』（岩波書店）1964年

　『人倫の形而上学』（中央公論新社）2005年

　『人間学』（岩波書店）1952年

　入門書：石川文康『カント入門』（筑摩書房）1995年

ヘーゲル（1770年—1830年）

　『精神現象学』（作品社，筑摩書房など邦訳多数）

　『大論理学』（邦題は『論理の学』（作品社）2012年）

　『哲学史講義』（河出書房新社）2016年

　入門書：長谷川宏『新しいヘーゲル』（講談社）1997年

ミル（1806年—1873年）

　『論理学体系』（春秋社）1958年（京都大学学術出版会から新訳が刊行途上）

　『功利主義論』（中央公論新社）1977年

フレーゲ（1848年—1925年）

　『算術の基本法則』（『フレーゲ著作集』3巻（勁草書房）2000年

〔20世紀以降〕

ホワイトヘッド（1861年—1947年）とラッセル（1872年—1970年）

　『数学原理』（部分訳『プリンキピア・マテマティカ序論』（哲学書房）1988年，原
　典 Whitehead, A. N. and Russell, B : Principia Mathematica（1910—12））は Internet
　Archive（https://archive.org/）からアクセス可能。

ハイデガー（1889—1976年）

　『存在と時間』（岩波書店，筑摩書房など邦訳多数）。

ウィトゲンシュタイン（1889年—1951年）

　『論理哲学論考』（岩波書店）2003年

　『哲学探究』（岩波書店）2013年

『確実性について』（『ウィトゲンシュタイン全集』（大修館書店）９巻）1975年

　入門書：永井均『ウィトゲンシュタイン入門』（筑摩書房）1995年

クワイン（1908年—2000年）

『経験主義の二つのドグマ』（『論理的観点から』（勁草書房）1992年所収）

『ことばと対象』（勁草書房）1984年

　入門書：丹治信春『クワイン』（平凡社）2017年

クリプキ（1940年—）

『名指しと必然性』（産業図書）1985年

〔2〕　参考文献（著者名の五十音順）

井上哲次郎『哲学字彙（復刻版）』（名著普及会）1980年

岩井寛『森田療法』（講談社）1986年

ヴェーバー『プロテスタンティズムの倫理と資本主義の精神』（岩波書店）1989年

江尻宏泰『びっくりするほど素粒子がわかる本』（SBクリエイティヴ）2009年

ガイウス『法学提要』（敬文堂）2002年

加藤尚武『現代倫理学入門』（講談社）1997年

鎌田雄一郎『ゲーム理論入門の入門』（岩波書店）2019年

神野慧一郎・内井惣七『論理学』（ミネルヴァ書房）1976年

グライス『論理と会話』（勁草書房）1998年

國分功一郎『中動態の世界』（医学書院）2017年

小坂井敏晶『責任という虚構』（筑摩書房）2020年

坂部恵『仮面の解釈学』（東京大学出版会）1976年

沢田允茂『現代論理学入門』（岩波書店）1962年

サンデル『これからの「正義」の話をしよう』（早川書房）2011年

シュペーマン・レーヴ『進化論の基盤を問う』（東海大学出版会）1987年

田中義廉『小学日本文典』（貓巣書林）1874年

田辺元『種の論理』（岩波書店）2010年

チョムスキー『言語理論の論理構造』（岩波書店）2014年

ディオゲネス・ラエルティオス『ギリシア哲学者列伝』（岩波書店）1984年

ディオニュシオス・トラクス『文法技術』（邦訳はない）

手島邦夫「西周の訳語の定着とその要因」（『国語学会2001年度春季大会要旨集』54-61頁）

所雄章『論理学』（中央大学出版部）1972年

利根川進・立花隆『精神と物質』（文芸春秋）1993年

野矢茂樹『入門！論理学』（中央公論新社）2006年

西周『西周全集』（宗高書房）1960年：本書が言及した全著作を所収

西谷啓治『宗教とは何か』（創文社）1961年

『日葡辞書』（勉誠社）1975年：原典は1603年イエズス会刊

ネーゲル『コウモリであるとはどのようなことか』（勁草書房）1989年

ハイゼンベルク『現代物理学の自然像』（みすず書房）2006年

バスカー『科学と実在論』（法政大学出版局）2009年

パトナム『理性・真理・歴史』（法政大学出版局）2012年

バルト『表徴の帝国』（筑摩書房）1996年

バンヴェニスト『一般言語学の諸問題』（みすず書房）1983年

廣瀬健，横田一正『ゲーデルの世界』（海鳴社）1985年

廣松渉

　　『事的世界観の前哨』（勁草書房）1975年

　　『存在と意味』（岩波書店）1982年

古田裕清

　　『翻訳語としての日本の法律用語』（中央大学出版部）2004年

　　『源流からたどる翻訳法令用語の来歴』（中央大学出版部）2015年

ヘボン『和英語林集成』（講談社）1980年：明治学院大学HPにonline版あり

ホメロス『オデュッセイア』（岩波書店）1994年

堀達之助『英和対訳袖珍辞書』（徳川幕府洋書調所）1862年

丸山真男『忠誠と反逆』（筑摩書房）1998年

三浦俊彦『ラッセルのパラドクス』（岩波書店）2005年

森岡正博『無痛文明論』（トランスビュー）2003年

山下正男『論理学史』（岩波書店）1983年

人名索引

【著者紹介】

古田　裕清（ふるた・ひろきよ）

1963年生まれ
ミュンヘン大学哲学博士（Dr. phil）　哲学専攻
現在　中央大学法学部教授

西洋哲学の基本概念と和語の世界
■法律と科学の背後にある人間観と自然観

2020年10月1日　第1版第1刷発行

著　者　古　田　裕　清
発行者　山　本　　　継
発行所　㈱中央経済社
発売元　㈱中央経済グループ
　　　　パブリッシング

〒101-0051　東京都千代田区神田神保町1-31-2
電話　03（3293）3371（編集代表）
　　　03（3293）3381（営業代表）
http://www.chuokeizai.co.jp/
印刷／文唱堂印刷㈱
製本／誠　製　本　㈱

©2020
Printed in Japan

法学入門〔第3版〕

永井 和之・森 光編

A5判・244頁・ソフトカバー

法学部で初めて学ぶ方の最初の一冊。第3版
では，条文解釈の基礎を解説する章を新設。

基本テキスト会社法〔第2版〕

三浦 治著

A5判・368頁・ソフトカバー

規制の趣旨を明らかにすることを目的に
重点解説。令和元年会社法改正に対応。

基本テキスト民法総則〔第2版〕

遠藤 研一郎著

A5判・324頁・ソフトカバー

民法の全体像と，総則規定について制度
の相互関係を明らかにしながら解説。

中央経済社刊